高等院校会计学专业应用型人才培养系列教材

高级财务会计
（第二版）

周 婵 林 源 主 编
关寒近 张梦洮 白改侠 副主编

清华大学出版社
北 京

内 容 简 介

本书基于应用型会计本科人才培养目标,着眼于新的《企业会计准则》和相关解释及税法相关内容,有重点、系统地介绍债务重组、非货币性资产交换、外币折算会计、股份支付、租赁会计、所得税会计、会计调整、企业合并、合并财务报表这些准则内容,与《中级财务会计》内容保持较好的衔接,并有所深入和拓展,且在会计核算中融合报表解读方法,有利于提高学生从核算到阅读财务报告的能力。

本书强调会计思维,注重基本业务的会计核算原理和方法;结合中级会计师考试大纲的要求,适度引入注册会计师会计的相关内容,具有一定的知识广度和深度。本书非常适合应用型本科院校会计、财务管理及其他财经管理专业的本科生作为教材使用。

本书封面贴有清华大学出版社防伪标签,无标签者不得销售。
版权所有,侵权必究。举报: 010-62782989, beiqinquan@tup.tsinghua.edu.cn。

图书在版编目(CIP)数据

高级财务会计/周婵,林源主编. —2版. —北京:清华大学出版社,2022.9
高等院校会计学专业应用型人才培养系列教材
ISBN 978-7-302-61478-4

Ⅰ.①高… Ⅱ.①周… ②林… Ⅲ.①财务会计-高等学校-教材 Ⅳ.①F234.4

中国版本图书馆CIP数据核字(2022)第134692号

责任编辑:左卫霞
封面设计:傅瑞学
责任校对:刘　静
责任印制:朱雨萌

出版发行:清华大学出版社
网　　址:http://www.tup.com.cn, http://www.wqbook.com
地　　址:北京清华大学学研大厦A座
邮　　编:100084
社 总 机:010-83470000
邮　　购:010-62786544
投稿与读者服务:010-62776969, c-service@tup.tsinghua.edu.cn
质量反馈:010-62772015, zhiliang@tup.tsinghua.edu.cn
课件下载:http://www.tup.com.cn, 010-83470410

印 装 者:天津鑫丰华印务有限公司
经　　销:全国新华书店
开　　本:185mm×260mm
印　　张:15.75
字　　数:381千字
版　　次:2017年1月第1版　2022年10月第2版
印　　次:2022年10月第1次印刷
定　　价:54.00元

产品编号:089562-01

第二版前言

《高级财务会计》(第一版)教材于 2017 年 1 月出版。此后企业会计准则相关的法律、法规发生了相当多的变化,如 2018 年财政部修订了《企业会计准则第 21 号——租赁》,2019 年修订了《企业会计准则第 7 号——非货币性资产交换》和《企业会计准则第 12 号——债务重组》。这些法律、法规的变化,对高级财务会计教学内容也产生了一定的影响。在此基础上,根据法律、法规的变化针对《高级财务会计》(第一版)教材进行了修订,此次修订重点做了以下几项工作。

(1) 根据新企业会计准则及相关法律、法规,对第一版教材中债务重组、非货币性资产交换、租赁会计章节进行整体修改。

(2) 根据章节完整性的需要,对原第 3 章股份支付和第 4 章外币折算会计进行章节调整,使其与第 2 章非货币性资产交换章节体系更为完整。

(3) 教材中的案例全部更新,使其更加贴近实际。

(4) 根据师生在教材使用中的相关建议,对本章习题进行调整与完善;对部分章节进行删减,如股份支付中涉及可行权条件的有利修改等。

本书在编写中参考了不同版本、不同层次的书籍,从中受到很多启发和借鉴,在此向这些作者深表谢意。

本书是由周婵、林源、关寒近、张梦洮、白改侠等教师组成的教学团队集体编写,从章节编写到内容讲解思路都凝聚了教学团队多年来从事财务会计教学的相关经验。由于时间仓促,加之编者水平和能力有限,本书不足之处在所难免,恳请广大读者和同行批评、指正。

编 者

2022 年 4 月

第一版前言

目前有关高级财务会计的教材很多,但部分偏重理论且难度偏大,而部分偏重实用,内容比较简单,停留在基本的账务处理方法上。市面上针对应用型会计本科人才培养的高级财务会计教材并不多,有感于此,我们在积累长期的一线教学经验和对学生学习能力透彻了解的基础上,编写出版了与应用型本科会计人才培养目标相符的《高级财务会计》一书。本书既着力于启发、培养学生的会计思维,又结合中级会计师考试要求,介绍企业特殊会计业务核算的流程和方法,进一步提高学生的会计理论水平和应用能力。本书的出版着眼于会计准则的修订和"营改增"全面实施对企业经济业务的会计核算影响,适应新准则和新税制的变化。

本书作为《中级财务会计》的延续,旨在承前启后,让学生在掌握会计的基本理论、基本方法后,对财务会计的理论、方法及其应用有进一步的深入了解。

本书的编写有以下特点。

(1) 内容规范、新颖、全面。本书紧紧围绕《企业会计准则》,尤其是2014年以来修订的准则内容及相应的法律规范(包括营业税改增值税等),结合会计要素的特点,对企业特殊的会计事项进行阐释,强调会计业务的分析和专业思维的培养,突出实务操作的规范性,并通过案例分析、财务信息的披露与分析等将相关的内容结合起来,体现出内容编排的新颖性和全面性。

(2) 应用性、可操作性强,且便于理解和掌握。本书内容属于会计实务范畴,因此编写时强调会计基本方法的实际应用,突出业务流程及其处理过程,合并、简化一些难度较大或实务中较少涉及的内容,在逻辑结构、语言表述等方面力求准确清楚、通俗易懂。

本书共分九章,分别为第1章的债务重组;第2章的非货币性资产交换;第3章的股份支付;第4章的外币折算会计;第5章的租赁会计;第6章的所得税会计;第7章的会计调整(包括本章的内容框架、会计政策与会计政策变更、会计估计与会计估计变更、前期差错更正、资产负债表日后事项);第8章的企业合并;第9章的合并财务报表。

本书由中山大学新华学院周婵、林源主编,关寒近、张梦洮为副主编。其中,第3、8、9章由周婵编写;第1、2、5章由林源编写;第6章由关寒近编写;第4章由张梦洮编写;第7章由周婵、关寒近编写。全书由周婵、林源负责写作大纲的拟定和编写的组织工作。

我们在编写本书时参阅了一些不同版本、不同层次的教材和书籍,从中受到了一些启发和借鉴。为此,我们向这些作者和出版者深表谢意。

我们还要感谢中山大学新华学院和清华大学出版社，他们对本书的编写工作提供了很多的支持与帮助！感谢郭宇婷、蔡育萍、韦淑珍、杨旭冰、曾润琼、陈晓东和郑美美等在教材编写、校阅过程中给予的大力协助。

由于时间仓促，加上水平有限，书中错误之处在所难免，敬请广大读者和同行批评指正。

编 者

2016 年 11 月

目 录

第 1 章 债务重组 ·· 1
1.1 债务重组会计概述 ·· 2
1.2 债务重组的会计处理 ·· 8
1.3 债务重组会计信息的披露和分析 ·· 12
本章习题 ·· 13

第 2 章 非货币性资产交换 ·· 18
2.1 非货币性资产交换概述 ·· 19
2.2 非货币性资产交换的会计处理 ·· 25
2.3 非货币性资产交换会计信息的披露和分析 ································ 31
本章习题 ·· 32

第 3 章 外币折算会计 ·· 37
3.1 外币折算会计基本概念 ·· 38
3.2 外币交易的会计处理 ·· 42
3.3 外币财务报表的折算 ·· 49
3.4 外币折算会计的披露和分析 ·· 55
本章习题 ·· 55

第 4 章 股份支付 ·· 59
4.1 股份支付概述 ·· 60
4.2 股份支付的会计处理 ·· 63
4.3 股份支付会计信息的披露和分析 ·· 72
本章习题 ·· 73

第 5 章 租赁会计 ·· 76
5.1 租赁的识别 ·· 77
5.2 承租人的会计处理 ·· 81
5.3 出租人的会计处理 ·· 87

5.4　租赁会计信息的披露和分析 ………………………………………………………… 94
　　本章习题 …………………………………………………………………………………… 96

第 6 章　所得税会计 …………………………………………………………………………… 100
　　6.1　所得税会计概述 ………………………………………………………………………… 101
　　6.2　资产、负债的计税基础及暂时性差异 ………………………………………………… 102
　　6.3　递延所得税负债和递延所得税资产的确认 …………………………………………… 108
　　6.4　所得税费用的确认和计量 ……………………………………………………………… 115
　　6.5　所得税会计的披露和分析 ……………………………………………………………… 118
　　本章习题 …………………………………………………………………………………… 118

第 7 章　会计调整 ……………………………………………………………………………… 121
　　7.1　会计政策及会计政策变更 ……………………………………………………………… 122
　　7.2　会计估计及会计估计变更 ……………………………………………………………… 128
　　7.3　前期差错更正 …………………………………………………………………………… 130
　　7.4　资产负债表日后事项 …………………………………………………………………… 134
　　7.5　会计调整信息的披露和分析 …………………………………………………………… 141
　　本章习题 …………………………………………………………………………………… 142

第 8 章　企业合并 ……………………………………………………………………………… 147
　　8.1　企业合并的概念、方式和类型 ………………………………………………………… 149
　　8.2　同一控制下企业合并的处理 …………………………………………………………… 152
　　8.3　非同一控制下企业合并的处理 ………………………………………………………… 162
　　8.4　企业合并的披露和分析 ………………………………………………………………… 178
　　本章习题 …………………………………………………………………………………… 179

第 9 章　合并财务报表 ………………………………………………………………………… 183
　　9.1　合并财务报表概述 ……………………………………………………………………… 185
　　9.2　合并范围的确定 ………………………………………………………………………… 185
　　9.3　合并财务报表的编制原则、前期准备事项及程序 …………………………………… 189
　　9.4　同一控制下的企业合并：合并日后合并财务报表的编制 …………………………… 193
　　9.5　非同一控制下的企业合并：购买日后合并财务报表的编制 ………………………… 208
　　9.6　内部商品交易的合并处理 ……………………………………………………………… 220
　　9.7　内部固定资产交易的合并处理 ………………………………………………………… 225
　　9.8　公司间债权债务的合并处理 …………………………………………………………… 232
　　9.9　合并现金流量表的编制 ………………………………………………………………… 237
　　9.10　合并财务报表的披露和分析 ………………………………………………………… 239
　　本章习题 …………………………………………………………………………………… 240

参考文献 …………………………………………………………………………………………… 244

第1章 债务重组

引导案例

债务重组打破僵局,"脱星摘帽"扭亏为盈

2020年7月,*ST天娱(002354.SZ)披露的2020年半年业绩报告显示,2020年上半年归属于上市公司股东的净利润约-1.9亿至-1.5亿元。自从2020年4月进入重整程序,公司已经采取了积极有效的应对措施,虽然较2019年同期的-2.03亿元亏损有所收窄,但债务负担过重带来的债务利息、逾期罚息、违约金等导致公司财务费用居高不下,仍然难以盈利。

2020年11月,*ST天娱的重整计划被大连市中级人民法院裁定批准。根据重整计划,公司将对现有债务进行全额转股,预计年内完成重整程序。重组完成后,将根本解决公司的债务问题,改善财务状况,实现扭亏;同时债转股还将产生大约26亿至34亿元的重组收益,可用于一次性解决高额亏损问题,不再拖累业绩,摆脱退市风险。年报显示,*ST天娱在重整后股东结构更加分散,既有头部投资机构、专业上市公司、国有传媒集团,又有数据流量营销、电竞游戏领域的专业人才。多元化的股东背景赋予公司更强的资源整合能力,为公司开展业务提供源源不断的优质资源,能够提升公司治理效率,并在战略规划、人才引入、管理创新、市场拓展、品牌经营等多方面带来积极影响,保障公司稳健经营、持续发展。

2021年4月28日,*ST天娱(002354)发布2020年年报。报告显示,伴随近一年的重整程序,公司实现营业收入9.96亿元,归属于上市公司股东的净利润1.53亿元,同比扭亏为盈。据悉,*ST天娱已经提出撤销退市风险警示申请,如获批准,公司将"脱星摘帽"。*ST天娱重整程序不仅解决了自身困境,也开创了资本市场的多项纪录,创下"重整用时最快的民营企业""第一家进行重整的无实控人上市公司"和"第一家进行重整的互联网轻资产上市公司"等多个市场纪录。

通过债务重组,助力债务企业渡过困境,延续正常经营活动开展;助力债权企业采取补救措施回收债权,最大限度地挽回损失。这是企业在深化改革,坚持稳中求进的工作总基调下,增强应对挑战、抵御风险能力,确保经济良好有序发展的重要举措。基于以上案例,需关注以下问题。

(1) 什么是债务重组?债务重组有哪些方式?

(2) 债务重组双方如何进行相关的会计确认与计量?债务重组对企业的财务报表会产生什么影响?

本章内容框架

随着我国市场经济的发展和资本市场的逐步完善,债务重组已逐渐成为企业解决其债权债务纠纷、降低财务风险、提升竞争力的有效方法,而相应业务所涉及的会计处理原则和方法,即债务重组会计,需遵循《企业会计准则第12号——债务重组》及相关指南和解释。

本章主要解决以下问题。
(1) 债务重组的界定。
(2) 债务重组的方式。
(3) 不同债务重组方式下债权人和债务人的会计处理原则和方法。
本章内容框架如图1-1所示。

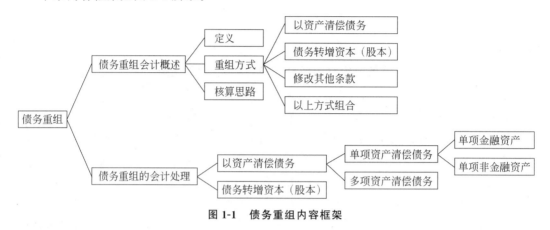

图1-1 债务重组内容框架

1.1 债务重组会计概述

1.1.1 债务重组的基本概念

债务重组是指在不改变交易对手方的情况下，经债权人和债务人协定或法院裁定，就清偿债务的时间、金额或方式等重新达成协议的交易。实际上，"债务重组"是相对于债务人而言的，对于债权人而言为"债权重组"，但人们习惯用"债务重组"来统一表述债权人和债务人之间的债权、债务重组事项；相应地，以"债务重组损益"表述债权人和债务人在债权、债务重组中产生的损失和利得。

1. 交易对手方

债务重组是在不改变交易对手方的情况下进行的交易。实务中经常出现第三方参与相关交易的情形，例如新组建的公司承接原债务人的债务，与债权人进行债务重组等。

债务重组不强调在债务人发生财务困难的背景下进行，也不论债权人是否做出让步。也就是说，无论何种原因导致债务人未按原定条件偿还债务，也无论双方是否同意以低于债务的金额偿还债务，只要债权人和债务人就债务条款重新达成了协议，即符合债务重组的定义。例如，债权人在减免债务人部分债务本金的同时提高剩余债务的利息，或者债权人同意债务人用等值库存商品抵偿到期债务等，均属于债务重组。

2. 债权和债务的范围

债务重组涉及的债权和债务是指《企业会计准则第22号——金融工具确认和计量》规范的债权和债务，不包括合同资产、合同负债、预计负债，但包括租赁应付款。债务重组中涉及的债权、重组债权、债务、重组债务和其他金融工具的确认、计量和列报，适用《企业会计准则第22号——金融工具确认和计量》和《企业会计准则第37号——金融工具列报》等金融工具相关准则。

3. 债务重组的范围

通过债务重组形成企业合并的，适用《企业会计准则第 20 号——企业合并》。债务人以股权投资清偿债务或者将债务转权益工具，可能对应导致债权人取得被投资单位债务人控制权，在合并财务报表层面，债权人取得资产和负债的确认和计量适用《企业会计准则第 20 号——企业合并》的有关规定。

债务重组构成权益性交易的，应当适用权益性交易的有关会计处理规定，债权人和债务人不确认构成权益性交易的债务重组相关损益。债务重组构成权益性交易主要有以下两种。

（1）债权人直接或间接持股，或者债务人直接或间接对债权人持股，且持股方以股东身份进行债务重组。

（2）债权人与债务人在债务重组前后均受同一方或相同的多方最终控制，且该债务重组的交易实质是债权人或债务人进行了权益性分配或接受权益性投入。

1.1.2 债务重组的方式

债务重组的方式主要包括债务人以资产清偿债务、债务人将债务转为权益工具、修改其他条款，以及前述一种以上方式的组合。这些债务重组方式都是通过债权人和债务人重新协定或者法院裁定达成的，与原来约定的偿债方式或内容有所不同。

1. 债务人以资产清偿债务

债务人以资产清偿债务，是债务人转让其资产给债权人以清偿债务的债务重组方式。债务人用于偿债的资产通常是已经在资产负债表中确认的资产，例如银行存款、应收账款、存货、固定资产、无形资产、长期股权投资（非企业合并形成）、投资性房地产等。

在受让上述资产后，按照相关会计准则要求及本企业会计核算要求，债权人核算相关受让资产的类别可能与债务人不同。例如，债务人以作为固定资产核算的房产清偿债务，债权人可能将受让的房产作为投资性房地产核算；债务人以部分长期股权投资清偿债务，债权人可能将受让的投资作为金融资产核算；债务人以存货清偿债务，债权人可能将受让的资产作为固定资产核算等。

2. 债务人将债务转为权益工具

债务人将债务转为权益工具，在该方式下债权人和债务人双方的身份在债务重组后发生了变化，债权人将债权转换为对债务人的投资，成为债务人的股东。债务人则在债务重组后成为原债权人的被投资人。债务人的会计处理体现为股本或实收资本、资本公积等的增加，债权人则增加相应的股权投资。

3. 修改其他条款

修改债权和债务的其他条款，是债务人不以资产清偿债务，也不将债务转为权益工具，而是改变债权和债务的其他条款的债务重组方式，如调整债务本金、改变债务利息、变更还款期限等，经修改其他条款的债权和债务分别形成重组债权和重组债务。

4. 组合方式

组合方式是债务重组双方同意采用债务人以资产清偿债务、债务人将债务转为权益工具、修改其他条款3种方式中的两种或两种以上方式的组合来清偿债务的债务重组方式。例如,债权人和债务人约定,由债务人以机器设备清偿部分债务,将剩余债务部分转为权益工具,调减剩余的本金,但利率和还款期限不变；再如,债务人以现金清偿部分债务,同时将剩余债务展期等。

1.1.3 债务重组的会计核算思路

根据债务重组的定义,债权人实际上通过债务重组,以受让某项资产或者股权的方式来减少其债权；债务人则是通过债务重组,以出让某项资产或股权的方式来减少其债务。据此,可以明确债务重组双方的会计处理框架如表1-1所示。

表1-1 债务重组双方的会计处理框架

债权人	债务人
借：有关资产(或股权) 【当期损益】(差额) 贷：有关重组债权 【当期损益】(差额)	借：有关重组债务 【当期损益】(差额) 贷：有关资产/权益 【当期损益】(差额)

由表1-1可知,债务重组会计需明确以下几个问题。
(1) 重组债务、债权如何转销？
(2) 债务重组涉及的资产或金融工具价值如何确认、计量？
(3) 债务重组过程中产生的损益如何确认、计量？

1. 重组债务、债权的终止确认

债务重组中涉及的债权和债务的终止确认,应当遵循《企业会计准则第22号——金融工具确认和计量》和《企业会计准则第23号——金融资产转移》有关金融资产和金融负债终止确认的规定。债权人在收取债权现金流量的合同权利终止时终止确认债权,债务人在债务的现时义务解除时终止确认债务。

债权人和债务人应分别按其债权和债务的账面价值转销被重组的债权(债务)。重组债权的账面价值是指相关债权的账面余额与其备抵账户余额的差额；重组债务的账面价值就是该债务的账面余额。

1) 以资产清偿债务或将债务转为权益工具

债权人拥有或控制了某项相关资产或权益工具时,通常其收取债权现金流量的合同权利也同时终止,债权人一般可以终止确认该债权。同样地,由于债务人通过交付资产或权益工具解除了清偿债务的现时义务,债务人一般可以终止确认该债务。

2) 修改其他条款

对于债权人,债务重组是通过调整债务本金、改变债务利息、变更还款期限等修改合同条款方式进行的,合同修改前后的交易对手方没有发生改变,合同涉及的本金、利息等现金流量很难在本息之间及债务重组前后做出明确分割,即很难单独识别合同的特定可辨认现金流量。因此通常情况下,应当整体考虑是否对全部债权的合同条款做出了实质性修改。如果做出了实质性修改,或者债权人与债务人之间重新签订协议,以获取实质上不同的新金融资产方式替换债权,应当终止确认原债权,并按照修改后的条款或新协议确认新金融资产。

对于债务人，如果对债务或部分债务的合同条款做出"实质性修改"形成重组债务，或者债权人与债务人之间重新签订协议，以承担"实质上不同"的重组债务方式替换债务，债务人应当终止确认原债务，同时按照修改后的条款确认一项新金融负债。

3) 组合方式

对于债权人，与上述"修改其他条款"部分的分析类似，通常情况下应当整体考虑是否终止确认全部债权。由于组合方式涉及多种债务重组方式，一般可以认为对全部债权的合同条款做出了实质性修改，从而终止确认全部债权，并按照修改后的条款确认新的金融资产。

对于债务人，组合中以资产清偿债务或者将债务转为权益工具方式进行的债务重组，如果债务人清偿该部分债务的现时义务已经解除，应当终止确认该部分债务。组合中修改其他条款方式进行的债务重组，需要根据具体情况，判断对应的部分债务是否满足终止确认条件。

2. 债务重组涉及的资产的确认和计量

债务人可以以其单项或多项资产，包括金融资产和非金融资产转让给债权人，以实施相应的债务重组。

1) 以单项资产进行债务重组

(1) 涉及单项金融资产的确认与计量。

① 债权人的会计处理。债权人受让包括现金在内的单项金融资产，应当按照《企业会计准则第22号——金融工具确认和计量》的规定进行确认和计量。金融资产初始确认时应当以其公允价值计量，受让金融资产的确认金额与债权终止确认日账面价值之间的差额，记入"投资收益"科目。债权人已对其债权计提坏账准备的，应当将坏账准备予以冲销。

② 债务人的会计处理。债务人出让单项金融资产的，以该项金融资产的账面价值终止确认，其与抵偿债务的账面价值之间的差额，记入"投资收益"科目。偿债金融资产已计提减值准备的，应结转已计提的减值准备。需要注意的是，要将金融资产持有期间产生的"其他综合收益"转至"投资收益"或"留存收益"。

债权人受让单项金融资产时：	债务人以单项金融资产抵债时：
借：金融资产（根据不同金融资产的入账价值确定） 　　坏账准备 贷：应收账款等 　　银行存款等（支付的直接相关税费） 　　投资收益（差额）	借：应付账款等（债务的账面价值） 贷：金融资产（偿债金融资产账面价值） 　　投资收益（差额） 将持有期间产生的"其他综合收益"转至"投资收益"或"留存收益"。

(2) 涉及单项非金融资产的确认与计量。

① 债权人的会计处理。

债权人受让的非金融资产成本＝放弃债权的公允价值＋直接相关税费

放弃债权的公允价值与其账面价值之间的差额，应当计入当期损益（投资收益）。债权人已对其债权计提坏账准备的，应当将坏账准备予以冲销。债权人初始确认受让的金融资产以外的资产时,应当分不同类别,按照下列原则以成本计量。

　　a. 存货的成本,包括放弃债权的公允价值,以及使该资产达到当前位置和状态所发生的可直接归属于该资产的税金、运输费、装卸费、保险费等其他成本。

　　b. 对联营企业或合营企业投资的成本,包括放弃债权的公允价值,以及可直接归属于该资产的税金等其他成本。

　　c. 投资性房地产的成本,包括放弃债权的公允价值,以及可直接归属于该资产的税金等其他成本。

　　d. 固定资产的成本,包括放弃债权的公允价值,以及使该资产达到预定可使用状态前所发生的可直接归属于该资产的税金、运输费、装卸费、安装费、专业人员服务费等其他成本。确定固定资产成本时,应当考虑预计弃置费用因素。

　　e. 无形资产的成本,包括放弃债权的公允价值,以及可直接归属于使该资产达到预定用途所发生的税金等其他成本。

　　② 债务人的会计处理。债务人以单项非金融资产清偿债务的,应将所清偿债务的账面价值与转让资产账面价值之间的差额,记入"其他收益——债务重组收益"科目。偿债资产已计提减值准备的,应结转已计提的减值准备。债务人不需要区分资产处置损益和债务重组损益。

债权人受让单项非金融资产时:
借:库存商品等(放弃债权公允价值－增值
　　税进项税额＋直接相关税费)
　　应交税费——应交增值税(进项税额)
　　坏账准备
　贷:应收账款等
　　银行存款等(支付的直接相关税费)
　　投资收益(放弃债权公允价值与账面
　　价值的差额)

债务人以单项非金融资产或者服务抵债时:
借:应付账款等
　贷:库存商品、固定资产清理等(转让资
　　产的账面价值)
　　应交税费——应交增值税(销项税额)
　　其他收益——债务重组收益(差额)

　　2) 以多项金融资产、非金融资产抵债

　　(1) 债权人的会计处理。债权人受让包括现金在内的多项金融资产的,应当按照《企业会计准则第 22 号——金融工具确认和计量》的规定进行确认和计量。金融资产初始确认时应当以其公允价值计量,金融资产确认金额与债权终止确认日账面价值之间的差额,记入"投资收益"科目。

　　债权人受让多项非金融资产,或者包括金融资产、非金融资产在内的多项资产的,应当按照《企业会计准则第 22 号——金融工具确认和计量》的规定确认和计量受让的金融资产;按照受让的金融资产以外的各项资产在债务重组合同生效日的公允价值比例,对放弃债权在合同生效日的公允价值扣除了受让金融资产当日公允价值后的净额进行分配,并以此为基础分别确定各项资产的成本。放弃债权的公允价值与其账面价值之间的差额,记入"投资收益"科目。

　　(2) 债务人的会计处理。债务人以多项金融资产清偿债务的,债务的账面价值与偿债金融资产账面价值的差额,记入"投资收益"科目。偿债金融资产已计提减值准备的,应结转已计提的减值准备。其中,要将金融资产持有期间产生的"其他综合收益"转至"投资收益"或"留存收益"。

债务人以多项非金融资产清偿债务,或者以包括金融资产和非金融资产在内的多项资产清偿债务的,不需要区分不同资产的处置损益,而应将所清偿债务账面价值与转让资产账面价值之间的差额,记入"其他收益——债务重组收益"科目。偿债资产已计提减值准备的,应结转已计提的减值准备。

3. 将债务转为权益工具的确认和计量

1) 债权人的会计处理

债权人应根据权益工具的划分不同进行相应的处理。

(1) 债权人将权益工具划为金融资产(以公允价值计量且其变动计入公允价值变动损益的权益工具和以公允价值计量且其变动计入其他综合收益的权益工具),金融资产初始确认时应当以其公允价值计量,受让金融资产的确认金额与债权终止确认日账面价值之间的差额,记入"投资收益"科目。债权人已对其债权计提坏账准备的,应当将坏账准备予以冲销。要将金融资产持有期间产生的"其他综合收益"转至"留存收益"。

(2) 债权人将权益工具划分为长期股权投资的,应将放弃的债权的公允价值加上相关税费作为长期股权投资的入账成本。重组债权公允价值与账价值的差额记入"投资收益"科目。债权人已对债权计提坏账准备的,应当将坏账准备予以冲销。

2) 债务人的会计处理

债务人将债务转为权益工具的,债务人初始确认权益工具时,应当按照权益工具的公允价值计量,权益工具的公允价值不能可靠计量的,应当按照所清偿债务的公允价值计量。所清偿债务账面价值与权益工具确认金额之间的差额,记入"投资收益"科目。债务人因发行权益工具而支出的相关税费等,应当依次冲减资本公积——资本(股本)溢价、盈余公积和未分配利润。

4. 修改其他条款的会计处理

1) 债权人的会计处理

债务重组采用修改其他条款方式进行的,如果修改其他条款导致全部债权终止确认,债权人应当按照修改后的条款以公允价值计量新的金融资产(应收账款、长期应收款等),新金融资产的确认金额与债权终止确认日账面价值的差额,记入"投资收益"科目。

如果修改其他条款未导致债权终止确认,债权人应当根据其分类,继续以摊余成本、以公允价值计量且其变动计入其他综合收益,或者以公允价值计量且其变动计入当期损益进行后续计量。对于以摊余成本计量的债权,债权人应当根据重新议定合同的现金流量变化情况,重新计算该重组债权的账面余额,并将相关利得或损失记入"投资收益"科目。重新计算的该重组债权的账面余额,应当根据将重新议定或修改的合同现金流量按债权原实际利率折现的现值确定,购买或源生的已发生信用减值的重组债权,应按经信用调整的实际利率折现。对于修改或重新议定合同所产生的成本或费用,债权人应当调整修改后的重组债权的账面价值,并在修改后重组债权的剩余期限内摊销。

2) 债务人的会计处理

债务重组采用修改其他条款方式进行的,如果修改其他条款导致债务终止确认,债务人应当按照公允价值计量重组债务,终止确认的债务账面价值与重组债务确认金额之间的差额,记入"投资收益"科目。

如果修改其他条款未导致债务终止确认，或者仅导致部分债务终止确认，对于未终止确认的部分债务，债务人应当根据其分类，继续以摊余成本、以公允价值计量且其变动计入当期损益或其他适当方法进行后续计量。对于以摊余成本计量的债务，债务人应当重新根据议定合同的现金流量变化情况，重新计算该重组债务的账面价值，并将相关利得或损失记入"投资收益"科目。对于修改或重新议定合同所产生的成本或费用，债务人应当调整修改后的重组债务的账面价值，并在修改后重组债务的剩余期限内摊销。

1.2 债务重组的会计处理

1.2.1 以资产清偿债务的会计处理

1. 单项资产抵偿债务

1）以单项金融资产抵偿债务

【例 1-1】 新华公司 2022 年 4 月 1 日向南方公司赊购一批原材料，价格为 2 000 000 元，增值税税额为 260 000 元，结账期为 2 个月。双方于 2022 年 7 月 10 日签订债务重组协议，南方公司同意新华公司以 5 日内支付 2 000 000 元现金的方式了结此项债务。新华公司 2022 年 7 月 14 日转账支付该笔款项。编制南方公司和新华公司债务重组的会计分录。

债权人南方公司的会计处理如下。

借：银行存款　　　　　　　　　　　　　　　2 000 000
　　投资收益　　　　　　　　　　　　　　　　 260 000
　　贷：应收账款　　　　　　　　　　　　　　　　　　2 260 000

债务人新华公司的会计处理如下。

借：应付账款　　　　　　　　　　　　　　　2 260 000
　　贷：银行存款　　　　　　　　　　　　　　　　　　2 000 000
　　　　投资收益　　　　　　　　　　　　　　　　　　　 260 000

【例 1-2】 接例 1-1 资料，假定南方公司已于 2022 年 6 月 30 日为该项应收账款计提了 200 000 元的坏账准备。编制南方公司和新华公司债务重组的会计分录。

债权人南方公司的会计处理如下。

借：银行存款　　　　　　　　　　　　　　　2 000 000
　　坏账准备　　　　　　　　　　　　　　　　 200 000
　　投资收益　　　　　　　　　　　　　　　　　60 000
　　贷：应收账款　　　　　　　　　　　　　　　　　　2 260 000

债务人新华公司的会计处理如下。

借：应付账款　　　　　　　　　　　　　　　2 260 000
　　贷：银行存款　　　　　　　　　　　　　　　　　　2 000 000
　　　　投资收益　　　　　　　　　　　　　　　　　　　 260 000

【例 1-3】 新华公司 2022 年 4 月 1 日向东方公司赊购一批原材料，价格为 400 万元，增值税税额为 52 万元，结账期为 3 个月。双方于 2022 年 8 月 20 日签订债务重组协议，新华公司以其持有的一项交易性金融资产抵偿此项债务，该项金融资产账面价值 450 万元，重组协议日公允价值480万元；东方公司将受让资产归类为交易性金融资产。假定不考虑相关税费，编制东方公司和新华公司债务重组的会计分录。

债权人东方公司的会计处理如下。

借：交易性金融资产　　　　　　　　　　　　　4 800 000
　　贷：应收账款　　　　　　　　　　　　　　　　4 520 000
　　　　投资收益　　　　　　　　　　　　　　　　　280 000

债务人新华公司的会计处理如下。

借：应付账款　　　　　　　　　　　　　　　　4 520 000
　　贷：交易性金融资产　　　　　　　　　　　　　4 500 000
　　　　投资收益　　　　　　　　　　　　　　　　　 20 000

2）以单项非金融资产抵偿债务

【例1-4】新华公司2022年4月1日向东方公司赊购一批原材料，价格为400万元，增值税税额为52万元，结账期为3个月。双方于2022年8月20日签订债务重组协议，新华公司以其生产的一批A商品偿还此项债务。假定东方公司该项债权的公允价值与其账面价值一致。该批商品账面价值为280万元，市价为300万元，增值税税率为13%。东方公司将其作为原材料核算。编制东方公司和新华公司债务重组的会计分录。

债权人东方公司的会计处理如下。

借：原材料　　　　　　　　　　　　　　　　　4 130 000
　　应交税费——应交增值税（进项税额）　　　　　390 000
　　贷：应收账款　　　　　　　　　　　　　　　　4 520 000

债务人新华公司的会计处理如下。

借：应付账款　　　　　　　　　　　　　　　　4 520 000
　　贷：库存商品　　　　　　　　　　　　　　　　2 800 000
　　　　应交税费——应交增值税（销项税额）　　　　390 000
　　　　其他收益　　　　　　　　　　　　　　　　1 330 000

【例1-5】新华公司2022年4月1日向东方公司赊购一批原材料，价格为400万元，增值税税额为52万元，结账期为3个月。双方于2022年8月20日签订债务重组协议，新华公司以某项固定资产（不动产）抵偿此项债务，假定当天重组债权的公允价值420万元。

该项固定资产原始价值420万元，累计计提折旧60万元，评估值390万元；新华公司支付了0.2万元的拆卸费用，东方公司支付了0.3万元的安装费用，该不动产交付使用。其他税费略。

编制东方公司和新华公司债务重组的会计分录。

债权人东方公司的会计处理如下。

借：在建工程　　　　　　　　　　　　　　　　4 200 000
　　投资收益　　　　　　　　　　　　　　　　　 320 000
　　贷：应收账款　　　　　　　　　　　　　　　　4 520 000
借：在建工程　　　　　　　　　　　　　　　　　　3 000
　　贷：银行存款　　　　　　　　　　　　　　　　　 3 000
借：固定资产　　　　　　　　　　　　　　　　4 203 000

贷：在建工程		4 203 000

债务人新华公司的会计处理如下。

借：固定资产清理	3 600 000	
累计折旧	600 000	
贷：固定资产		4 200 000
借：固定资产清理	2 000	
贷：银行存款		2 000
借：应付账款	4 520 000	
贷：固定资产清理		3 602 000
其他收益		918 000

2. 多项金融资产、非金融资产抵偿债务

【例1-6】 新华公司2022年4月1日向东方公司赊购一批原材料,价格为400万元,增值税税额为52万元,结账期为3个月。双方于2022年8月20日签订债务重组协议,新华公司以其持有的一项交易性金融资产和无形资产抵偿此项债务。重组日债权公允价值480万元。

该项金融资产的账面价值为100万元,重组前确认的公允价值损失为20万元,重组协议日公允价值为108万元;无形资产的账面价值为350万元(初始价值400万元,已计提摊销50万元),重组协议日公允价值为320万元。东方公司将受让资产归类为交易性金融资产和无形资产。

假定不考虑相关税费,编制东方公司和新华公司债务重组的会计分录。

债权人东方公司的会计处理如下。

借：交易性金融资产	1 080 000	
无形资产	3 720 000	
贷：应收账款		4 520 000
投资收益		280 000

债务人新华公司的会计处理如下。

借：应付账款	4 520 000	
累计摊销	500 000	
贷：交易性金融资产		1 000 000
无形资产		4 000 000
其他收益		20 000

【例1-7】 2021年11月5日,新华公司向北方公司赊购一批材料,含税价为452万元。2022年9月10日,新华公司因发生财务困难,无法按合同约定偿还债务,双方协商进行债务重组。北方公司同意新华公司用其生产的商品、作为固定资产管理的机器设备和一项债券投资抵偿欠款。当日,该债权的公允价值为420万元,新华公司用于抵债的商品市价(不含增值税)为180万元,抵债设备的公允价值为150万元,用于抵债的债券市价为47.1万元。抵债资产于2022年9月20日转让完毕,新华公司发生设备运输费用1.3万元,北方公司发生设备安装费用3万元。2022年9月20日,北方公司对该债权已计提坏账准备38万元,北方公司将受让的商品、设备和债券投资分别作为库存商品、固定资产和以公允价值计

量且其变动计入当期损益的金融资产核算,假定其公允价值和市价与 9 月 20 日相比没有变化。2022 年 9 月 20 日,新华公司用于抵债的商品成本为 140 万元;抵债设备的账面原价为 300 万元,累计折旧为 80 万元,已计提减值准备 36 万元;新华公司以摊余成本计量用于抵债的债券投资,债券票面价值总额为 30 万元,票面利率与实际利率一致,按年付息。当日,该项债务的账面价值仍为 452 万元。

新华公司、北方公司均为增值税一般纳税人,适用增值税税率为 13%,经税务机关核定,该项交易中商品和设备的计税价格分别为 180 万元和 150 万元。不考虑其他相关税费。

根据以上资料,编制北方公司和新华公司有关债务重组的相关会计分录。

债权人北方公司的会计处理如下。

$$库存商品可抵扣增值税 = 180 \times 13\% = 23.4(万元)$$

$$设备可抵扣增值税 = 150 \times 13\% = 19.5(万元)$$

库存商品和固定资产的成本应当以其公允价值比例(180∶150)对放弃债权公允价值扣除受让金融资产公允价值后的净额进行分配后的金额为基础确定。

$$库存商品的成本 = \frac{180}{180+150} \times (420 - 47.1 - 23.4 - 19.5) = 180(万元)$$

$$固定资产的成本 = \frac{150}{180+150} \times (420 - 47.1 - 23.4 - 19.5) = 150(万元)$$

北方公司 9 月 20 日的账务处理如下。

① 结转债务重组相关损益。

借:库存商品	1 800 000
在建工程——安装设备	1 500 000
应交税费——应交增值税(进项税额)	429 000
交易性金融资产	471 000
坏账准备	380 000
贷:应收账款——新华公司	4 520 000
投资收益	60 000

② 支付安装成本。

借:在建工程——安装设备	30 000
贷:银行存款	30 000

③ 安装完毕达到可使用状态。

借:固定资产——××设备	1 530 000
贷:在建工程——在安装设备	1 530 000

债务人新华公司的会计处理如下。

新华公司 9 月 20 日的账务处理如下。

① 借:固定资产清理	1 840 000
累计折旧	800 000
固定资产减值准备	360 000
贷:固定资产	3 000 000
② 借:固定资产清理	13 000

贷：银行存款		13 000
③ 借：应付账款	4 520 000	
贷：固定资产清理		1 853 000
库存商品		1 400 000
应交税费——应交增值税（销项税额）		429 000
债权投资——成本		300 000
其他收益——债务重组收益		538 000

1.2.2 将债务转为权益工具的会计处理

【例 1-8】 2022 年 1 月 3 日，西京公司因购买材料而欠新华公司购货款 3 000 万元。由于西京公司无法偿付应付账款，2022 年 5 月 2 日经双方协商同意，西京公司以 300 万股自身普通股偿还债务，西京公司普通股的面值为每股 1 元，公允价值为每股 9 元。2022 年 6 月 1 日，西京公司相关增资手续办理完毕，新华公司取得这部分股权后，将其指定以公允价值计量且其变动计入其他综合收益的金融资产。在债务重组时，新华公司已对该项应收账款提取坏账准备 30 万元。编制债务重组双方的会计分录。

债权人新华公司的会计处理如下。

借：其他权益工具投资	27 000 000	
坏账准备	300 000	
投资收益	2 700 000	
贷：应收账款		30 000 000

债务人西京公司的会计处理如下。

借：应付账款	30 000 000	
贷：股本		3 000 000
资本公积——股本溢价		24 000 000
投资收益		3 000 000

1.3 债务重组会计信息的披露和分析

根据《企业会计准则第 12 号——债务重组》的要求，债务重组双方应当在其财务报表附注中披露与债务重组有关的信息。

1. 债权人应当在附注中披露与债务重组有关的信息

(1) 根据债务重组方式，分组披露债权账面价值和债务重组相关损益。

(2) 债务重组导致的对联营企业或合营企业的权益性投资增加额，以及该投资占联营企业或合营企业股份总额的比例。

2. 债务人应当在附注中披露与债务重组有关的信息

(1) 根据债务重组方式，分组披露债务账面价值和债务重组相关损益。

(2) 债务重组导致的股本等所有者权益的增加额。

需要注意的是，企业债务重组的过程，是各方关系人不断协调的过程，也是各方利益均衡的过程,虽然历经艰难,但往往能通过积极的债务重组方案,降低相关企业的资产负债率,改善财务结构,盘活资产和提高资金使用效率,使债务重组双方实现共赢。例如本章开始介绍的案例,2020年*ST天娱通过债转股的债务重组方式,解决公司的债务问题,改善财务状况,实现扭亏;同时债转股还将产生大约26亿至34亿元的重组收益,可用于一次性解决高额亏损问题,不再拖累业绩,摆脱退市风险。

但由于债务重组的会计处理对企业财务报表信息会产生较大影响,尤其是债务人在债务重组过程中形成的债务重组利得直接计入债务重组当期的损益,导致在实务中可能出现各种正常和非正常的债务重组方案,使部分债务人通过债务重组得以实现"重组报表利润"。如某ST公司2020年财报显示,当年实现利润总额不到1 420万元,其中包括债务重组收益4 558万元,如果剔除债务重组的影响,经营亏损额高达3 138万元。故报表使用者在阅读财务报表时,应当就企业披露的与债务重组相关的信息,结合企业的具体经营状况,审慎分析债务重组所形成的损益,以及该损益对企业当期损益的影响程度,从而做出较为合理的判断。

本章习题

一、单项选择题

1. 债务人以单项或多项金融资产清偿债务的,债权人和债务人下列会计处理表述不正确的是(   )。

   A. 债权人受让金融资产,金融资产初始确认时应当以其公允价值计量;金融资产确认金额与债权终止确认日账面价值之间的差额,记入"投资收益"科目

   B. 债务人以单项或多项金融资产清偿债务的,债务的账面价值与偿债金融资产账面价值的差额,记入"其他收益"科目

   C. 对于以分类为以公允价值计量且其变动计入其他综合收益的债务工具投资清偿债务的,之前计入其他综合收益的累计利得或损失应当从其他综合收益中转出,记入"投资收益"科目

   D. 对于以指定为以公允价值计量且其变动计入其他综合收益的非交易性权益工具投资清偿债务的,之前计入其他综合收益的累计利得或损失应当从其他综合收益中转出,记入"盈余公积""利润分配——未分配利润"等科目

2. 债务人以非金融资产清偿债务,债权人和债务人下列会计处理表述不正确的是(   )。

   A. 债权人初始确认受让的金融资产以外的资产时,非金融资产成本计量为放弃债权的公允价值,以及使该资产达到当前位置和状态所发生的可直接归属于该资产的税金、运输费、装卸费、保险费等其他成本

   B. 债权人放弃债权的公允价值与账面价值之间的差额,记入"投资收益"科目

   C. 债务人以单项或多项非金融资产清偿债务,或者以包括金融资产和非金融资产在内的多项资产清偿债务的,不需要区分资产处置损益和债务重组损益,也不需要区分不同资产的处置损益,而应将所清偿债务账面价值与转让资产账面价值之间的差额,记入"其他收益——债务重组收益"科目

   D. 债务人以单项或多项非金融资产清偿债务,应将所清偿债务账面价值与转让资

公允价值之间的差额,记入"投资收益"科目

3. 债务人将债务转为权益工具,债权人和债务人下列会计处理表述不正确的是( )。
   A. 债务人初始确认权益工具时,应当按照权益工具的公允价值计量
   B. 债务人初始确认权益工具时,如果权益工具的公允价值不能可靠计量的,应当按照所清偿债务的公允价值计量
   C. 债务人所清偿债务账面价值与权益工具确认金额之间的差额,记入"其他收益"科目
   D. 债权人对债务人股权投资的成本为应收款项公允价值与相关税费的合计

4. 新华公司和西京公司有关债务重组资料如下:2022年1月12日,西京公司从新华公司购买一批原材料,应付货款金额为1 100万元,至2022年12月2日尚未支付。2022年12月31日,由于西京公司经营困难导致无法按期还款,双方协商决定西京公司以一项商标权和一项交易性金融资产偿还债务。该商标权的账面原值为440万元,西京公司已对该商标权计提累计摊销30万元,公允价值为490万元;交易性金融资产的账面价值为500万元(其中成本明细科目余额为600万元,公允价值变动明细科目贷方余额为100万元),公允价值为510万元。新华公司已对该债权计提坏账准备40万元。应收账款的公允价值1 000万元。假定不考虑其他因素,下列关于新华公司、西京公司债务重组的会计处理中,不正确的是( )。
   A. 新华公司因债务重组确认投资收益为-60万元
   B. 新华公司受让无形资产的入账价值为490万元、交易性金融资产入账价值为510万元
   C. 西京公司确认损益时不需要区分资产处置损益和债务重组收益
   D. 西京公司应确认资产处置损益690万元

5. 下列各项中,属于债务重组会计准则关于债权和债务范围的是( )。
   A. 合同资产   B. 合同负债
   C. 预计负债   D. 租赁应收款和租赁应付款

6. 新华公司和西京公司有关债务重组的资料如下:2022年1月3日,新华公司因购买材料而欠西京公司购货款及税款合计2 500万元。该笔应付账款到期时,新华公司无力偿付。2022年5月2日,经双方协商同意,新华公司以300万股普通股偿还债务,普通股每股面值为1元,每股市价为8元。2022年6月1日,新华公司办理完毕增资手续,同时以银行存款支付发行股票的手续费20万元。西京公司将收到的股权作为交易性金融资产核算,另以银行存款支付相关交易费用20万元。西京公司已经对该项应收账款提取坏账准备50万元,该项应收账款在重组日的公允价值为2 400万元。

下列有关新华公司和西京公司与债务重组相关的会计处理中,不正确的是( )。
   A. 新华公司确认资本公积——股本溢价为2 080万元
   B. 新华公司确认的损益为100万元
   C. 西京公司确认的交易性金融资产入账价值为2 400万元
   D. 西京公司确认的损益为-80万元

7. 2022年6月1日,新华公司与西京公司进行债务重组,重组日新华公司应收西京公司账款账面余额为1 000万元,已提坏账准备100万元,其公允价值为900万元,西京公司

以一项交易性金融资产抵偿上述账款,交易性金融资产公允价值为900万元。新华公司为取得交易性金融资产支付手续费2万元。假定不考虑其他因素,新华公司债务重组取得交易性金融资产的入账价值为(　　)万元。

  A. 900   B. 960   C. 1 000   D. 902

  8. 2022年5月1日,新华公司与西京公司进行债务重组,重组日新华公司应收西京公司账款账面余额为1 000万元,已提坏账准备100万元,其公允价值为900万元,西京公司以一批存货和一项以摊余成本计量的金融资产抵偿上述账款,存货公允价值为500万元,以摊余成本计量的金融资产公允价值为500万元。假定不考虑其他因素,新华公司债务重组取得存货的入账价值为(　　)万元。

  A. 500   B. 400   C. 900   D. 1 000

  9. 2022年4月1日,甲公司与乙公司进行债务重组,重组日甲公司应收乙公司账款账面余额为20 000万元,已提坏账准备4 000万元,其公允价值为18 000万元,乙公司按每股18元的价格增发每股面值为1元的普通股股票1 000万股,以此偿还甲公司债务,甲公司取得该股权后占乙公司发行在外股份的60%,能够对乙公司实施控制,在此之前甲公司和乙公司不存在关联方关系,2022年4月1日,乙公司可辨认净资产公允价值为30 000万元。假定不考虑其他因素,甲公司在债务重组日影响损益的金额为(　　)万元。

  A. 0   B. 2 000   C. 4 000   D. 6 000

  10. 长江公司与新华公司均为增值税一般纳税人,销售和购买商品适用的增值税税率为13%,2022年6月1日,长江公司与新华公司进行债务重组,重组日长江公司应收新华公司账款账面余额为2 000万元,已提坏账准备200万元,其公允价值为1 880万元,长江公司同意新华公司以其生产的设备抵偿全部债务,设备账面价值为1 700万元,未计提减值准备,公允价值为1 800万元。假定不考虑其他因素,新华公司因债务重组影响当期损益的金额为(　　)万元。

  A. 80   B. 100   C. 66   D. 120

  11. 新华公司与西京公司均为增值税一般纳税人。新华公司原销售给西京公司一批商品,价税合计1 130万元,款项尚未收到。新华公司与西京公司协商进行债务重组,西京公司分别用一批库存商品和一台固定资产抵偿全部价款。该库存商品的账面余额为600万元,已计提存货跌价准备100万元,公允价值为450万元,增值税税额为58.5万元;固定资产原价为500万元,已计提折旧100万元,未计提减值准备,公允价值400万元,增值税税额为52万元。假定不考虑其他因素,西京公司应计入营业利润的金额为(　　)万元。

  A. 50   B. 119.5   C. 280   D. 230

  二、多项选择题

  1. 以下属于债务重组涉及的债权和债务的有(　　)。

  A. 合同资产 B. 租赁应收款 C. 预计负债 D. 应收账款

  2. A公司与B公司均为增值税一般纳税人,适用的增值税税率均为13%,2022年5月1日,A公司与B公司进行债务重组,重组日A公司应收B公司账款账面余额为4 000万元,已提坏账准备400万元,其公允价值为3 600万元,B公司以一批存货抵偿上述账款,存货账面余额为3 500万元,已计提存货跌价准备200万元,公允价值为3 000万元。假定不考虑其他因素,B公司以下会计处理正确的有(　　)。

A. 公司应确认营业收入 3 000 万元
B. 公司应结转库存商品账面价值 3 300 万元
C. 因该债务重组影响 B 公司当期损益金额为 310 万元
D. 因该债务重组影响 B 公司当期损益金额为 700 万元

3. 2022 年 1 月 1 日,长江公司与新华公司进行债务重组,重组日长江公司应收新华公司账款账面余额为 4 000 万元,已提坏账准备 400 万元,其公允价值为 3 760 万元,长江公司同意新华公司以其持有的一项以公允价值计量且其变动计入其他综合收益的金融资产(债权投资)抵偿全部债务,新华公司将该股权投资作为其他债权投资核算,账面价值为 3 500 万元,其中成本为 3 000 万元,公允价值变动收益为 500 万元,未计提减值准备,公允价值为 3 600 万元。假定不考虑其他因素,新华公司因该项债务重组的以下说法中正确的有(   )。

A. 新华公司应结转应付账款账面价值 4 000 万元
B. 新华公司应结转其他债权投资账面价值 3 500 万元
C. 新华公司应确认投资收益 500 万元
D. 新华公司应确认投资收益 1 000 万元

4. 以下各项中适用债务重组准则进行会计处理的有(   )。

A. 以固定资产清偿债务
B. 债务重组中涉及债权、重组债权、债务、重组债务和其他金融工具的确认、计量和列报
C. 以投资性房地产抵偿债务
D. 以对联营企业的投资抵偿债务

5. 以下有关债权人债务重组会计处理的表述中正确的有(   )。

A. 债务重组采用以资产清偿债务或者将债务转为权益工具方式进行的,债权人应当在受让的相关资产符合其定义和确认条件时予以确认
B. 债权人受让金融资产,金融资产初始确认时应当以其公允价值计量,金融资产确认金额与债权终止确认日账面价值之间的差额,记入"投资收益"科目
C. 债权人受让多项资产时,以债权在合同生效日的公允价值扣除受让金融资产当日公允价值后的净额为基础分别确定各项非金融资产的成本
D. 债权人应将放弃债权的公允价值与账面价值之间的差额,记入"其他收益"科目

6. 以下有关债务人债务重组会计处理的表述中正确的有(   )。

A. 债务人以单项或多项金融资产清偿债务的,债务的账面价值与偿债金融资产账面价值的差额,记入"投资收益"科目
B. 债务人以单项或多项非金融资产清偿债务,或者以包括金融资产和非金融资产在内的多项资产清偿债务的,不需要区分资产处置损益和债务重组损益,也不需要区分不同资产的处置损益,而应将所清偿债务账面价值与转让资产账面价值之间的差额,记入"其他收益——债务重组收益"科目
C. 偿债金融资产原由于公允价值变动确认其他综合收益的,无须进行结转
D. 偿债金融资产已计提减值准备的,应结转已计提的减值准备

7. 以下有关债务重组相关披露表述正确的有(   )。

A. 债务重组中涉及的债权、重组债权、债务、重组债务和其他金融工具的披露,应当

按照《企业会计准则第 37 号——金融工具列报》的规定处理

B. 债权人应当根据债务重组方式,分组在附注中披露债权账面价值和债务重组相关损益

C. 债务人应当根据债务重组方式,分组在附注中披露债务账面价值和债务重组相关损益

D. 债务人应当在附注中披露与债务重组导致的股本等所有者权益的增加额

三、综合题

1. 甲、乙公司均为增值税一般纳税人,适用的增值税税率为 13%。2021 年 10 月 1 日,甲公司向乙公司赊购一批原材料,价款为 500 万元,增值税税额为 65 万元,结账期为 3 个月。2022 年 1 月 31 日,乙公司对该项债权计提 10 万元的坏账准备。2022 年 3 月 20 日,甲、乙双方签订债务重组协议,甲公司以其持有的一项无形资产和一项固定资产抵偿此项债务。重组日该项债权的公允价值为 510 万元。重组日,上述无形资产和固定资产的具体情况如下:无形资产原价 250 万元,已计提累计摊销 20 万元;公允价值 200 万元。固定资产原价 420 万元,已计提累计折旧 80 万元,减值准备 40 万元;公允价值 300 万元。

重组日,甲公司以银行存款支付 2 万元的拆卸费,乙公司以银行存款支付 3 万元的运杂费。乙公司将上述受让资产归类为无形资产和固定资产。假定上述无形资产和固定资产均不考虑增值税。要求:

(1) 编制甲公司(债务人)债务重组的会计分录。

(2) 编制乙公司(债权人)债务重组的会计分录。

(答案中的会计分录以万元为单位)

2. 2022 年年末,甲公司所欠乙企业的 1 500 万元货款因资金周转困难无法按期偿还,根据双方的债务重组协议,甲公司将以自建厂房加 500 万元现金偿还债务。该厂房账面原价 1 250 万元,已计提折旧 650 万元,市价 800 万元(不考虑税费)。重组日债权公允价值 1 500 万元。根据上述资料,编制甲、乙双方的会计分录。

3. 2022 年年末,甲企业所欠乙企业的 500 万元应付账款因资金周转困难无法按期偿付,根据双方的债务重组协议,甲企业用其持有的一项交易性金融资产,外加 100 万元现金予以抵偿。该交易性金融资产原值 300 万元,债务重组日的账面价值 280 万元,公允价值为 285 万元。乙企业上年末已为该应收账款计提了 2% 的坏账准备,重组日该项债权的公允价值是 450 万元,对于受让的资产,乙企业随时准备出售。根据上述资料,编制甲、乙双方的会计分录。

第 2 章 非货币性资产交换

引导案例

深圳物业拆建回迁,城市发展与企业双赢

2020年12月12日,青山纸业(600103.SH)发布公告称,拟与深圳市高发产业园开发投资有限公司签署《搬迁补偿安置协议》,此次搬迁补偿安置补偿方式为产权置换,回迁房屋类型为产业研发用房。在此次产权置换交易中,青山纸业换出房产是其拥有100%产权的深圳市南山区北环路猫头山高发工业区高发2号的厂房,建筑面积为9 225.08m²,该地块土地性质为工业仓储用地。按照网上公开信息查询,青山纸业换出房产周边地段商品房价格高达12万元/m²,商业楼价格5~6万元/m²,据此计算换出资产的公允价值为9 225.08m²×5万元/m²=4.6亿元,与该厂房账面价值4 282万元差异为4.2亿元将被计入财务报表当期损益。

在换入资产方面,回迁房屋的土地使用年限为50年(具体以国土主管部门批准为准),此次公告并未披露拆迁补偿的相关信息,但按照拆迁补偿都会补偿更多面积的惯例,如果按此次拆迁补偿比为1∶1.5计算,则换入资产的公允价值为9 225.08m²×1.5×5万元/m²=6.9亿元。

我国已进入城镇化发展的中后期,城市发展将由增量建设转入存量更新阶段,城市更新是未来城市高质量发展的必由之路。深圳正面临着"中国特色社会主义先行示范区"加"粤港澳大湾区"的双重机遇,城市更新、旧改、棚改等将成为盘活深圳土地、提升土地价值和改善人居环境的重要途径。高发工业区位于深圳北环大道南侧,毗邻华侨城高端社区,地理位置优越,此次城市更新,无疑对深圳城市建设及回迁业主企业具有重要意义。青山纸业也表示,预计本次城市更新项目实施,公司深圳厂房资产的质量与价值将得以大幅度提升,本次资产更新置换将对公司当期损益产生积极影响。

非货币资产交换业务有利于企业及时处置闲置资产,解决历史包袱,优化资产结构,转换增长动力,从而加快转型升级的步伐,更好地承担企业的社会责任。这是企业在深化改革、扩大开放的背景下,为发展增添动力、激发活力、拓展空间,扎实迈向高质量发展的关键步骤。由该案例得知,企业可以通过非货币性资产交换影响相关年度的损益状况,这成为企业实现盈余管理的一个手段。基于以上案例,需关注以下问题。

(1) 什么是非货币性资产交换?
(2) 在相关资产置换中,换入资产如何确定入账价值?换出资产是否确认转换损益?
(3) 非货币性资产交换对企业财务报告信息产生什么影响?

本章内容框架

企业在正常的生产经营过程中发生的交易,通常是以货币性资产(如货币资金、应收款

项、应付款项等)来交换非货币性资产(如存货、固定资产、无形资产等),这些交易的结果必然伴随现时或预期的、有确定金额的现金流入或流出。但在实务中,也可以看到一些企业出于资产重组、盘活资产等目的,彼此交易主要是以非货币性资产进行的交换,而非货币性资产的特征导致这种交换在取得资产入账价值的确定、交易损益的确定等方面,可能有别于通常意义上的资产交易。故相应的会计处理原则和方法,即非货币性资产交换会计,需遵循《企业会计准则第7号——非货币性资产交换》及相关指南和解释。本章主要解决以下问题。

(1) 如何界定非货币性资产交换及其性质?

(2) 非货币性资产交换中涉及的换入资产如何计量?

(3) 非货币性资产交换中的交换损益是否需要确认及如何计量?

本章内容框架如图 2-1 所示。

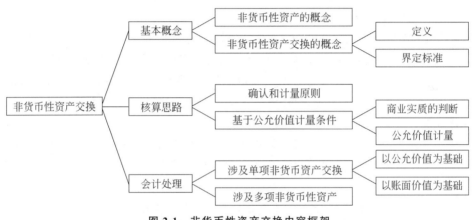

图 2-1　非货币性资产交换内容框架

2.1　非货币性资产交换概述

2.1.1　非货币性资产交换的基本概念

1. 非货币性资产的概念

货币按未来经济利益流入(表现形式是货币金额)是否固定或可确定,分为货币性资产和非货币性资产。

货币性资产是指企业持有的货币资金和收取固定或可确定金额的货币资金的权利,包括现金、银行存款、应收账款和应收票据等。

非货币性资产是指货币性资产以外的资产,包括存货、固定资产、在建工程、生产性生物资产、无形资产、投资性房地产、长期股权投资等,其根本特征是这些资产为企业带来的未来经济利益是不固定的,甚至是不可确定的。如存货本身存在减值可能,其价值要通过所生产产品的销售才能得以实现;交易性金融资产则因为其公允价值计量属性决定了其未来经济价值的不确定性。

2. 非货币性资产交换的概念

1) 定义

非货币性资产交换是指企业主要以固定资产、无形资产、投资性房地产和长期股权投资等非货币性资产进行的交换。该交换不涉及或只涉及少量的货币性资产（即补价），是企业一种非经常性的特殊交易行为。

2) 界定

要讨论非货币性资产交换的会计处理问题，需要先明确如何界定非货币性资产交换。根据《企业会计准则第7号——非货币性资产交换》，涉及少量货币性资产的交换为非货币性资产交换，通常以补价占整个资产交换金额的比例低于25%作为参考。若补价÷整个资产交换金额＜25%，则属于非货币性资产交换；若补价÷整个资产交换金额≥25%，视为货币性资产交换，适用《企业会计准则第14号——收入》等相关准则的规定。

在这个界定中，需要注意以下两点。

(1) 补价是公允价值之间的差额，不含增值税之间的差额。

(2) 整个资产交换金额即为在整个非货币性资产交换中最大的公允价值。

【例2-1】 新华公司用一台设备换入北华公司一项专利权，设备公允价值为100万元，增值税为13万元，专利权公允价值为90万元，增值税为5.4万元，新华公司收到补价17.6万元。判断该交换是否属于非货币性资产交换。

在这个案例中，补价为不涉及增值税的换入资产与换出资产的差价，即10万元；整个资产交换金额为换入资产（专利权）价值90万元和换出资产（设备）价值100万元中价值较大者，即100万元。

10÷100＝10%，补价占整个资产交换金额的比例低于25%。

即属于非货币性资产交换。

3. 非货币性资产交换不涉及的交易和事项

在实务中，可能存在一些看起来像是非货币性资产交换，但实质上不是或者不能适用非货币性资产交换准则的交易和事项，对此需要加以辨识。

1) 本章不适用非货币性资产交换准则的交易和事项

(1) 换出资产为存货的非货币性资产交换。企业以存货换取客户的非货币性资产（如固定资产、无形资产等）的，换出存货的企业相关的会计处理适用《企业会计准则第14号——收入》。

(2) 非货币性资产交换中涉及的企业合并。非货币性资产交换中涉及企业合并的，适用《企业会计准则第20号——企业合并》《企业会计准则第2号——长期股权投资》和《企业会计准则第33号——合并财务报表》。

(3) 非货币性资产交换中涉及的金融资产。非货币性资产交换中涉及由《企业会计准则第22号——金融工具确认和计量》规范的金融资产的，金融资产的确认、终止确认和计量适用《企业会计准则第22号——金融工具确认和计量》和《企业会计准则第23号——金融资产转移》。

(4) 非货币性资产交换中涉及使用权资产或应收融资租赁款。非货币性资产交换中涉及由《企业会计准则第21号——租赁》规范的使用权资产或应收融资租赁款的，相关资产的确认、终止确认和计量适用《企业会计准则第 21 号——租赁》。

(5) 非货币性资产交换构成权益性交易。非货币性资产交换的一方直接或间接对另一方持股且以股东身份进行交易,或者非货币性资产交换的双方均受同一方或相同的多方最终控制,且该非货币性资产交换的交易实质是交换的一方向另一方进行了权益性分配,或交换的一方接受了另一方权益性投入,应当适用权益性交易的有关会计处理规定。例如,集团重组中发生的非货币性资产划拨、划转行为,在股东或最终控制方的安排下,企业无代价或以明显不公平的代价将非货币性资产转让给其他企业或接受其他企业的非货币性资产,该类转让的实质是企业进行了权益性分配或接受了权益性投入,不适用本章所述的非货币性资产交换会计处理,应当适用权益性交易的有关会计处理规定。

企业应当遵循实质重于形式的原则判断非货币性资产交换是否构成权益性交易。

2) 其他不适用非货币性资产交换准则的交易和事项

(1) 企业从政府无偿取得非货币性资产(如政府无偿提供非货币性资产给企业建造固定资产)的,适用《企业会计准则第 16 号——政府补助》。

(2) 企业将非流动资产或处置组分配给所有者的,适用《企业会计准则第 42 号——持有待售的非流动资产、处置组和终止经营》。

(3) 企业以非货币性资产向职工发放非货币性福利的,适用《企业会计准则第 9 号——职工薪酬》。

(4) 企业以发行股票形式取得的非货币性资产,相当于以权益工具换入非货币性资产,其成本确定适用相关资产准则。

(5) 企业用于非货币性资产交换的非货币性资产应当符合资产的定义并满足资产的确认条件,且作为资产列报于企业的资产负债表上。因此,企业用于交换的资产目前尚未列报于资产负债表上,或不存在或尚不属于本企业的,适用其他相关会计准则。

2.1.2 非货币性资产交换的会计核算思路

非货币性资产交换的会计核算涉及两个重要问题:一是换入资产如何计量;二是是否确认交换损益,这两个问题是相互关联的。

(1) 换入资产基于公允价值(换入或换出资产的公允价值)计价的,确认交换损益,即公允价值与换出资产账面价值的差额计入当期损益。

(2) 换入资产基于换出资产账面价值计价的,不确认交换损益。

根据会计准则的相关规定,上述两种方法适用于不同类型的非货币性资产交换,其选择依据主要是交换是否具有商业实质,以及换入或换出资产的公允价值是否能够可靠计量。非货币性资产交换的会计核算思路如图 2-2 所示。

1. 非货币性资产交换的确认原则

对于换入资产,企业应当在换入资产符合资产定义并满足资产确认条件时予以确认。对于换出资产,企业应当在换出资产满足资产终止确认条件时终止确认。

换入资产的确认时点与换出资产的终止确认时点存在不一致时:

已确认换入资产的,将交付换出资产的义务确认为一项负债(其他应付款);

已确认换出资产的,将取得换入资产的权利确认为一项资产(其他应收款)。

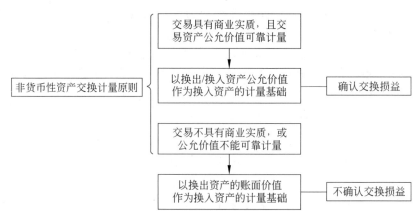

图 2-2 非货币性资产交换的会计核算思路

2. 换入资产基于公允价值计量的条件

非货币性资产交换应当同时满足下列两个条件,才能以公允价值为基础计量换入资产的成本。

1) 该项交换具有商业实质

非货币性资产交换具有商业实质,是换入资产能够采用公允价值计量的重要条件之一。一般认为,企业换入资产后,受该项资产影响而产生现金流量与换出资产明显不同,即表明这两项资产的交换具有商业实质。

根据《企业会计准则第 7 号——非货币性资产交换》的规定,符合下列条件之一的非货币性资产交换可视为具有商业实质。

(1) 换入资产的未来现金流量在风险、时间和金额方面与换出资产相比,存在至少一个方面的显著不同。例如,新华公司将其拥有的一栋厂房与南方公司拥有的一栋对外出租写字楼交换,两栋建筑物的使用年限相同,预计未来现金流量的时间分布和总金额相同,但其风险明显存在差异:厂房属于自用,可以在较长时间内与其他资产一起为企业带来相对稳定的现金流量,而对外出租的写字楼的租金收入则更容易受市场和经济环境的影响,未来现金流量具有较大的风险或不确定性。因此,可以认定这两项资产的交换具有商业实质。再如,企业以一批库存商品交换一台生产用设备,以一项专利技术交换一项特许经营权等,都应当遵循实质重于形式的原则,根据换入资产与换出资产所产生的未来现金流量在风险、时间分布和金额等方面的差异(程度)来确定相应的交换是否具有商业实质。

(2) 换入资产与换出资产的预计未来现金流量不同,且其差额与换入资产和换出资产的公允价值相比是重大的。通常情况下,企业可以根据准则规定的第一项条件判断非货币性资产交换是否具有商业实质,但如果按照上述条件难以判定,则可以根据第二项条件,通过计算和比较换入资产与换出资产的预计未来现金流量的现值加以判断。

需要注意的是,在确定非货币性资产交换是否具有商业实质时,企业应当关注交易各方之间是否存在关联方关系,关联交易可能导致发生的非货币性资产交换不具有商业实质。

2) 换入资产或换出资产的公允价值能够可靠计量

企业的非货币性资产交换只有在换入资产或换出资产的公允价值能够可靠确定的情况

下,才能以公允价值作为换入资产的计量基础,同时确认因此而产生的交换损益。

换入资产和换出资产公允价值均能够可靠计量的,应当以换出资产公允价值作为确定换入资产成本的基础。

3. 换入资产基于公允价值计量,并确认交换损益

一般而言,取得资产的成本应当以所放弃资产的对价来确定。在非货币性资产交换中换出资产就是为换入资产而放弃的对价,如果其公允价值能够可靠确定,应当优先考虑以换出资产的公允价值作为确定换入资产入账价值的基础;如果有确凿证据表明换入资产的公允价值能更为可靠地计量,则应当以换入资产的公允价值作为换入资产入账价值的确定依据。这种情况一般常见于因交换资产的公允价值不相等而存在补价的情况。

1) 换入资产入账价值(或成本)的确定

(1) 当交换不涉及补价时:

换入资产成本＝换出资产公允价值＋支付的应计入换入资产成本的相关税费

(2) 当交换涉及补价时:

换入资产成本＝换出资产公允价值＋支付的应计入换入资产成本的相关税费
＋支付的补价(−收到的补价)

注意:在上述公式中,公允价值、相关税费和补价均不含增值税税费。如果基于换入资产的公允价值为基础,上述公式不考虑补价。

2) 换出交换损益的确定

在换入资产基于公允价值计价的情况下,不论是否涉及补价,只要换出资产的公允价值与其账面价值不同,就会涉及(交换)损益的确认问题。对此应当分就换出资产的不同种类进行相应的交换损益确认。

(1) 换出资产为固定资产、在建工程、生产性生物资产、无形资产的,公允价值与其账面价值的差额,记入"资产处置损益"。

(2) 换出资产为长期股权投资、以公允价值计量且其变动计入其他综合收益的金融资产(债务工具)的,资产公允价值与其账面价值的差额,记入"投资收益",并将其持有期间形成的"其他综合收益(可转损益部分)"转入投资收益。

(3) 换出资产为投资性房地产的,按换出资产公允价值或换入资产公允价值确认其他业务收入,按换出资产账面价值结转其他业务成本。

3) 与换入资产、换出资产相关税费的处理

(1) 与换出资产有关的相关税费和出售资产相关税费的会计处理相同,如换出固定资产支付的清理费用记入"资产处置损益",换出应税消费品应交的消费税记入"税金及附加"等。

(2) 与换入资产有关的相关税费和购入资产相关税费的会计处理相同,如换入资产的运杂费和保险费计入换入资产的成本等。

4. 换入资产基于换出资产账面价值计量,不确认交换损益

非货币性资产交换不具有商业实质,或者虽然具有商业实质但换入资产和换出资产的公允价值均不能可靠计量的,应当以换出资产的账面价值作为换入资产价值(成本)确认基础,并且不确认交换损益。

1) 不涉及补价的情况

   换入资产成本＝换出资产账面价值＋支付的相关税费

2) 涉及补价的情况

   换入资产成本＝换出资产账面价值＋支付的相关税费＋支付的补价（－收到的补价）

注意：此处涉及的相关税费包括与换入资产和换出资产相关的各项税费，均应计入换入资产价值（按税法规定可抵扣的进项税额除外）。此项交换不形成交换损益。

5. 涉及多项资产的交换

企业以一项非货币性资产同时换入多项非货币性资产，或同时以多项非货币性资产换入一项非货币性资产，或以多项非货币性资产交换另外多项非货币性资产，均属于涉及多项资产的交换业务。

1) 以公允价值为基础计量的多项非货币性资产交换

（1）各项换入资产的初始计量金额。按照换入的金融资产以外的各项换入资产公允价值相对比例，将换出资产公允价值总额（涉及补价的，加上支付补价的公允价值或减去收到补价的公允价值）扣除换入金融资产公允价值后的净额进行分摊，以分摊至各项换入资产的金额，加上应支付的相关税费，作为各项换入资产的成本进行初始计量。计算步骤如下。

① 按照金融资产交换日公允价值确定换入资产中的各金融资产的成本。

② 计算换入资产入账总价值（成本）。

换入资产总价值（成本）＝换出资产公允价值之和－换入金融资产的公允价值
＋支付的补价（－收到的补价）

③ 计算换入单项分摊率。

$$\text{分摊率} = \frac{\text{换入资产总价值（成本）}}{\text{换入多项资产的公允价值总额}}$$

④ 计算除金融资产外各单项资产的入账价值。

换入资产的入账价值＝换入资产总价值（成本）×分摊率＋应支付的相关税费

有确凿证据表明换入资产的公允价值更加可靠的，以各项换入资产的公允价值和应支付的相关税费作为各项换入资产的初始计量金额。

（2）当期交换损益。对于同时换出的多项资产，将各项换出资产的公允价值与其账面价值之间的差额，在各项换出资产终止确认时计入当期损益。

有确凿证据表明换入资产的公允价值更加可靠的，按照各项换出资产的公允价值的相对比例，将换入资产的公允价值总额（涉及补价的，减去支付补价的公允价值或加上收到补价的公允价值）扣除换出金融资产公允价值后分摊至各项换出资产，分摊至各项换出资产的金额与各项换出资产账面价值之间的差额，在各项换出资产终止确认时计入当期损益。

2) 以账面价值为基础计量的多项非货币性资产交换

对于同时换入的多项资产，按照各项换入资产的公允价值的相对比例，将换出资产的账面价值总额（涉及补价的，加上支付补价的账面价值或减去收到补价的公允价值）分摊至各项换入资产，加上应支付的相关税费，作为各项换入资产的初始计量金额。

换入资产的公允价值不能够可靠计量的，可以按照各项换入资产的原账面价值的相对比例或其他合理的比例对换出资产的账面价值进行分摊。

以账面价值为基础计量的多项非货币性资产交换不产生资产交换损益。

2.2 非货币性资产交换的会计处理

2.2.1 换入资产基于公允价值计量,并确认交换损益

【例2-2】 新华公司2022年9月1日用一项专利权与东方公司交换一项生产用节能设备。专利权的原始成本为110万元,累计摊销20万元,公允价值100万元;节能设备的原始成本158万元,累计折旧50万元,公允价值100万元;新华公司按换出资产公允价值的5%支付中介费,东方公司用银行存款1万元支付运杂费等。假定该交易具有商业实质,其他相关税费略。做出新华公司和东方公司非货币性资产交换的会计处理。

此例属于不涉及补价的无形资产和固定资产交换,因为交换具有商业实质且换出资产的公允价值可以可靠计量,故采用换出资产公允价值作为换入资产入账价值的确认基础,同时确认换出资产的交换损益。

(1) 新华公司的会计处理如下。

借:固定资产　　　　　　　　　　　　　　　1 000 000
　　累计摊销　　　　　　　　　　　　　　　　 200 000
　贷:无形资产　　　　　　　　　　　　　　　　 1 100 000
　　资产处置损益　　　　　　　　　　　　　　　　50 000
　　银行存款　　　　　　　　　　　　　　　　　　50 000

注:新华公司换入固定资产的入账价值=换出资产的公允价值+换入资产税费=100+0=100(万元),不包括东方公司支付的运杂费;新华公司换出无形资产视同资产处置,形成交换损益=100-90-5=5(万元)。

(2) 东方公司的会计处理如下。

借:固定资产清理　　　　　　　　　　　　　 1 090 000
　　累计折旧　　　　　　　　　　　　　　　　 500 000
　贷:固定资产　　　　　　　　　　　　　　　　 1 580 000
　　银行存款　　　　　　　　　　　　　　　　　 10 000
借:无形资产　　　　　　　　　　　　　　　　1 000 000
　　资产处置损益　　　　　　　　　　　　　　　 90 000
　贷:固定资产清理　　　　　　　　　　　　　　 1 090 000

注:东方公司换入无形资产的入账价值=换出资产公允价值+换入资产税费=100+0=100(万元)(不含新华支付部分);东方公司换出固定资产视同资产处置,形成交换损益=100-108-1=-9(万元)。

【例2-3】 为了提高产品质量,新华公司以其持有的对乙公司的长期股权投资交换南华公司拥有的一项液晶电视屏专利技术。交换日,新华公司持有的长期股权投资账面余额800万元,已计提减值准备60万元,公允价值600万元;南华公司的专利技术账面原值800万元,已摊销金额160万元,已计提减值准备30万元,公允价值600万元,南华公司从新华公司换入对乙公司的长期股权投资后成为乙公司的联营企业。

假定销售无形资产的增值税税率为6%,新华公司向南华公司支付增值税差额36万

元。此项交易具有商业实质,其他相关税费略。做出新华公司和南华公司非货币性资产交换的会计处理。

此例是涉及增值税差额36万元的长期股权投资和无形资产的交换,但是非货币资产交换判定中的补价不涉及增值税,所以此例中的补价为0。同时此项交换具有商业实质且公允价值能够得到可靠计量。故判断此项交易属于非货币资产交换。

(1)新华公司的会计处理如下。

借:无形资产　　　　　　　　　　　　　　　6 000 000
　　应交税费——应交增值税(进项税额)　　　　360 000
　　长期股权投资减值准备　　　　　　　　　　600 000
　　投资收益　　　　　　　　　　　　　　　1 400 000
　　贷:长期股权投资　　　　　　　　　　　　8 000 000
　　　　银行存款　　　　　　　　　　　　　　360 000

注:新华公司换入无形资产的入账价值=换出资产公允价值+换入资产税费=600+0=600(万元);新华公司是视同处置长期股权投资,形成交换损益=600-740=-140(万元)。

(2)南华公司的会计处理如下。

借:长期股权投资　　　　　　　　　　　　　　6 000 000
　　银行存款　　　　　　　　　　　　　　　　 360 000
　　累计摊销　　　　　　　　　　　　　　　1 600 000
　　无形资产减值准备　　　　　　　　　　　　 300 000
　　资产处置损益　　　　　　　　　　　　　　 100 000
　　贷:无形资产　　　　　　　　　　　　　　8 000 000
　　　　应交税费——应交增值税(销项税额)　　　360 000

注:南华公司换入的长期股权投资入账价值=换出资产公允价值+换入资产税费=600+0=600(万元);南华公司视同处置无形资产,形成交换损益=600-610=-10(万元)。

【**例2-4**】 新华公司2022年9月1日用一项专利权及支付银行存款17.6万元(包括由于换入换出资产公允价值不同而支付的补价10万元和增值税差额7.6万元)与西方公司交换一项生产用节能设备:专利权的原始成本为110万元,累计摊销18万元,公允价值90万元,适用的增值税税率为6%;节能设备的原始成本158万元,累计折旧50万元,公允价值100万元,适用的增值税税率为13%。假定此项交易具有商业实质,其他相关税费略。

此例属于涉及增值税进销差额及所交换资产公允价值差额两项补价的无形资产与固定资产交换,但是增值税进销差价不属于非货币资产交换章节补价,故补价金额为10万元,占交换资产价值(换入资产和换出资产价值较高者)100万元的10%,低于25%的比例,可认定为非货币性资产交换。因为交换具有商业实质且换出资产的公允价值可以可靠计量,故采用换出资产的公允价值作为换入资产入账价值的确认基础,同时确认换出资产的交换损益。

(1)新华公司的会计处理如下。

借:固定资产　　　　　　　　　　　　　　　1 000 000
　　应交税费——应交增值税(进项税额)　　　　130 000
　　累计摊销　　　　　　　　　　　　　　　 180 000

资产处置损益	20 000
贷：无形资产	1 100 000
银行存款	176 000
应交税费——应交增值税(销项税额)	54 000

注：新华公司换入资产的公允价值＝换出资产公允价值＋换入资产税费＋支付补价＝90＋0＋10＝100(万元)；新华公司换出无形资产视同资产处置，形成交换损益＝90－(110－18)＝－2(万元)。

(2) 西方公司的会计处理如下。

借：固定资产清理	1 080 000
累计折旧	500 000
贷：固定资产	1 580 000
借：无形资产	900 000
应交税费——应交增值税(进项税额)	54 000
银行存款	176 000
资产处置损益	80 000
贷：固定资产清理	1 080 000
应交税费——应交增值税(销项税额)	130 000

注：西方公司换入资产的公允价值＝换出资产公允价值＋换入资产税费－收到补价＝100＋0－10＝90(万元)；西方公司换出固定资产视同资产处置，形成交换损益＝100－(158－50)＝－8(万元)。

2.2.2 换入资产基于换出资产账面价值计量，不确认交换损益

【例 2-5】 新华公司 2022 年 9 月 1 日用一项专利权与北方公司交换一项生产用节能设备。专利权的原始成本为 110 万元，累计摊销 20 万元，公允价值 100 万元；节能设备的原始成本 158 万元，累计折旧 50 万元，公允价值 100 万元；新华公司按换出资产的公允价值的 5% 支付中介费，北方公司用银行存款 1 万元支付运杂费等。假定该交易不具有商业实质，其他税费略。

此例属于不涉及补价的无形资产与固定资产交换，因为交换不具有商业实质，故采用换出资产账面价值作为换入资产入账价值的确认基础，不确认换出资产的交换损益。

(1) 新华公司的会计处理如下。

借：固定资产	950 000
累计摊销	200 000
贷：无形资产	1 100 000
银行存款	50 000

注：新华公司换入固定资产的入账价值＝换出资产的账面价值＋换入和换出资产税费＝90＋5＝95(万元)；新华公司换出无形资产视同按账面价值进行资产处置，不形成交换损益。

(2) 北方公司的会计处理如下。

| 借：固定资产清理 | 1 090 000 |
| 累计折旧 | 500 000 |

```
    贷：固定资产                              1 580 000
        银行存款                                 10 000
    借：无形资产                              1 090 000
        贷：固定资产清理                       1 090 000
```

注：北方公司换入无形资产的入账价值＝换出资产账面价值＋换入和换出资产税费＝(158－50)＋1＝109(万元)；北方公司换出固定资产视同按账面价值进行资产处置，不形成交换损益。

【例 2-6】 新华公司 2022 年 9 月 1 日用一项专利权及支付银行存款 17.6 万元(包括由于换入换出资产公允价值不同而支付的补价 10 万元和增值税差额 7.6 万元)与东信公司交换一项生产用节能设备。专利权的原始成本为 110 万元，累计摊销 18 万元，公允价值 90 万元，适用的增值税税率为 6％；节能设备的原始成本 158 万元，累计折旧 50 万元，公允价值 100 万元，适用的增值税税率为 13％。东信公司为此支付了 1 万元运杂费。假定此项交易不具有商业实质，其他相关税费略。

此例属于涉及补价的无形资产与固定资产交换，且补价 10 万元(注意不包括增值税差额 7.6 万元)占整个资产交换价值 10％，低于 25％的比例，可认定为非货币性资产交换。该项交换不具有商业实质，采用换出资产账面价值作为换入资产入账价值的确认基础，不确认换出资产的交换损益。

(1) 新华公司的会计处理如下。

```
    借：固定资产                              1 020 000
        应交税费——应交增值税(进项税额)         130 000
        累计摊销                                180 000
        贷：无形资产                           1 100 000
            银行存款                             176 000
            应交税费——应交增值税(销项税额)       54 000
```

注：新华公司换入资产的入账价值＝换出资产账面价值＋换入资产和换出资产相关税费＋支付补价＝92＋0＋10＝102(万元)；新华公司换出无形资产按账面价值进行资产处置，不形成交换损益。

(2) 东信公司的会计处理如下。

```
    借：固定资产清理                          1 090 000
        累计折旧                                500 000
        贷：固定资产                           1 580 000
            银行存款                              10 000
    借：无形资产                                990 000
        应交税费——应交增值税(进项税额)          54 000
        银行存款                                176 000
        贷：固定资产清理                       1 090 000
            应交税费——应交增值税(销项税额)      130 000
```

注：东信公司换入无形资产的入账价值＝换出资产账面价值＋换入资产和换出资产相关税费－收到补价＝108＋1－10＝99(万元)；东信公司换出固定资产视同账面价值处置，不

形成交换损益。

2.2.3 涉及多项非货币性资产交换

【例 2-7】 新华公司和西京公司均为增值税一般纳税人，适用的增值税税率均为 13%。2022 年 8 月，为适应业务发展的需要，经协商，新华公司决定以生产经营过程中使用的机器设备和专用货车换入西京公司生产经营过程中使用的小汽车和客运汽车。

新华公司设备的账面原价为 1 800 万元，在交换日的累计折旧为 300 万元，公允价值为 1 350 万元；货车的账面原价为 600 万元，在交换日的累计折旧为 480 万元，公允价值为 100 万元。

西京公司小汽车的账面原价为 1 300 万元，在交换日的累计折旧为 690 万元，公允价值为 709.5 万元；客运汽车的账面原价为 1 300 万元，在交换日的累计折旧为 680 万元，公允价值为 700 万元。

西京公司另外向新华公司支付银行存款 45.765 万元，其中包括由于换出和换入资产公允价值不同而支付的补价 40.5 万元，以及换出资产销项税额与换入资产进项税额的差额 5.265 万元。

假定新华公司和西京公司都没有为换出资产计提减值准备；新华公司换入西京公司的小汽车、客运汽车作为固定资产使用和管理；西京公司换入新华公司的设备、货车作为固定资产使用和管理。假定新华公司和西京公司上述交易涉及的增值税进项税额按照税法规定可抵扣且已得到认证；此项交换具有商业实质，不考虑其他相关税费。

此例涉及收付货币性资产，应当计算新华公司收到的货币性资产占新华公司换出资产公允价值总额的比例（补价占西京公司换入资产公允价值的比例），即 40.5÷(1 350＋100)＝2.79%＜25%，可以认定这一涉及多项资产的交换行为属于非货币性资产交换。

对于新华公司而言，为了拓展运输业务，需要小汽车、客运汽车等，西京公司为了扩大产品生产，需要设备和货车，换入资产对换入企业均能发挥更大的作用。因此，该项涉及多项资产的非货币性资产交换具有商业实质且各单项换入资产和换出资产的公允价值均能可靠计量。因此，新华公司、西京公司均应当以公允价值为基础确定换入资产的总成本，确认产生的相关损益。同时，按照各单项换入资产的公允价值占换入资产公允价值总额的比例，确定各单项换入资产的成本。

新华公司的账务处理如下。

(1) 根据税法的有关规定计算增值税销项税额。

换出设备的增值税销项税额＝1 350×13%＝175.5（万元）

换出货车的增值税销项税额＝100×13%＝13（万元）

(2) 计算换入资产、换出资产公允价值总额。

换出资产公允价值总额＝1 350＋100＝1 450（万元）

换入资产公允价值总额＝709.5＋700＝1 409.5（万元）

(3) 计算换入资产总成本。

换入资产总成本＝换出资产公允价值－补价＋应支付的相关税费

＝1 450－40.5＋0＝1 409.5（万元）

(4) 计算确定换入各项资产的公允价值占换入资产公允价值总额的比例。
小汽车公允价值占换入资产公允价值总额的比例＝709.5÷1 409.5＝50.34％
客运汽车公允价值占换入资产公允价值总额的比例＝700÷1 409.5＝49.66％
(5) 计算确定换入各项资产的成本。

$$小汽车的成本＝1\ 409.5×50.34\%＝709.5(万元)$$
$$客运汽车的成本＝1\ 409.5×49.66\%＝700(万元)$$

(6) 会计分录如下。

借：固定资产清理	16 200 000
累计折旧	7 800 000
贷：固定资产——设备	18 000 000
——货车	6 000 000
借：固定资产——小汽车	7 095 000
——客运汽车	7 000 000
应交税费——应交增值税(进项税额)	1 832 350
银行存款	457 650
资产处置损益	1 700 000
贷：固定资产清理	16 200 000
应交税费——应交增值税(销项税额)	1 885 000

西京公司的账务处理如下。

(1) 根据税法的有关规定计算增值税进(销)项税额。
换入货车的增值税进项税额＝100×13％＝13(万元)
换入设备的增值税进项税额＝1 350×13％＝175.5(万元)
换出小汽车、客运汽车的增值税销项税额＝(709.5＋700)×13％＝183.235(万元)
(2) 计算换入资产、换出资产公允价值总额。

$$换入资产公允价值总额＝1\ 350＋100＝1\ 450(万元)$$
$$换出资产公允价值总额＝709.5＋700＝1\ 409.5(万元)$$

(3) 计算换入资产总成本。
换入资产总成本＝换出资产公允价值＋支付的补价＝1 409.5＋40.5＝1 450(万元)
(4) 计算确定换入各项资产的公允价值占换入资产公允价值总额的比例。
设备公允价值占换入资产公允价值总额的比例＝1 350÷1 450＝93.1％
货车公允价值占换入资产公允价值总额的比例＝100÷1 450＝6.9％
(5) 计算确定换入各项资产的成本。

$$设备的成本＝1\ 450×93.1\%＝1\ 350(万元)$$
$$货车的成本＝1\ 450×6.9\%＝100(万元)$$

(6) 会计分录如下。

借：固定资产清理	12 300 000
累计折旧	13 700 000
贷：固定资产——小汽车	13 000 000
——客运汽车	13 000 000

```
借：固定资产——设备                    13 500 000
        ——货车                        1 000 000
    应交税费——应交增值税（进项税额）    1 885 000
    贷：固定资产清理                   12 300 000
        应交税费——应交增值税（销项税额） 1 832 350
        银行存款                          457 650
        资产处置损益    1 795 000（14 095 000－12 300 000）
```

2.3 非货币性资产交换会计信息的披露和分析

根据《企业会计准则第7号——非货币性资产交换》的要求，企业应当在其报表附注中披露以下有关非货币性资产交换的信息。

(1) 非货币性资产交换是否具有商业实质及其原因。
(2) 换入资产、换出资产的类别。
(3) 换入资产初始计量金额的确定方式。
(4) 换入资产、换出资产的公允价值以及换出资产的账面价值。
(5) 非货币性资产交换确认的损益。

显然，通过适当的非货币性资产交换业务，企业可以在不加大现金压力的情况下顺利获取所需的优质资产，而且在扩大经营的同时盘活自身资产，提高企业资产的使用效益。但是，在实务中也有一些企业往往通过非货币性资产交换业务对企业实施盈余管理。报表使用者在使用会计信息时对此需予以关注。

根据企业会计准则的规定，非货币性资产交换具有商业实质时，应当以公允价值作为换入资产入账价值的计量基础，同时确认换出资产的损益，也就是说，在交换资产的公允价值大于其账面价值时，非货币性资产交换会增加企业的资产和当期利润。如本章开篇的案例，青山纸业通过产权置换，对当期损益产生很大的影响。

而对于不具备商业实质的非货币性资产交换，换入资产不能按公允价值计量，而是根据换出资产账面价值确定，这样虽然可以避免企业与其关联方随意高估换入资产的公允价值，从而压缩企业操纵公允价值制造账面虚假利润的空间，但是又可能因此而低估换入资产的价值，成为公司操纵利润的新途径。

故报表使用者在分析企业财务报表时，应当结合企业的实际业务具体分析报表所属期间的非货币性资产交换业务对其资产构成及当期损益的影响（程度）。而辨析的焦点无疑在于"企业发生的非货币性资产交换业务是否具有商业实质"，以及"公允价值的确定是否合理"等方面，其中最为根本的问题是关联交易。通常情况下，如果企业在一个会计年度内多次与另一方连续进行非货币性资产交换，或者交换资产的公允价值严重偏离其账面价值，或者存在明显的非互惠性情形，都表明该项非货币性资产交换可能涉及关联方交易，需要考虑这种交换的真实性和有效性，以及交换对企业资产规模和当期利润构成的影响。

本章习题

一、单项选择题

1. 下列资产中,属于货币性资产的是(　　)。
   A. 无形资产
   B. 以公允价值计量且其变动计入其他综合收益的非交易性权益工具投资
   C. 投资性房地产
   D. 应收票据

2. 下列项目中,属于非货币性资产交换的是(　　)。
   A. 以公允价值为50万元的应收账款换取公允价值为45万元的土地使用权,同时收取补价5万元
   B. 以公允价值为200万元的投资性房地产换入一栋公允价值为200万元的厂房
   C. 以公允价值为30万元的原材料换取一项商标权,同时支付补价12万元
   D. 以公允价值为80万元的债权投资换取一项以公允价值计量且其变动计入当期损益的金融资产

3. 下列各项中属于《企业会计准则第7号——非货币性资产交换》准则核算范围的是(　　)。
   A. 以对子公司投资换入一栋办公大楼　　B. 以一批存货换入一项生产设备
   C. 以一栋厂房换入土地使用权　　D. 以交易性金融资产换入办公设备

4. A企业以其用于出租的一栋公寓楼,与B企业同样用于出租的一栋公寓楼进行交换,两栋公寓楼的租期、每期租金及租金总额均相等。其中A企业用于交换的公寓楼是租给一家财务信用状况比较良好的企业用作职工宿舍,B企业用于交换的公寓楼是租给散户使用。下列关于商业实质的判断,正确的是(　　)。
   A. 两栋公寓楼用途相同,该项交换不具有商业实质
   B. 两栋公寓楼租期、每期租金均相同,即租金总额相同,该项交换不具有商业实质
   C. A企业用于交换的公寓楼相比较B企业用于交换的公寓楼风险要小得多,该项交换具有商业实质
   D. 无法判断其是否具有商业实质

5. A公司、B公司均为增值税一般纳税人。A公司以一台甲设备换入B公司的一项专利权,交换日甲设备的账面原价为1 200万元,已计提折旧60万元,已计提减值准备60万元,其公允价值为1 000万元,换出甲设备的增值税税额为130万元,A公司支付清理费用4万元。A公司换入专利权的公允价值为1 000万元,换入专利权的增值税税额为60万元。A公司收到B公司支付补价(增值税差额)70万元。假定A公司和B公司之间的资产交换具有商业实质,A公司换入专利权未发生相关税费,A公司换入的专利权的入账价值为(　　)万元。
   A. 1 060　　　　B. 1 000　　　　C. 1 130　　　　D. 1 004

6. A公司以一台甲设备换入B公司的一台乙设备。甲设备的账面原价为44万元,已计提折旧6万元,已计提减值准备5万元,其公允价值为40万元。乙设备的账面原价为60

万元,已计提折旧 10 万元,已计提减值准备 15 万元。假定 A 公司和 B 公司的该项交换不具有商业实质,不考虑增值税等因素的影响,A 公司换入乙设备的入账价值为( )万元。

    A. 33   B. 31   C. 33.4   D. 32.6

7. 甲公司与乙公司签订一项非货币性资产交换协议,约定将两辆大型运输车辆与乙公司的一台生产设备进行交换,另支付补价 10 万元。在交换日甲公司用于交换的两辆运输车辆账面原价总额为 250 万元,累计折旧为 50 万元,公允价值为 230 万元;乙公司的生产设备账面原价为 300 万元,累计折旧为 175 万元,公允价值为 240 万元。该非货币性资产交换具有商业实质,假定不考虑增值税等其他因素的影响,甲公司因该项非货币性资产交换应确认的收益为( )万元。

    A. 30   B. —20   C. 40   D. —10

8. M 公司以一项厂房交换 N 公司的一项管理用固定资产、一项交易性金融资产及一批存货。M 公司换出厂房的账面原值为 3 600 万元,累计折旧为 600 万元,未计提减值准备,公允价值为 4 000 万元。N 公司换出固定资产账面原值 1 200 万元,累计折旧为 200 万元,计提减值准备 100 万元,公允价值无法可靠计量;换出交易性金融资产账面价值为 860 万元,公允价值为 1 480 万元,换出存货账面价值为 1 600 万元,公允价值同样无法可靠取得。假定该交易具有商业实质,不考虑其他因素,则 M 公司换入的固定资产的入账价值为( )万元。

    A. 900   B. 907.2   C. 1 071.43   D. 1 130.4

9. A 公司和 B 公司均为增值税一般纳税人,A 公司以一项固定资产与 B 公司的一项长期股权投资进行资产置换,交换前后资产的用途保持不变。置换日的相关资料如下:①A 公司换出的固定资产(生产设备)成本为 300 万元,已计提折旧 45 万元,不含税公允价值为 270 万元,含税公允价值为 305.1 万元;支付固定资产清理费用 5 万元。②B 公司换出的长期股权投资账面余额为 285 万元,其中投资成本为 200 万元、损益调整 75 万元、其他综合收益 5 万元(可重分类进损益)、其他权益变动 5 万元,已计提减值准备 60 万元,公允价值为 350 万元。③A 公司另向 B 公司支付银行存款 44.9 万元。④假定该项交换具有商业实质,A 公司换入长期股权投资而持有被投资单位 40%的表决权股份,当日被投资单位可辨认净资产的公允价值为 1 000 万元。下列有关 A 公司和 B 公司非货币性资产交换的会计处理中,不正确的是( )。

    A. A 公司换入长期股权投资的入账价值为 400 万元

    B. A 公司因该项非货币性资产交换确认损益 60 万元

    C. B 公司换入固定资产的入账成本为 270 万元

    D. B 公司换出长期股权投资确认的投资收益为 125 万元

二、多项选择题

1. 采用公允价值计量非货币性资产交换需要同时满足的条件有( )。

    A. 具有商业实质

    B. 换入资产或换出资产的公允价值能够可靠地计量

    C. 换入资产和换出资产的公允价值均能够可靠地计量

    D. 不具有商业实质

2. 下列关于非货币性资产交换的说法中正确的有( )。

    A. 不具有商业实质的非货币性资产交换应以账面价值计量

B. 具有商业实质但换入和换出资产的公允价值均不能可靠计量的非货币性资产交换应当按照账面价值计量

C. 涉及多项资产的非货币性资产交换，不具有商业实质，且换入资产的公允价值与换出资产的公允价值均不能可靠计量时，应当按照换入各项资产（金融资产除外）的账面价值相对比例，对换入资产总成本扣除金融资产价值后的净额进行分配，确定各项换入资产的成本

D. 涉及多项资产的非货币性资产交换，无论是否具有商业实质，均应当按照换入各项资产（金融资产除外）的公允价值相对比例，对换入资产的总成本扣除金融资产公允价值后的净额进行分配，确定各项换入资产的成本

3. 香河公司和大兴公司均为增值税一般纳税人，销售商品适用的增值税税率均为13%。2022年4月1日，香河公司以一批库存商品和一项专利权（符合免征增值税条件）与大兴公司持有的长期股权投资进行交换。香河公司该批库存商品的账面成本为80万元，未计提存货跌价准备，公允价值为100万元；无形资产原价为300万元，已累计摊销190万元，未计提减值准备，该项无形资产的公允价值为164万元。大兴公司持有的长期股权投资的账面价值为260万元，公允价值为277万元。香河公司支付补价（价差）13万元，大兴公司支付增值税差额13万元。假定该项非货币性资产交换具有商业实质，不考虑其他税费的影响，下列表述中正确的有(   )。

A. 香河公司换入长期股权投资的入账价值为277万元

B. 香河公司因该项非货币性资产交换影响当期损益的金额为60万元

C. 大兴公司换入资产的总成本为264万元

D. 大兴公司换入资产的总成本为277万元

4. 甲公司经与乙公司协商，将其持有的一栋出租的公寓楼与乙公司的一栋厂房进行交换。甲公司的公寓楼符合投资性房地产的定义，采用成本模式进行后续计量。交换日，该公寓楼的账面原价为900万元，已计提累计折旧120万元，已计提减值准备80万元，公允价值为1 000万元。乙公司厂房的账面价值为950万元，公允价值为1 100万元，甲公司另向乙公司支付补价100万元，甲、乙公司对于换入资产均不改变其用途。该非货币性资产交换具有商业实质，不考虑增值税等其他因素的影响，下列关于甲公司和乙公司的会计处理中，说法正确的有(   )。

A. 甲公司换出资产时影响利润总额的金额为300万元

B. 甲公司换入的厂房的入账价值为1 100万元

C. 乙公司换出资产时影响利润总额的金额为150万元

D. 乙公司换入公寓楼的入账价值为1 000万元

5. 甲公司和乙公司均为增值税一般纳税人，销售商品适用的增值税税率均为13%。甲公司和乙公司不存在任何关联方关系。2022年1月5日，甲公司以一项以公允价值计量且其变动计入当期损益的金融资产交换乙公司生产的一台办公设备，并将换入办公设备作为固定资产核算。甲公司换出的资产系2021年10月1日购入，取得时成本为150万元，至2021年12月31日累计确认公允价值变动收益的金额为40万元，交换日的公允价值为200万元。甲公司另向乙公司支付银行存款26万元。乙公司用于交换的全新的办公设备的账面价值为160万元，交换日的公允价值为200万元。下列关于甲公司的会计处理中，正确的

有( )。

A. 换入办公设备的入账价值为 200 万元

B. 换入办公设备的入账价值为 226 万元

C. 2022 年 1 月 5 日甲公司换出资产应确认的投资收益金额为 50 万元

D. 2022 年 1 月 5 日甲公司换出资产应确认的投资收益金额为 10 万元

6. 甲公司以一栋办公楼与乙公司一项以公允价值计量且其变动计入当期损益的金融资产进行交换。甲公司办公楼的原价为 2 000 万元,已计提折旧 400 万元,已计提减值准备 200 万元,公允价值为 1 200 万元;乙公司换出资产的账面价值为 800 万元(其中成本为 600 万元,公允价值变动收益为 200 万元),公允价值为 1 000 万元。甲公司另收到乙公司 200 万元的补价。该项交换具有商业实质,双方均不改变相关资产的使用用途。不考虑其他因素,甲公司的下列处理中,正确的有( )。

A. 换入资产的入账价值为 1 200 万元

B. 换入资产的入账价值为 1 000 万元

C. 交换日应确认资产减值损失 200 万元

D. 交换日影响利润总额的金额为 -200 万元

7. 甲公司和乙公司均为增值税一般纳税人,销售商品适用的增值税税率为 13%,出售专利权适用的增值税税率为 6%。2022 年 3 月 1 日,甲公司与乙公司进行资产交换,甲公司将其持有的库存商品、以公允价值计量且其变动计入当期损益的金融资产以及专利权同乙公司的原材料、以公允价值计量且其变动计入其他综合收益的金融资产(债权投资)进行交换,甲公司持有的库存商品的账面价值为 100 万元,不含增值税的公允价值为 150 万元,交易性金融资产的账面价值为 180 万元,公允价值为 200 万元,专利权的账面原价为 400 万元,已累计摊销 100 万元,已计提减值准备 20 万元,公允价值为 260 万元;乙公司原材料的账面价值为 300 万元,不含增值税的公允价值为 350 万元,以公允价值计量且其变动计入其他综合收益的金融资产账面价值为 300 万元(成本为 250 万元,公允价值变动收益为 50 万元),公允价值为 230 万元。同时,乙公司支付给甲公司银行存款 19.6 万元。假定该项交换具有商业实质,甲、乙公司换入资产均不改变使用用途,下列说法中正确的有( )。

A. 甲公司换入资产的总成本为 580 万元

B. 乙公司换入资产的总成本为 610 万元

C. 甲公司换入的原材料的入账价值为 350 万元

D. 乙公司换入专利权的入账价值为 260 万元

三、综合题

1. 2022 年 4 月 20 日,A 公司用一栋厂房换入 B 公司的一项专利权。

(1) 厂房和专利权的具体情况如下表。

厂房和专利权的具体情况   单位:万元

项目	原价	账面价值	累计折旧/摊销	减值准备	公允价值	增值税税率
厂房 (固定资产)	2 000	1 400	400	200	2 300	9%
专利权 (无形资产)	3 000	2 700	300		2 500	6%

(2) A 公司另向 B 公司支付补价 143 万元(包括固定资产与无形资产价差 200 万元与税差-57 万元)。

(3) 假定不考虑其他税费。

要求：

(1) 假定该项资产交换具有商业实质，分别编制 A 公司和 B 公司资产交换的会计处理。

(2) 假定该项资产交换不具有商业实质，分别编制 A 公司和 B 公司资产交换的会计处理。

(答案中的会计分录以万元为单位)

2. 甲企业 2022 年两次与 A、B 两家公司进行非货币性资产交换。

(1) 以持有的一台设备加 30 万元现金，换入 A 公司一套对外出租的商品房。设备购入成本为 300 万元，已计提折旧 60 万元，交换日公允价值 220 万元；商品房的账面价值为 200 万元。假定交换具有商业实质，不考虑相关税费。

(2) 以持有的一项原值 200 万元，账面价值 140 万元，公允价值 150 万元的无形资产(增值税税率 6%)，交换 B 公司的另一项无形资产(增值税税率 6%)，同时收到 B 公司支付的 31.8 万元现金补价。交换日 B 公司的无形资产账面价值为 150 万元，公允价值为 120 万元。

假定交换不具有商业实质，根据上述资料，编制甲公司各项业务的会计分录。

第 3 章 外币折算会计

引导案例

汇率变动：国际贸易的调节杠杆

汇率，作为不同货币的比价，随着世界经济的一体化发展和贸易金融越来越自由化，汇率变动对企业财务甚至是金融市场的影响作用越来越明显。汇率变动是一种客观事实，在汇率变动的当期就应当确认其影响，而不是递延到后期实现时才确认。

瑞安建业（00983.HK）公告，预期集团截至 2020 年年度的综合净利润将增长至约港币 4 500 万元，对比集团截至 2019 年年度的综合净利润约港币 700 万元及 2020 年上半年净亏损约港币 1.3 亿元，以及疫情期间香港经济状况严峻的环境，可以说是"不错的答卷"。

上述集团综合净利润的预期增长主要由于在 2020 年下半年人民币兑港元大幅升值，为 2020 年度带来汇兑收益约港币 1.5 亿元，以及在香港特别行政区政府"保就业"计划下取得补助。

瑞安建业表示，在当前不明朗的时期，将致力发挥核心优势，强化集团架构及抵御力，集中发展香港公营建筑市场业务，更好地应对新趋势，把握未来机遇。

世界经济一体化进程的加快及跨国公司的迅猛发展，对国际范围内会计报表的货币表达和计量问题提出了更高要求，外币折算会计的学习有利于培养具备国际视野大格局及全面发展的优秀财务人才，承担民族复兴的伟大重任。这是企业在"一带一路"的倡议指引下，把党的"重大开放举措"落到实处，从自身做起推动更高水平开放，积极推动建设开放型世界的重要表现。基于以上案例，需关注以下几个问题。

(1) 什么是记账本位币和外币？
(2) 文中汇率变动是如何影响汇兑损益的？
(3) 什么是外币报表折算？

本章内容框架

随着我国对外开放的不断扩大，越来越多的企业走向国际市场，参与国际市场竞争。在开展国际经济活动的过程中，企业会涉及多种货币的经济业务，如何将多种货币的经济业务进行完整的记录和反映，而相应业务所涉及的会计处理原则和方法即外币折算会计需遵循《企业会计准则第 19 号——外币折算》及相关指南和解释。本章主要解决以下问题。

(1) 什么是外币折算会计？什么是记账本位币和外币？
(2) 什么是外币交易？如何进行相应核算？
(3) 什么是外币折算？如何进行相应核算和报表反映？

本章内容框架如图 3-1 所示。

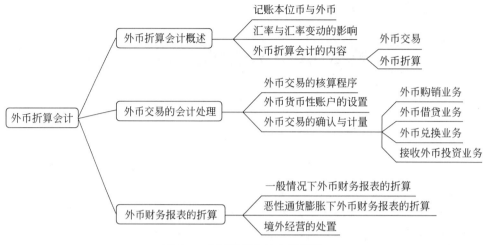

图 3-1 外币折算会计内容框架

3.1 外币折算会计基本概念

3.1.1 外币与记账本位币

外币是指除本国或地区货币以外的其他国家或地区的货币。在我国除人民币以外的货币都称为外币。但是,从会计确认和计量的角度来看,外币是指除记账本位币以外的货币。

1. 记账本位币的含义

记账本位币是指企业经营所处的主要经济环境中的货币。主要经济环境是指企业主要收入和支出现金的经济环境,使用该经济环境中的货币最能反映企业的经济结果。根据我国《会计法》第十二条规定,会计核算以人民币为记账本位币。业务收支以人民币以外的货币为主的单位,可以选定其中一种货币作为记账本位币,但是编报的财务会计报告应当折算为人民币。

理解记账本位币的概念需要把我国企业会计准则中的概念与国际会计准则中的相关概念进行比较区别。

(1)"记账本位币"与"功能货币"(function currency),我国《企业会计准则第 19 号——外币折算》中对"记账本位币"进行了界定,《国际准则第 21 号——汇率变动的影响》中定义了"功能货币",二者的含义相同,都是指企业经营所处主要环境中的货币。

(2)"记账本位币"与"列报货币"(presentation currency),《国际准则第 21 号——汇率变动的影响》中定义的"列报货币"主要是侧重于财务报表列报时所用的货币,与"记账本位币"强调的记账时作为基本计量单位的货币不同。同一家企业记账本位币与列报货币可能相同也可能不同。例如,在美国上市的中国企业,记账本位币为人民币,但是报表列报的货币需要用美元来进行列报。

2. 记账本位币的确定

企业应当遵守《会计法》的规定,根据经营所处的主要经济环境选择记账本位币。在选择记账本位币时，企业应当考虑以下3个因素。

（1）从影响日常收入的角度来看，通常选择的货币应该能够对商品和劳务的价格起主要作用，即通常以该种货币进行商品和劳务的计价与结算。

（2）从影响日常支出的角度来看，通常选择的货币应该能够对生产商品提供劳务所需的人工、材料和其他费用的价格起主要作用，即通常以该种货币进行人工、材料和其他费用的计价与结算。

（3）从筹资活动和经营活动留存款项的角度来看，通常选择的货币应该是企业主要筹资活动取得的货币和经营活动留存的货币。

需要注意的是，企业只能选择一种货币作为记账本位币，且一旦选择，不能随意更改，除非与企业选择记账本位币相关的经营所处的主要经济环境发生重大变化。

3. 企业境外经营记账本位币的确定

企业境外经营是指企业在境外的子公司、合营企业、联营企业、分支机构等。如果企业在境内经营的子公司、合营企业、联营企业或分支机构，所选择的记账本位币与该企业不同时，也应当视为企业的境外经营。

企业对其境外经营或对外经营企业自身确定记账本位币时，除了要考虑企业确定记账本位币的上述3个因素外，还需要考虑以下4个因素的影响。

（1）对外经营对其所从事的活动是否拥有很强的自主性。如果对外经营有很强的自主性，则应当根据其自身经营的主要经济环境选择记账本位币，反之，则应当选择与企业一致的记账本位币。

（2）境外经营活动中与企业的交易是否在境外经营活动中占有较大的比例。如果境外经营与企业的交易在境外经营活动中所占比例小，则应当根据自身经营的主要经济环境选择记账本位币，反之，如果所占比例很大则应当选择与企业一致的记账本位币。

（3）境外经营活动产生的现金流量是否直接影响企业的现金流量，是否可以随时汇回。如果境外经营产生的现金流不能直接影响企业的现金流且不能随时汇回，则应当根据主要经济环境选择记账本位币，反之，则应当选择与企业一致的记账本位币。

（4）境外经营活动产生的现金流量是否足以偿还其现有债务和可预期的债务。如果境外经营活动能够产生足够的现金流偿还现有和可预期的债务，则应根据主要经济环境选择记账本位币，反之，则应当选择与企业一致的记账本位币。

4. 记账本位币的变更

企业记账本位币一经确定，不能随意变更。如果满足变更条件，记账本位币的变更需按照会计政策变更处理。

（1）变更条件。当企业经营所处的主要经济环境发生重大变化时，企业可以变更其记账本位币。主要经济环境发生变化主要是指企业收入和支出现金的环境等发生了重大变化，使用该经济环境中的货币最能反映企业的经济结果。企业应在其财务报表附注中披露这一变更的确凿证据。

（2）变更的会计处理。企业应选择变更日的即期汇率，对报表中所有项目折算为变更后的记账本位币，并以这一金额作为新的记账本位币计量。由于这一变更采用了同一即期汇率进行折算，所以不会产生汇兑损益。编报财务报表时，也应当按照可比当日的即期汇率对比财务报表中的所有资产负债表和利润表项目进行折算。

3.1.2 外币交易与外币折算

外币折算通常与外币交易有关。外币交易是指以记账本位币以外的货币进行计量或者结算的交易。外币交易主要分为以下几类。

(1) 以外币购买或者卖出商品或服务。这里的商品既包括如固定资产、存货一类的实物资产,也包括不具有实物形态的无形资产,如专利权、特许经营权等。

(2) 外币的借贷业务,即借入或者借出外币资金。企业向银行或者非银行金融机构借入记账本位币以外的货币资金,银行或非银行金融机构向中央银行、其他银行或非银行金融机构借贷记账本位币以外的货币资金,以及企业发行以记账本位币以外的货币计价或结算的债券等,都属于外币的借贷业务。

(3) 外币兑换业务是指企业将一种货币兑换成另一种货币的交易。

(4) 其他以外币计价或者结算的业务。比如,接受外币投资或者捐赠。

发生的外币交易需要以记账本位币在企业的账簿中进行登记,进而在财务报表中体现,这就需要涉及外币交易的折算。

对于企业的境外经营,在期末,企业需要将境外经营的以外币计量编制的财务报表折算成以企业记账本位币计量的财务报表,以便反映境外经营的情况,这就又涉及外币报表的折算。

所以,外币折算主要包括外币交易的折算和外币报表的折算两种。

3.1.3 汇率与汇率变动的影响

1. 汇率

汇率是指两种货币兑换的比率,即将一种货币换算成另一种货币时的比价,也可理解为以一种货币表示另一种货币的价格。

汇率按照表示的方式不同,可分为直接汇率和间接汇率两种。

(1) 直接汇率是以本国货币表示外国货币的形式,是以一定数量的外币折算为本国货币的金额,如1美元=6.72元人民币。直接汇率的特点是外币金额不变,本国货币的数量随着汇率的变化而发生改变,且本国货币币值的变化与汇率成反比。在当今世界,大多数国家都采用直接汇率来进行汇率标注。

(2) 间接汇率是以外币表示本国货币的形式,是以一定数量的本国货币折算为外币的金额,如100元人民币=14.88美元。间接汇率的特点是本国货币金额不变,外币的数量随着汇率的变化而发生改变,且本国货币币值的变化与汇率成正比。

汇率按照交割时间的不同,又可分为即期汇率和远期汇率两种。即期汇率是指立即兑换的汇率;远期汇率是指将来某时点进行兑换的预期汇率。汇率还有其他分类方式,如现行汇率和历史汇率、记账汇率和账面汇率等。现行汇率是指资产负债表日的汇率,历史汇率是指确定外币资产或者承担外币负债时的汇率;记账汇率是指目前对外币交易进行确认时采用的汇率,账面汇率是外币交易进行确认时采用的汇率。

2. 汇率变动的影响

汇率变动的影响是指等量的外币金额采用不同汇率折算成本币时所产生的折算差额,它反映了汇率变动给企业带来的利得和损失。所以,汇率变动的影响也称为汇兑损益或汇兑差额。

汇兑损益按照形成的来源不同分为外币交易汇兑损益和外币报表折算损益。外币交易汇兑损益又包括外币兑换汇兑损益、外币购销汇兑损益和资金借贷汇兑损益。汇兑损益按照是否已经实现,分为已实现汇兑损益和未实现汇兑损益。在结算日已确认的商品购销和资金借贷汇兑损益以及全部的外币兑换损益被称为已实现汇兑损益,而在结算日未确认的商品购销和资金借贷汇兑损益以及外币折算损益被统称为未实现汇兑损益。汇兑损益具体类别如图3-2所示。

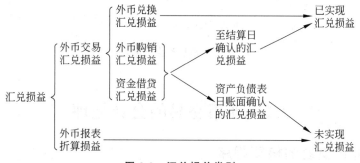

图3-2　汇兑损益类别

汇兑损益产生的主要原因是外币交易。一方面,随着汇率的变动,同样一笔外币金额采用不同时点的汇率进行折算,折算出的记账本位币金额由于不同时点汇率的不相等会出现汇兑损益。另一方面,在货币兑换业务中,由于使用不同的汇率,两种货币在兑换时也会使折合成的记账本位币出现差异。

汇兑损益还可能因为外币报表折算而产生。在对外币报表进行折算时,由于不同的项目采用了不同时点的汇率而使折算出的记账本位币金额出现差异,这种外币折算差异成为外币报表折算差额。广义的外币折算差异还包括外币报表折算差额。

【例3-1】　新华公司以人民币为记账本位币。20×1年12月9日,新华公司向东方公司赊购价格为1万美元的原材料,当日的即期汇率为1美元=6.30元人民币;20×1年12月31日的汇率为1美元=6.25元人民币;20×2年1月9日,支付货款当日的即期汇率为1美元=6.40元人民币。

根据以上资料,新华公司发生外币交易时按照当日的汇率进行折算,其1万美元应付账款,记账本位币的金额为6.3万元人民币;20×1年12月31日,该笔外币应付账款的记账本位币金额为6.25万元人民币,这就出现了500元人民币的未实现汇兑利得;20×2年1月9日,支付1万美元按照当日的即期汇率折算为6.4万元人民币,这时又产生了1 500元的汇兑损失。由此,此笔外币交易结算总共产生的汇兑损失为1 000元人民币。

3.1.4　外币折算会计的内容

外币折算会计包括外币交易折算和外币报表折算两个部分。

外币交易折算包括初始计量和后续计量两个环节,即在交易发生日对外币交易进行初始确认计量和在结算日或报表日对外币项目进行后续计量。在结算日和报表日,由于折算汇率都可能与初始确认计量的汇率不同,所以,最终的结算金额或报表日的报告金额都会与初始计量确认的金额有差异,从而导致对外币交易汇兑差额的确认与计量。

外币报表折算中,在同一张报表上对不同项目用不同的汇率进行折算,不同报表中分别进行折算,对折算产生的差异进行列示则是外币报表折算差异的会计处理重点。外币折算会计的内容如图3-3所示。

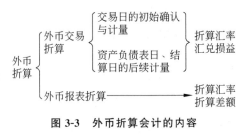

图 3-3 外币折算会计的内容

3.2 外币交易的会计处理

3.2.1 外币交易的核算程序

外币交易的日常记账方法分为外币统账制与外币分账制两种。外币统账制是指外币交易发生时按照即期汇率折算成记账本位币进行初始确认计量,期末各外币账户的余额按照期末的即期汇率折算成记账本位币,再与原账面余额进行比较,将其差额确认为汇兑损益。外币分账制是指外币交易发生时直接按照外币金额入账,在资产负债表日再按照一定的汇率将不同的项目折算成记账本位币在报表中列示,并确认产生的汇兑损益。目前我国绝大部分的企业采用外币统账制,只有银行和少数金融企业由于外币业务种类多且频繁而采用外币分账制。本书主要以外币统账制为基础来讲解其会计处理。

企业在发生外币交易时,会计核算的基本程序如下。

(1) 将外币金额按照交易发生日的即期汇率或即期汇率的近似汇率折算为记账本位币。为方便计算,我国准则中的企业用于记账的即期汇率一般指当日中国人民银行公布的人民币汇率的中间价。但是,在企业发生单纯的货币兑换业务或涉及货币兑换时,仅用中间价不能反映货币买卖的损益,需要使用买入价或卖出价折算。当汇率变动不大时,为简化核算,企业在外币交易日或外币报表的某些项目进行折算时,也可以选择即期汇率的近似汇率折算。即期汇率的近似汇率是"按照系统合理的方法确定的、与交易日即期汇率近似的汇率",通常是指当期平均汇率或加权平均汇率等。

(2) 期末,根据外币账户的期末余额按照期末的即期汇率折算成记账本位币金额,并与原记账本位币账户的期末余额进行比较,差额计入汇兑损益。

(3) 结算日,根据结算日的即期汇率将结算金额折算成记账本位币金额,并与原记账本位币账户余额进行比较,差额计入汇兑损益。

3.2.2 外币账户的设置

为反映外币交易的会计处理过程,包括记账本位币的折算过程和汇率变动的影响等,企业应当对外币交易涉及的项目设置相应的记账本位币账户,并设置相应的外币货币性账户。

只有外币货币性项目才需要设置外币账户。

货币性项目是指企业持有的货币资金和将以固定或可确定的金额收取的资产或者偿付的负债,主要包括库存现金、银行存款、应收账款(票据)等货币性资产项目及短期负债、长期负债、应付利息、应付账款(票据)、应付职工薪酬、应付股利等货币性负债项目。货币性项目的支付功能决定了其应按现实价值进行报告的性质,也决定了其应承受汇率变动的影响。

非货币性项目是指货币性项目以外的项目,如存货、固定资产等。外币非货币性项目在取得时,按照当期即期汇率折算成记账本位币作为历史成本计量,在后续计量中以该历史成本为基础进行折旧、摊销、结转以及减值等,不需要对其按照时间的变化而改变其计量的基础,对非货币性项目不需要设置相应的外币账户。

在货币性项目的总账下,按照记账本位币和外币分别设置二级账。在外币账户的"借""贷""余"三栏下均设置"外币金额""折算汇率"和"记账本位币金额"项目。

3.2.3 外币购销交易会计处理的两种基本方法

只要企业发生外币购销业务的时点与结算的时点不一致,就存在汇率变动的可能性,业务发生时点汇率与结算时点汇率的差异就会引起企业对交易收入的确认或对购货成本的确认。比如,某以人民币为记账本位币的企业购入价值1万美元的原材料,交易发生时点的汇率为1美元=6.30元人民币,而在实际结算时点的汇率为1美元=6.50元人民币,那么该企业应当确认这批存货的成本为6.3万元人民币还是6.5万元人民币呢?对于此问题的解决,会计上有单一交易观和两项交易观两种处理方法。

单一交易观是企业将商品的购销交易与结算交易视为同一笔交易的不同阶段,因此,企业应当将结算时点前因汇率变动所引起的汇兑损益计入购货成本和销货收入中。上例的企业应当以6.5万元作为该批存货的入账价值,即单一交易观下,企业应当按照结算时点的即期汇率作为确认销售收入和购货成本的依据。

两项交易观是把商品的购销交易和结算交易视为两项不同的交易,相互之间不产生影响。由此可得,企业在结算时点前的汇率变动不会影响企业销售收入和购货成本的确定。所以,上例的企业应当以6.3万元作为该批存货的入账价值,即两项交易观下,企业应当按照购销交易发生时点的即期汇率作为确认销售收入和购货成本的依据。

【例3-2】新华公司是以人民币为记账本位币的企业,20×1年12月10日,对美国南方公司销售一批商品,作价10万美元,约定一个月内结算。20×2年1月10日,新华公司收到美国南方公司支付的10万美元。20×1年12月10日的汇率为1美元=6.30元人民币,20×1年12月31日的汇率为1美元=6.34元人民币,20×2年1月10日的汇率为1美元=6.40元人民币。相关税费略,做出该交易的会计分录。

单一交易观和两项交易观的会计处理思路如表3-1和表3-2所示。

表3-1 单一交易观与两项交易观会计处理思路比较1(新华公司确认收入)　　　单位:元

日期	单一交易观	两项交易观
20×1年12月10日	确认销售收入。 借:应收账款——美元户　　630 000 　贷:主营业务收入　　　　　630 000	确认销售收入。 借:应收账款——美元户　　630 000 　贷:主营业务收入　　　　　630 000

续表

日　　期	单一交易观	两项交易观
20×1年12月31日	将汇兑损益调整销售收入。 借：应收账款——美元户　　4 000 　贷：主营业务收入　　　　　4 000	确认汇兑损益。 借：应收账款——美元户　　4 000 　贷：财务费用——汇兑损益　4 000
20×2年1月10日	收到货款，汇兑损益调整销售收入。 借：银行存款　　　　　　　640 000 　贷：应收账款——美元户　634 000 　　　主营业务收入　　　　　6 000	收到货款，确认汇兑损益。 借：银行存款　　　　　　　640 000 　贷：应收账款——美元户　634 000 　　　财务费用——汇兑损益　6 000

表 3-2　单一交易观与两项交易观会计处理思路比较 2（美国南方公司确认购货成本）

单位：元

日　　期	单一交易观	两项交易观
20×1年12月10日	确认购货成本。 借：原材料　　　　　　　　630 000 　贷：应付账款——美元户　630 000	确认购货成本。 借：原材料　　　　　　　　630 000 　贷：应付账款——美元户　630 000
20×1年12月31日	将汇兑损益调整购货成本。 借：原材料　　　　　　　　　4 000 　贷：应付账款——美元户　　4 000	确认汇兑损益。 借：财务费用——汇兑损益　4 000 　贷：应付账款——美元户　　4 000
20×2年1月10日	支付货款，汇兑损益调整购货成本。 借：原材料　　　　　　　　　6 000 　　应付账款——美元户　　634 000 　贷：银行存款——美元户　640 000	支付货款，确认汇兑损益。 借：财务费用——汇兑损益　6 000 　　应付账款——美元户　　634 000 　贷：银行存款——美元户　640 000

由表 3-1 和表 3-2 可知，单一交易观和两项交易观之间的区别是，交易日与结算日之间的汇率变动所形成的汇兑损益是影响确认的收入和购买的成本的金额，还是计入当期损益。二者之间也有共同之处，即交易日与结算日之间的汇率变动所形成的汇兑损益会影响外币货币性项目的计量。在现行会计准则中，已经摒弃单一交易观，都采用两项交易观，所以本书之后所讲的会计处理全部以两项交易观为基础。

3.2.4　外币交易的确认与计量

1. 初始确认计量

根据《企业会计准则第 19 号——外币折算》的规定，企业发生的外币交易应当在初始确认时，采用交易发生日的即期汇率将外币金额折算为记账本位币金额；也可以采用按照系统合理的方法确定的、与交易发生日即期汇率近似的汇率折算。这里的即期汇率可以是银行外汇牌价的买入价、卖出价，也可以是中间价，在不与银行进行兑换的情况下，一般采用中间价作为即期汇率。对于与即期汇率近似的汇率，通常情况下选择当期平均汇率或者加权平均汇率作为近似汇率。

1）外币购销业务

【例 3-3】 20×2 年 12 月 9 日，新华公司从境外进口一批原材料，价值 20 万美元，当日的即期汇率为 1 美元＝6.50 元人民币；新华公司为增值税一般纳税人，增值税税率为 13%，关税税率为10%,按照规定,用银行存款支付进口货物增值税16.9万元,关税13.5万元及装卸搬运等运杂费2 000元。按照购销合同约定付款信用期为30天。

借:原材料　　　　　　　　　　　　　　1 437 000(200 000×6.50+135 000+2 000)
　　应交税费——应交增值税(进项税额)　169 000
　　贷:银行存款　　　　　　　　　　　　306 000
　　　　应付账款——美元户　　　　　　　1 300 000

【例3-4】 20×2年12月10日,新华公司向境外兴安公司销售一批价值10万美元的商品,当日的即期汇率为1美元=6.50元人民币,款项约定1个月内支付,其他税费略。

借:应收账款——美元户　　　　　　　　650 000
　　贷:主营业务收入　　　　　　　　　　650 000

2)外币借贷业务

【例3-5】 20×2年10月1日,新华公司从银行借入半年期的短期美元贷款10万美元,年利率为5%,当日的即期汇率为1美元=6.65元人民币。

借:银行存款——美元户　　　　　　　　665 000
　　贷:短期借款——美元户　　　　　　　665 000

3)外币兑换业务

企业与银行发生货币兑换时,兑换所用汇率为银行的买入价或卖出价,而通常记账所用的即期汇率为买入价与卖出价形成的中间价,由于汇率变动而产生的汇兑差额计入财务费用。

【例3-6】 20×2年9月20日,新华公司从银行以人民币买入10万美元,新华公司以中国银行公布的人民币汇率中间价作为折算的即期汇率。中国银行当日的美元卖出价为1美元=6.60元人民币,买入价为1美元=6.56元人民币,中间价为1美元=6.58元人民币。

借:银行存款——美元户　　　　　　　　658 000
　　财务费用——汇兑损益　　　　　　　　2 000
　　贷:银行存款——人民币户　　　　　　660 000

4)接受外币投资业务

【例3-7】 20×2年5月10日,新华公司收到某外商的投资50万美元,当日即期汇率为1美元=6.40元人民币。

借:银行存款——美元户　　　　　　　　3 200 000
　　贷:实收资本　　　　　　　　　　　　3 200 000

需要注意的是,企业收到外币投入资本的情况,只能采用交易日即期汇率进行折算,不得选用即期汇率近似汇率。

2. 期末计量

对于不同计量属性计量的项目,在期末需要根据不同的方法确认其外币项目的报告价值。

(1)外币货币性项目。期末核算货币性项目时,应以当日即期汇率折算为外币货币性项目,该项目因当日即期汇率不同于该项目初始入账时或前一期期末即期汇率而产生的汇兑差额计入当期损益。

【例3-8】 接例3-3资料,20×2年12月31日,即期汇率为1美元=6.70元人民币。做出新华公司尚未支付的材料采购债务的期末会计处理。

借:财务费用——汇兑损益　　　　40 000[(6.70-6.50)×200 000]
　　贷:应付账款——美元户　　　　　40 000

【例3-9】 接例3-4资料,20×2年12月31日,即期汇率为1美元=6.70元人民币。做出新华公司对向境外公司销售产生的债权的期末会计处理。

借:应收账款——美元户　　　　　20 000
　　贷:财务费用——汇兑损益　　　　20 000[(6.70-6.50)×100 000]

【例3-10】 接例3-5资料,20×2年12月31日,即期汇率为1美元=6.70元人民币。做出新华公司借入外币借款的期末会计处理。

借:财务费用——汇兑损益　　　　5 000[(6.70-6.65)×100 000]
　　　　　　——利息费用　　　　　8 375(6.70×100 000×5%×3/12)
　　贷:短期借款——美元户　　　　　5 000
　　　　应付利息——美元户　　　　　8 375

(2) 以公允价值计量的外币非货币性项目。以外币公允价值余额和公允价值确定当日的即期汇率计算期末报告价值。这也表明由于汇率变动而产生的汇兑损益要计入相应公允价值变动对应科目,而不是财务费用,这是公允价值计量所要求的。

【例3-11】 20×2年12月5日,新华公司用20万美元在B股市场上以每股2美元的价格购入某公司股票10万股,作为交易性金融资产核算,当日即期汇率为1美元=6.65元人民币。20×2年12月31日,该股票市价升为每股3美元,当日即期汇率为1美元=6.70元人民币。相关税费略,做出相应的会计处理。

① 20×2年12月5日,购入股票。

借:交易性金融资产——成本　　　　1 330 000
　　贷:银行存款——美元户　　　　　1 330 000(200 000×6.65)

② 20×2年12月31日,确认该金融资产的公允价值变动。

借:交易性金融资产——公允价值变动　680 000
　　贷:公允价值变动损益　　　　　　　680 000(300 000×6.70-200 000×6.65)

(3) 采用成本与可变现净值孰低法进行后续计量,且期末采用外币反映可变现净值的外币非货币性项目。在期末,以外币表示的可变现净值和期末即期汇率计算期末报告价值。这也就表明由于汇率变动而产生的汇兑损益要计入期末资产减值损失,符合按照可变现净值计量的要求。

【例3-12】 以人民币为记账本位币的新华公司于20×2年6月20日进口一批A商品共10万件,每件价格为30美元,货款已于交易完成时以美元付讫,当日即期汇率为1美元=6.50元人民币;20×2年12月31日,库存A商品尚有100件未对外销售。国内市场无同类商品,但国际市场上该商品的价格已经降为每件25美元,当日即期汇率为1美元=6.70元人民币。相关税费略,假定"存货跌价准备"科目无余额。

① 20×2年6月20日,进口A商品。

借:库存商品——A商品　　　　　19 500 000

贷：银行存款——美元户　　　　　　　　　19 500 000

② 20×2年12月31日，计提减值准备。

　　借：资产减值损失　　　　　　　　　　　2 750(3 000×6.50－2 500×6.70)
　　　　贷：存货跌价准备　　　　　　　　　　2 750

（4）采用历史成本计量的外币非货币性项目。根据历史成本的原则，按照交易发生日的外币发生金额和即期汇率计算的入账价值将一直保持不变，在以后期间不会随着汇率的变动而发生变化。所以，这一类外币非货币性项目的期末余额不需要进行调整，汇率的变化不会影响历史成本。

通常情况下，外币货币性项目在期末确认报告价值时，由于汇率变动所产生的汇兑损益直接确认为财务费用；属于满足资本化条件的借款费用组成部分的汇兑损益则计入相关资产成本。

3. 结算日计量

外币货币性项目和外币非货币性项目，在结算日也会因为汇率变动产生的汇兑损益使实际结算的记账本位币金额与账面余额存在差异，其汇兑损益的计量方法与期末计量的汇兑损益方法基本一致。

【例3-13】 接例3-3和例3-8资料，新华公司按照合同约定，于20×3年1月8日支付前欠货款20万美元，当日即期汇率为1美元＝6.75元人民币。做出新华公司支付前欠货款的会计分录。

　　借：应付账款——美元户　　　　　　　　1 340 000
　　　　财务费用——汇兑损益　　　　　　　　 10 000
　　　　贷：银行存款——美元户　　　　　　　1 350 000

如果企业考虑期末对所有外币账户的余额进行调整，则可以对结算日的会计处理进行简化，不确认已实现的汇兑损益，只在期末对所有的汇兑损益进行统一确认。所以，结算日会计处理可以简化如下。

　　借：应付账款——美元户　　　　　　　　1 350 000
　　　　贷：银行存款——美元户　　　　　　　1 350 000

【例3-14】 接例3-4和例3-9资料，新华公司按照合同约定，于20×3年1月10日收到境外公司前欠货款10万美元，当日的即期汇率为1美元＝6.75元人民币。做出新华公司收款的会计分录。

　　借：银行存款——美元户　　　　　　　　675 000(100 000×6.75)
　　　　贷：应收账款——美元户　　　　　　　670 000
　　　　　　财务费用——汇兑损益　　　　　　5 000(100 000×6.75－100 000×6.70)

如果企业考虑期末对所有外币账户的余额进行调整，则可以对结算日的会计处理进行简化，不确认已实现的汇兑损益，只在期末对所有的汇兑损益进行统一确认。所以，结算日会计处理可以简化如下。

　　借：银行存款——美元户　　　　　　　　675 000
　　　　贷：应收账款——美元户　　　　　　　675 000

【例3-15】 接例3-5和例3-10资料，20×3年3月31日，新华公司短期借款10万美元到期，偿还银行本金和利息，当日即期汇率为1美元＝6.80元人民币。

借：短期借款——美元户　　　670 000

　　应付利息——美元户　　　　8 375

　　财务费用——汇兑损益　　　10 125 $\left(100\,000+100\,000\times 5\% \times \dfrac{3}{12}\right)\times (6.80-6.70)$

　　　　　　——利息费用　　　8 500 $\left(100\,000\times 5\%\times \dfrac{3}{12}\times 6.80\right)$

　　贷：银行存款——美元户　　697 000

【例 3-16】　接例 3-11 资料，新华公司于 20×3 年 1 月 10 日将所持有的 10 万股作为交易性金融资产核算的 B 股股票以每股 3.5 美元的价格对外出售，当日即期汇率为 1 美元＝6.80 元人民币。相关税费略。

借：银行存款——美元户　　　　　　　　2 380 000

　　贷：交易性金融资产——成本　　　　　　　1 330 000

　　　　　　　　　　　——公允价值变动　　　 680 000

　　　　投资收益　　　　　　　　　　　　　　 370 000

企业在会计期间内可不确认每笔外币交易业务的汇兑损益，直接按照发生日的即期汇率计算相应账户的记账本位币发生金额，而在期末，一次对当期所有外币交易业务的汇兑损益进行统一调整。

【例 3-17】　新华公司对外币交易采用交易日即期汇率作为折算汇率。20×2 年 10 月，有关外币应收账款资料如下。

(1) 10 月 1 日，"应收账款——美元户"的余额为 1 万美元，折算汇率为 1 美元＝6.50 元人民币，记账本位币余额为 6.5 万元人民币。

(2) 10 月 10 日，收回月初美元应收账款余额中的 4 000 美元，当日即期汇率为 1 美元＝6.60 元人民币。

(3) 10 月 15 日，销售商品一批，货款 2 万美元，当日即期汇率为 1 美元＝6.65 元人民币，该批货款的 50% 于 10 月 25 日收到，10 月 25 日的汇率为 1 美元＝6.68 元人民币。

(4) 10 月 31 日，即期汇率为 1 美元＝6.70 元人民币。相关税费略。

根据上述资料，新华公司有关外币交易的会计处理如下。

(1) 10 月 10 日，收回 4 000 美元。

借：银行存款——美元户　　　　　　　　26 400

　　贷：应收账款——美元户　　　　　　　　26 000

　　　　财务费用——汇兑损益　　　　　　　　 400

(2) 10 月 15 日，销售商品。

借：应收账款——美元户　　　　　　　　133 000

　　贷：主营业务收入　　　　　　　　　　　133 000

(3) 10 月 25 日，收到 50% 的货款。

借：银行存款——美元户　　　　　　　　66 800

　　贷：应收账款——美元户　　　　　　　　66 500

　　　　财务费用——汇兑损益　　　　　　　　 300

已实现汇兑损益＝400＋300＝700(元)(利得)。

(4) 10月31日,调整外币应收账款账户余额并确认汇兑损益,有关计算如表3-3所示。

表3-3 "应收账款——美元户"账户余额调整计算

项目	计算过程
期末外币余额/美元	10 000－4 000＋20 000－10 000＝16 000
期末即期汇率	6.70
调整后期末记账本位币余额/元	16 000×6.70＝107 200
调整前期末记账本位币余额/元	65 000－26 000＋133 000－66 500＝105 500
调整金额/元 汇兑损益(利得)	107 200－105 500＝1 700

10月31日调整外币账户余额的账务处理如下。

借:应收账款——美元户　　　　　　　　　　　　1 700
　　贷:财务费用——汇兑损益　　　　　　　　　　1 700

综上,汇兑损益(利得)已实现部分为700元,未实现部分为1 700元,合计2 400元。

3.3 外币财务报表的折算

3.3.1 一般情况下外币财务报表的折算

在将企业境外经营的以外币表示的财务报表折算为以企业记账本位币,以便在企业财务报告中予以反映的过程称为外币报表折算。在企业将境外经营纳入企业财务报表的过程中,对于境外经营的子公司,对其报表的折算要以合并的方式,将财务报表中的所有信息纳入企业财务报表,对外报出合并财务报表。而对于境外经营的合营企业、联营企业和分支结构,对其报表的折算按照权益法的要求反映其投资情况。

对外币报表的折算,关键在于对折算汇率的选择和对折算产生的汇兑损益的处理。

1. 外币报表折算原则

在对境外经营进行财务报表折算前,应对境外经营的会计政策和会计期间进行调整,使其与企业的会计政策和会计期间一致,然后按照以下原则对境外经营报表进行折算。

(1) 资产负债表中的资产和负债项目,采用资产负债表日的即期汇率进行折算;所有者权益项目中除"利润分配——未分配利润"外的其他科目以发生时的即期汇率进行折算。

(2) 利润表中的收入和费用类科目,采用发生时的即期汇率或即期汇率的近似汇率进行折算。"利润分配——未分配利润"按照各期收入、费用的计算得出当期变动额,也可以理解为发生日的即期汇率或即期汇率的近似汇率。

(3) 外币财务报表折算所产生的报表折算差异,在合并资产负债表中的"其他综合收益"科目下进行列报。

2. 外币报表折算举例

【例3-18】 新华公司是一家以人民币为记账本位币的上市公司,南星公司为新华公司于20×2年设立在美国的一家以美元为记账本位币的全资子公司。20×2年南星公司报表和相关汇率如下。

(1) 20×2年12月31日的即期汇率为1美元＝6.80元人民币,20×2年的平均汇率是

1美元＝6.65元人民币,20×2年实际发生投资时的汇率为1美元＝6.20元人民币,且20×2年无新增投资。

(2) 20×1年12月31日的累计盈余公积为2万美元,按照各发生期间即期汇率折算的记账本位币金额为12.8万元人民币;累计实现未分配利润9.4万美元,折算的记账本位币金额为60.63万元人民币;20×2年提取盈余公积6 000美元。

(3) 相关资产负债表、利润表如表3-4和表3-5所示。

表3-4 资产负债表(折算前)(简表)

编制单位：南星公司　　　　　　　　20×2年12月31日　　　　　　　　单位：美元

资产	期末数	负债和所有者权益	期末数
流动资产：		流动负债：	
货币资金	100 000	短期借款	30 000
交易性金融资产	40 000	应付账款	72 000
应收账款	60 000	应付职工薪酬	28 000
存货	140 000	应交税费	14 000
流动资产合计	340 000	流动负债合计	144 000
非流动资产：		非流动负债：	
固定资产	240 000	长期借款	180 000
无形资产	140 000	长期应付款	36 000
非流动资产合计	380 000	非流动负债合计	216 000
		负债合计	360 000
		所有者权益：	
		实收资本	200 000
		资本公积	0
		其他综合收益	0
		盈余公积	26 000
		未分配利润	134 000
		所有者权益合计	360 000
资产总计	720 000	负债和所有者权益总计	720 000

表3-5 利润表(折算前)(简表)

编制单位：南星公司　　　　　　　　20×2年　　　　　　　　单位：美元

项目	金额
一、营业收入	1 000 000
减：营业成本	640 000
税金及附加	100 000
销售费用	20 000
管理费用	120 000
财务费用	40 000

续表

项 目	金 额
二、营业利润	80 000
加：营业外收入	80 000
减：营业外支出	60 000
三、利润总额	100 000
减：所得税费用	54 000
四、净利润	46 000
五、其他综合收益	0
六、综合收益总额	46 000

根据上述资料，对南星公司财务报表的折算过程如表3-6～表3-8所示。

表3-6 资产负债表（简表）

编制单位：南星公司　　　　　　20×2年12月31日

资 产	期末数/美元	折算汇率	折算为人民币/元
流动资产：			
货币资金	100 000	6.8	680 000
交易性金融资产	40 000	6.8	272 000
应收账款	60 000	6.8	408 000
存货	140 000	6.8	952 000
流动资产合计	340 000		2 312 000
非流动资产：			
固定资产	240 000	6.8	1 632 000
无形资产	140 000	6.8	952 000
非流动资产合计	380 000		2 584 000
资产总计	720 000		4 896 000
流动负债：			
短期借款	30 000	6.8	204 000
应付账款	72 000	6.8	489 600
应付职工薪酬	28 000	6.8	190 400
应交税费	14 000	6.8	95 200
流动负债合计	144 000		979 200
非流动负债：			
长期借款	180 000	6.8	1 224 000
长期应付款	36 000	6.8	244 800
非流动负债合计	216 000		1 468 800
负债合计	360 000		2 448 000
所有者权益：			

续表

资产	期末数/美元	折算汇率	折算为人民币/元
实收资本	200 000	6.2	1 240 000
资本公积	0		
其他综合收益	0		167 800③
盈余公积	26 000		167 900①
未分配利润	134 000		872 300②
所有者权益合计	360 000		2 448 000
负债和所有者权益总计	720 000		4 896 000

注：① 167 900＝128 000＋6 000×6.65
② 872 300＝606 300＋40 000×6.65
③ 167 800＝4 896 000－2 448 000－(1 240 000＋167 900＋872 300)

当期计提的盈余公积以当期的平均汇率为折算汇率，以前期间计提的盈余公积按照以前计提期间的当期平均汇率折算的金额累计计算；期初未分配利润的记账本位币金额为以前年度未分配利润记账本位币金额的累计。当期所产生的报表折算汇兑损益为因为折算汇率选择不同而造成的资产与负债和其他所有者权益科目金额的差额。

表 3-7 利润表（简表）

编制单位：南星公司　　　　　　　　20×2年

项目	金额/美元	折算汇率	折算为人民币/元
一、营业收入	1 000 000	6.65	6 650 000
减：营业成本	640 000	6.65	4 256 000
税金及附加	100 000	6.65	665 000
销售费用	20 000	6.65	133 000
管理费用	120 000	6.65	798 000
财务费用	40 000	6.65	266 000
二、营业利润	80 000		532 000
加：营业外收入	80 000	6.65	532 000
减：营业外支出	60 000	6.65	399 000
三、利润总额	100 000		665 000
减：所得税费用	54 000	6.65	359 100
四、净利润	46 000		305 900
五、其他综合收益	0		
……			
外币报表折算差异	0		167 800
六、综合收益总额	46 000		473 700

编制单位：南星公司

表 3-8 所有者权益变动表（简表）

20×2年

项目	实收资本			其他综合收益			盈余公积			未分配利润			所有者权益合计/元
	美元	折算汇率	折算为人民币/元	美元	折算汇率	折算为人民币/元	美元	折算汇率	折算为人民币/元	美元	折算为人民币/元		
一、上年年末余额	200 000	6.2	1 240 000	0		0	20 000		128 000	94 000	606 300		1 974 300
二、本年增减变动金额													
（一）综合收益总额						167 800				46 000	305 900		473 700
（二）利润分配													
1. 提取盈余公积							6 000	6.65	39 900	−6 000	−39 900		
……													
三、本年年末余额	200 000	6.2	1 240 000			167 800			167 900	134 000	872 300		2 448 000

3.3.2 恶性通货膨胀经济中境外经营财务报表的折算

1. 恶性通货膨胀经济的判定

当一个国家或地区的经济显现出以下 5 个特征时,即可判定该国或该地区处于恶性通货膨胀经济中。

(1) 该国或该地区 3 年经济累计通货膨胀率接近或超过 100%。

(2) 该国或该地区的利率、工资和物价与物价指数挂钩。

(3) 该国或该地区的一般公民以币值相对稳定的外国货币而不是本国货币作为衡量货币金额的基础。

(4) 该国或该地区的一般公众为了保存自己的财富,持有的本国或本地区货币立即用于对外投资,以非货币性资产或币值相对稳定的外币来进行资产配置。

(5) 该国或该地区在信用期间很短的前提下,信贷按借款期内的消费力损耗计算;赊销、赊购交易以补偿信用期预计购买力损失的价格成交。

2. 处于恶性通货膨胀经济中的境外经营财务报表的折算

对于出现恶性通货膨胀的国家或地区,对境外经营报表折算就面临一个问题,以账面价值直接折算的报表是否能代表境外经营的真实经营状况,是否能够给报表信息使用者提供对做决策有用的信息。要解决这个问题,就需要消除通货膨胀对会计信息传递的误导。那么是先折算再消除通货膨胀影响,还是先消除通货膨胀影响再进行折算? 按照《企业会计准则第 19 号——外币折算》的规定,我国现行采用的原则为先消除通货膨胀影响再进行折算。具体方法如下。

(1) 对资产负债表项目和利润表进行重述。对于资产负债表运用一般物价指数予以重述,对于利润表运用一般物价指数变动予以重述。

① 对于资产负债表的重述。不需要重述的资产:货币性项目(货币资金、应收账款等)、已按可变现净值列报的存货和已经按照公允价值计量的金融资产和投资性房地产等。其他非货币性项目,应自购买日起根据购买日到资产负债表日期间的一般物价指数变动,对各项目的历史成本和累计折旧或摊销等进行重述。

② 对于利润表的重述。所有利润表的项目都需要从初始确认之日起,以一般物价指数变动予以重述,重述过程产生的差额全额计入净利润。

(2) 对重述后外币报表进行折算。企业应对重述后的所有财务报表按照资产负债表日的即期汇率进行折算。

(3) 当境外经营不再处于恶性通货膨胀时应当停止重述,按照停止之日的价格水平进行重述后再进行折算。

3.3.3 境外经营的处置

企业可以通过出售、清算、返还股东或放弃全部或部分权益等方式处置境外经营。在处置境外经营的当期,企业应将已经计入企业合并报表其他综合收益的报表汇兑损益部分予以转出,转入处置当期的当期损益科目。如果是部分处置境外经营,则需按比例计算处置部分的比例结转处置部分的外币报表折算差额,转入当期损益科目。

企业应当在处置境外经营的当期财务报表附注中披露对所处置的境外经营对外币报表折算差额的影响。

3.4 外币折算会计的披露和分析

根据企业会计准则的要求,企业应当在附注中披露与外币折算有关的下列信息。

(1) 企业及其境外经营选定的记账本位币及选定的原因,记账本位币发生变更的,说明变更理由。

(2) 采用近似汇率的,近似汇率的确定方法。

(3) 计入当期损益的汇兑差额。

(4) 处置境外经营对外币财务报表折算差额的影响。

如前文案例所述,企业应制定科学有效的套保策略,加强境外投资外汇风险全周期管理,降低外币报表折算风险。在投资活动前,企业应充分考虑所投资国家地区货币的汇率风险和成本,企业应充分认识到可能存在的汇率风险和成本,清醒认识风险对公司的影响。在投资估值中,企业应对汇率进行合理预测,并在估值中考虑汇率成本因素,在投资回报率等方面予以差异化对待。企业应将外汇风险管理意识融入企业文化建设中,将企业置身于开放的国际大环境中,完善境外投资外汇风险管理制度,科学合理管理外币折算风险,始终坚持落实国有资产保值增值理念不动摇。

本 章 习 题

一、单项选择题

1. 下列各项关于企业记账本位币的表述中,不正确的是(　　)。
    A. 企业的记账本位币一经确定,不得变更
    B. 企业因经营所处的主要经济环境发生重大变化,确需变更记账本位币的,应当采用变更当日的即期汇率将所有项目折算为变更后的记账本位币,折算后的金额作为新的记账本位币的历史成本
    C. 企业变更记账本位币时需要在附注中进行披露
    D. 企业记账本位币发生变更的,其比较财务报表应当以可比当日的即期汇率折算所有资产负债表和利润表项目

2. 甲公司记账本位币为人民币,其外币交易采用交易日的即期汇率折算。20×2年1月2日,甲公司将货款2 000万欧元兑换为人民币,当日的即期汇率为1欧元=9.25元人民币,银行当日欧元买入价为1欧元=9.2元人民币,欧元卖出价为1欧元=9.31元人民币。不考虑其他因素,甲公司该项兑换业务影响当期损益的金额为(　　)万元人民币。
    A. -100　　　　B. -120　　　　C. 0　　　　D. -110

3. 甲公司的记账本位币为人民币,其外币交易采用交易日的即期汇率折算。根据其与外商签订的投资合同,外商将分两次投入外币资本,投资合同约定的汇率为1英镑=15.5元人民币。20×2年4月1日,甲公司收到外商第一次投入资本50万英镑,当日即期汇率为1英镑=15.6元人民币;20×2年10月1日,收到外商第二次投入资本80万英镑,当日即期汇率为1英

镑＝15.65元人民币；20×2年12月31日的即期汇率为1英镑＝15.8元人民币。假设甲公司没有其他外币投资，甲公司20×2年12月31日资产负债表中反映的外商投入的实收资本金额为（　　）万元人民币。

  A. 2 032   B. 2 015   C. 2 054   D. 2 048

4. 下列各项关于企业变更记账本位币会计处理的表述中，正确的是（　　）。

  A. 记账本位币变更日所有者权益项目按照历史汇率折算为变更后的记账本位币

  B. 记账本位币变更日所有者权益项目按照变更当日的即期汇率折算为变更后的记账本位币

  C. 记账本位币变更当年年初至变更日的利润表项目按照交易发生日的即期汇率折算为变更后的记账本位币

  D. 记账本位币变更当年年初至变更日的资产负债表项目按照与交易发生日即期汇率近似的汇率折算为变更后的记账本位币

5. 甲股份有限公司（以下简称甲公司）为增值税一般纳税人，销售商品适用的增值税税率为13%，记账本位币为人民币，外币交易采用交易发生日的即期汇率折算，按月计算汇兑损益。20×2年3月1日，甲公司从美国进口一批原材料1 000吨，每吨的价格为300美元，当日的即期汇率为1美元＝6.2元人民币，同时以人民币支付进口关税20.1万元人民币，支付进口增值税26.8万元人民币，货款尚未支付。20×2年3月31日的即期汇率为1美元＝6.25元人民币。根据上述资料，不考虑其他因素，甲公司20×2年3月1日，原材料的初始入账金额为（　　）万元人民币。

  A. 186   B. 206.1   C. 241.17   D. 258.69

6. 甲公司以人民币为记账本位币，其外币交易采用交易日的即期汇率折算，按月计算汇兑损益。20×2年5月31日的即期汇率为1欧元＝9.43元人民币。6月1日，甲公司收回5月20日产生的应收账款600万欧元，当日的即期汇率为1欧元＝9.55元人民币。不考虑其他因素，甲公司因该项交易计入财务费用的金额为（　　）万元人民币。

  A. 0   B. 5 370   C. 72   D. －72

7. 企业收到投资者以外币投入的资本，应当采用（　　）进行折算。

  A. 合同约定的汇率

  B. 实际收到款项当日的即期汇率

  C. 系统合理的方法确定的、与交易发生日即期汇率近似的汇率

  D. 资产负债表日的即期汇率

二、多项选择题

1. 下列各项中，甲公司在选择其记账本位币时，应该考虑的因素有（　　）。

  A. 主要影响商品和劳务销售价格的货币

  B. 主要影响商品和劳务所需人工成本的货币

  C. 融资活动获得的货币

  D. 缴纳增值税时使用的货币

2. 下列项目中，属于境外经营或视同境外经营的有（　　）。

  A. 企业在境外的分支机构

  B. 采用相同于企业记账本位币的、在境内的子公司

C. 采用不同于企业记账本位币的,在境内的合营企业

D. 采用不同于企业记账本位币的,在境内的分支机构

3. 下列各项外币资产因汇率变动产生的影响中,计入当期损益的有(　　)。

　　A. 应收账款

　　B. 以公允价值计量且其变动计入当期损益的金融资产

　　C. 以公允价值计量且其变动计入其他综合收益的非交易性权益工具投资

　　D. 以摊余成本计量的金融资产

4. 下列各项关于外币财务报表折算的表述中,正确的有(　　)。

　　A. 资产负债表中的资产和负债项目,采用资产负债表日的即期汇率折算

　　B. 资产负债表中的所有者权益项目,采用交易发生时的即期汇率折算

　　C. 利润表中的收入和费用项目,采用交易发生日的即期汇率或即期汇率的近似汇率折算

　　D. 产生的外币财务报表折算差额,在编制合并财务报表时,应在合并资产负债表中所有者权益项目下列示

5. 下列各项属于外币货币性项目的有(　　)。

　　A. 预收账款

　　B. 应交税费

　　C. 以公允价值计量且其变动计入其他综合收益的金融资产(债权投资)

　　D. 应付职工薪酬

三、综合题

甲外商投资有限责任公司(以下简称甲公司)系增值税一般纳税人,销售和进口货物适用的增值税税率为13%,开设有外汇账户,会计核算以人民币作为记账本位币,外币交易采用交易发生日的即期汇率折算,按月确认汇兑损益。该公司20×2年12月发生的外币业务及相关资料如下。

(1) 5日,从国外乙公司进口原料一批,货款200 000欧元,当日即期汇率为1欧元=8.50元人民币,货款尚未支付。甲公司以人民币支付该原材料的进口关税170 000元,支付进口增值税243 100元,并取得海关完税凭证。

(2) 14日,向国外丙公司出口销售商品一批(不考虑增值税),货款40 000美元,当日即期汇率为1美元=6.34元人民币,商品已经发出,货款尚未收到,但满足收入确认条件。

(3) 16日,以人民币从银行购入200 000欧元并存入银行,当日欧元的卖出价为1欧元=8.30元人民币,中间价为1欧元=8.26元人民币。

(4) 20日,因增资扩股收到境外投资者投入的1 000 000欧元,当日即期汇率为1欧元=8.24元人民币,其中,8 000 000元人民币作为注册资本入账。

(5) 25日,向国外乙公司支付本月5日因购买原材料所欠的部分货款180 000欧元,当日即期汇率为1欧元=8.51元人民币。

(6) 28日,收到丙公司汇来的货款40 000美元,当日即期汇率为1美元=6.31元人民币。

(7) 31日,根据当日即期汇率对有关外币货币性项目进行调整并确认汇兑差额,当日有关外币的即期汇率为1欧元=8.16元人民币;1美元=6.30元人民币。有关项目的余额

如下表。

有关项目的余额

项　　目	外币金额	调整前的人民币金额
银行存款/美元	40 000（借方）	252 400（借方）
银行存款/欧元	1 020 000（借方）	8 360 200（借方）
应付账款/欧元	20 000（贷方）	170 000（贷方）

要求：

（1）根据资料（1）至（6），编制甲公司与外币业务相关的会计分录。

（2）根据资料（7），计算甲公司20×2年12月31日确认的汇兑差额，并编制相应的会计分录。

第4章 股份支付

引导案例

员工持股：用未来的财富，做当下的激励

2021年4月，东珠生态(603359)审议通过了《2021年第一期员工持股计划(草案)》，股份总数为162.44万股，持有人范围为公司及下属子公司的核心及骨干员工。锁定期为12个月，锁定期满后依据上一年度公司业绩目标及个人绩效考核结果分3期解锁，每期解锁比例分别为50%、30%、20%。其中公司的业绩目标为以2020年归母净利润为基数，2021—2023年归母净利润增长率不低于22%、38%、58.7%。该计划有利于公司建立和完善利益共享机制，健全激励约束机制，提高公司员工的凝聚力和公司竞争力，也彰显了公司对未来发展的信心。

除此之外，实施员工持股计划也将对资本市场产生积极作用。通过公司员工对公司股票的买卖行为，可以给资本市场投资者传递更加明确的公司经营状况的信息，从而帮助投资者更好地作出投资决策，有利于稳定市场信心，利于资本市场发展。

股权激励对企业而言，具有留住人才、吸引人才和维持企业长远发展等方面的深远意义。深化人才发展体制机制改革，才能最大限度地把人才的报国情怀、奋斗精神、创造活力激发出来。企业营造尊重人才的社会环境、平等公开和竞争择优的制度环境，是企业践行"人才驱动发展"战略的重要途径。基于以上案例，需关注以下问题：

(1) 什么是股份支付？股份支付对企业利润有何影响？
(2) 股份支付如何计量？
(3) 股份支付涉及的费用是否需要分摊？应当如何分摊？

本章内容框架

随着我国市场经济的发展和资本市场的逐步完善，股份支付已逐渐成为企业股权激励行之有效的方法，而相应业务所涉及的会计处理原则和方法即股份支付会计，需遵循《企业会计准则第11号——股份支付》及相关指南和解释。本章主要解决以下问题：

(1) 什么是股份支付？股份支付的环节是什么？股份支付工具的主要类型有哪些？
(2) 股份支付的可行权条件的种类有哪几种？如何处理？
(3) 股份支付的会计处理原则和方法是什么？

本章内容框架如图4-1所示。

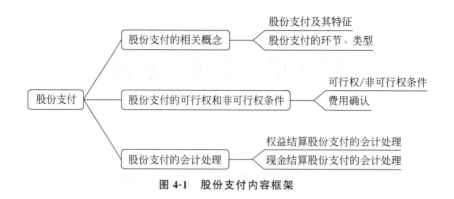

图 4-1　股份支付内容框架

4.1　股份支付概述

4.1.1　股份支付的定义

股份支付是"以股份为基础的支付",是指企业为获取职工和其他方提供的服务而授予的权益工具或者承担以权益工具为基础确定的负债的交易。股份支付具有以下特征。

(1) 股份支付是企业与职工或其他方之间发生的交易。以股份支付为基础的支付可能发生在企业与股东之间、合并交易中的合并方与被合并方之间或者企业与职工之间。只有发生在企业与职工之间或向企业提供服务的其他方之间的以股份为基础的交易,才符合本章中的"股份支付"的定义。有关企业与股东之间股份支付的交易在《企业会计准则第 2 号——长期股权投资》《企业会计准则第 40 号——合营安排》及相关指南和解释中涉及;有关合并交易中的合并方与被合并企业之间股份支付的交易在《企业会计准则第 20 号——企业合并》及相关指南和解释中涉及。

(2) 股份支付是以获取职工或其他方服务为目的的交易。企业在股份支付交易中旨在获取职工或其他方提供的服务或取得这些服务的权利。企业获取服务或权利的目的是用于正常的生产经营,不是为获取转让收益等。

(3) 股份支付交易的对价或定价与企业自身权益工具未来的价值密切相关。这是股份支付交易与职工其他交易类型最大的不同之处。在股份支付中,企业向职工或者服务方支付的自身权益工具或者权益工具价值为基础计算的交付现金(或其他资产义务),其金额高低取决于结算时企业自身权益工具的公允价值。对价的特殊性是股份支付定义中最突出的特征。

4.1.2　股份支付的环节

股份支付的环节如图 4-2 所示。

(1) 授予日是指股份支付协议获得批准的日期。其中,"获得批准"是指企业与职工或其他方就股份支付的协议条款和条件已达成一致,该协议获得股东大会或类似机构的批准。

(2) 可行权日是指可行权条件得到满足、职工或其他方具有从企业取得权益工具或现金权利的日期。

(3) 行权日是指职工和其他方行使权利、获得现金或权益工具的日期。行权是按期权的约定价格实际购买股票,一般是在可行权日之后至行权到期日之前的可选择时段内行权。

(4) 出售日是指股票的持有人将行使期权所取得的期权股票出售的日期。按照我国法规规定,用于期权激励的股权支付协议,应在行权日与出售日之间设立禁售期,其中国有控股上市公司的禁售期不得低于 2 年。

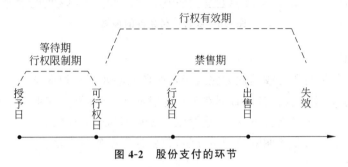

图 4-2 股份支付的环节

4.1.3 股份支付工具的主要类型

股份支付分为以权益结算的股份支付和以现金结算的股份支付。

1. 以权益结算的股份支付

以权益结算的股份支付是指企业为获取服务而以股份(如限制性股票)或其他权益工具(如股票期权)作为对价进行结算的交易。

(1) 股票期权是指公司授予激励对象在未来的一定期间内以预先确定的价格(行权价)和条件购买公司一定数量股票的权利。

(2) 限制性股票是指按预先确定的条件给予激励对象一定数量的本公司股票。只有满足预定条件时,激励对象才可将限制性股票抛售并从中获利;未满足条件时,公司有权收回股票。

2. 以现金结算的股份支付

以现金结算的股份支付是指企业为获取服务而承担的以股份或其他权益工具为基础计算的交付现金或其他资产义务的交易。以现金结算的股份支付最常用的工具有两类:模拟股票和现金股票增值权。

(1) 模拟股票是指公司授予激励对象一种虚拟的股票,激励对象可以根据虚拟股票的数量参与公司的分红,并享受股价升值收益。

(2) 现金股票增值权是指公司授予激励对象在未来一定时期和约定条件下,获得规定数量的股票价格上升所带来权益的权利。

4.1.4 可行权条件

可行权条件是指能够确定企业是否得到职工或其他方提供的服务,且该服务使职工或其他方具有获取股份支付协议规定的权益工具或现金等权利的条件;反之,为非可行权条件。股份支付条件的种类如图 4-3 所示。

1. 可行权条件的种类

可行权条件包括服务期限条件和业绩条件。

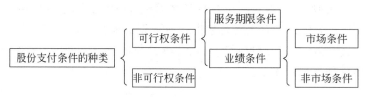

图 4-3　股份支付条件的种类

1) 服务期限条件

服务期限条件是指职工或其他方完成规定服务期限才可行权的条件。如新华公司向其高层授予股票期权,相关人员自即日起在公司连续服务 3 年,即可按低于市场的某一价格购买公司股票。在这个股份支付条款中,连续服务 3 年即为服务期限条件。

对于可行权条件为服务期限的股份支付,只要提供服务者满足服务期限,企业就应当确认已取得的服务。

2) 业绩条件

业绩条件是指职工或其他方完成规定服务期限且企业已经达到特定业绩目标才可行权的条件,具体包括市场条件和非市场条件。

(1) 市场条件是指行权价格、可行权条件以及行权可能性与权益工具的市场价格相关的业绩条件。如股份支付协议中关于股价上升至何种水平,职工或其他方可相应取得多少股份的规定。

(2) 非市场条件是指除市场条件之外的其他业绩条件。如股份支付中关于达到最低盈利水平或销售目标才可行权的规定。

对于可行权条件为业绩条件的股份支付,只要职工满足其他所有非市场条件(如利润增长率、服务期限等),企业就应当确认已取得的服务(市场条件仅决定是否可以行权,不影响"服务确认")。

【例 4-1】 2022 年 1 月,为奖励并激励高管,上市公司新华公司与其管理层成员签署股份支付协议,规定如果管理层成员在其后 3 年中都在公司任职服务,并且公司股价每年均提高 10% 以上,公司净利润年均提高 10% 以上。管理层成员即可以低于市价的价格购买一定数量的本公司股票。

同时作为协议的补充,公司把全体管理层成员的年薪提高了 10 万元,但公司将这部分年薪按月存入公司专门建立的内部基金,3 年后,管理层成员可用属于其个人的部分抵减未来行权时支付的股票购买款项。如果管理层成员决定退出这项基金,可随时全额提取。新华公司以期权定价模型估计授予的此项期权在授予日的公允价值为 600 万元。截至第 3 年年末,已有 8% 的管理层成员离开公司;公司股价年均提高了 8%,净利润年均提高了 12%。

此例中涉及哪些可行权条件和非可行权条件?新华公司应如何处理?

如果不同时满足服务 3 年和公司股价年增长 10% 以上及公司净利润率年均增长 10% 以上这 3 个要求,管理层成员就无权行使其股票期权,因此 3 者都属于可行权条件,其中服务满 3 年是一项服务期限条件,10% 的股价增长要求是一项市场业绩条件,10% 的净利润增长率要求是一项非市场业绩条件。虽然公司要求管理层成员将部分薪金存入统一账户保管,但不影响其可行权,因此统一账户条款是非可行权条件。

最后,92% 的管理层成员满足市场条件之外的全部可行权条件。因此,公司应对 3 年中已接受的服务确认相关的成本费用。

2. 可行权条件的修改

1）条款和条件的有利修改

对于有利于职工的可行权条件的修改，企业应进行必要的调整处理。

（1）增加权益工具的公允价值。如果修改增加了所授予的权益工具的公允价值，企业应按照权益工具公允价值的增加，相应地确认取得服务的增加。权益工具公允价值的增加是指修改前后的权益工具在修改日的公允价值之间的差额。

如果修改发生在等待期内，在确认修改日至修改后的可行权之间取得服务的公允价值时，应当既包括在剩余原等待期内以原权益工具授予日公允价值为基础确定的服务金额，也包括权益工具公允价值的增加。如果修改发生在可行权日之后，企业应当确认权益公允价值的增加。如果股份支付协议要求职工只有先完成更长期间的服务才能取得修改后的权益工具，则企业应在整个等待期内确认权益工具公允价值的增加。

（2）增加权益工具的数量。如果修改增加了所授予的权益工具的数量，企业应将增加权益工具的公允价值相应地确认为取得服务的增加。

如果修改发生在等待期内，在确认修改日至增加的权益工具可行权日之间取得服务的公允价值时，应当既包括在剩余原等待期内以原权益工具授予日公允价值为基础确定的服务金额，也包括权益工具公允价值的增加。

（3）其他有利于职工的修改。如果企业按照其他有利于职工的方式修改可行权条件，如缩短等待期、变更或取消业绩条件（非市场条件），企业在处理可行权条件时，应当考虑修改后的可行权条件。

总之，应考虑修改后的可行权条件，将增加的权益工具的公允价值相应地确认为取得服务的增加。

2）条款和条件的不利修改

对于不利于职工的可行权条件的修改，企业仍应继续对取得的服务进行会计处理，除非企业取消了部分或全部已授予的权益工具。具体如下。

（1）减少权益工具的公允价值。如果修改减少了授予的权益工具的公允价值，企业应当继续以权益工具在授予日的公允价值为基础，确认取得服务的金额，而不应考虑权益工具公允价值的减少。

（2）减少权益工具的数量。如果修改减少了授予的权益工具的数量，企业应当将减少部分作为已授予的权益工具的取消进行处理。

（3）如果企业以其他不利于职工的方式修改了可行权条件，如延长等待期、增加或变更业绩条件（非市场条件），企业在处理可行权条件时，不应当考虑修改后的可行权条件。

4.2 股份支付的会计处理

4.2.1 股份支付的确认和计量原则

1. 权益结算的股份支付的确认和计量原则

（1）换取职工服务的股份支付的确认和计量原则。换取职工服务的股份支付应按授予日权益工具的公允价值计量,不确认其后续公允价值变动。对于换取职工服务的股份支付,企业应当以股份支付所授予的权益工具的公允价值计量。企业应在等待期内的每个资产负债表日,以对可行权权益工具数量的最佳估计数为基础,按照权益工具在授予日的公允价值,将当期取得的服务计入相关资产成本或当期费用,同时计入资本公积中的其他资本公积。

对于授予后立即可行权的换取职工提供服务的权益结算的股份支付,应在授予日按照权益工具的公允价值,将取得的服务计入相关资产成本或当期费用,同时计入资本公积中的股本溢价。

(2) 换取其他方服务的股份支付的确认和计量原则。对于换取其他方服务的股份支付,企业应当以股份支付所换取的服务的公允价值计量。

2. 现金结算的股份支付的确认和计量原则

企业应当在等待期内按每个资产负债表日权益工具的公允价值重新计量,确认成本费用和相应的应付职工薪酬,并在结算前的每个资产负债表日和结算日对负债的公允价值重新计量,将其公允价值变动计入当期损益(公允价值变动损益)。

对于授予后立即可行权的现金结算的股份支付,企业应当在授予日按照企业承担的负债的公允价值计入相关资产成本或费用,同时计入负债,并在结算前的每个资产负债表日和计算日对负债的公允价值重新计量,将其变动计入损益(公允价值变动损益)。

4.2.2 股份支付的会计处理

1. 授予日

除了立即可行权的股份支付外,无论是权益结算的股份支付还是现金结算的股份支付,企业在授予日均不做会计处理。

2. 等待期内的每个资产负债表日

企业应当在等待期内的每个资产负债表日,将取得职工或其他方提供的服务计入成本费用,同时确认所有者权益或负债。

(1) 对于权益结算的涉及职工的股份支付,应当按照授予日权益工具的公允价值计入成本费用和资本公积(其他资本公积),不确认其后续公允价值变动。

借:管理费用等(按"谁受益谁承担"原则确认服务费用)
　　贷:资本公积——其他资本公积

(2) 对于现金结算的涉及职工的股份支付,应当按照每个资产负债表日权益工具的公允价值重新计量,确定成本费用和应付职工薪酬。

借:管理费用等(按"谁受益谁承担"原则确认服务费用)
　　贷:应付职工薪酬

3. 可行权日之后

(1) 对于权益结算的股份支付,在可行权日之后不再对已确认的成本费用和所有者权益总额进行调整。

(2) 对于现金结算的股份支付,企业在可行权日之后不再确认成本费用,负债(应付职工薪酬)公允价值的变动应当计入当期损益(公允价值变动损益)。

借:公允价值变动损益

贷：应付职工薪酬
　　或编制相反会计分录。

4. 回购股份进行职工期权激励（属于权益结算的股份支付）

　　企业回购股份时,应按回购股份的全部支出作为库存股处理,同时进行备查登记。

　　企业应当在等待期内每个资产负债表日,按照权益工具在授予日的公允价值,将取得的职工服务计入成本费用,同时增加资本公积(其他资本公积)。

　　在职工行权购买本企业股份时,企业应转销交付职工的库存股成本和等待期内资本公积(其他资本公积)累计金额,同时,按照其差额调整资本公积(股本溢价)。

　　(1) 回购股份。
　　借：库存股
　　　　贷：银行存款(实际支付的款项)
　　(2) 确认成本费用。
　　借：管理费用等(按"谁受益谁承担"原则确认服务费用)
　　　　贷：资本公积——其他资本公积
　　(3) 职工行权。
　　借：银行存款(企业收到的股票价款)
　　　　资本公积——其他资本公积(等待期内资本公积累计确认的金额)
　　　　贷：库存股(交付给职工的库存股成本＝股票每股购买价格×行权股数)
　　　　　　资本公积——股本溢价(差额)

5. 股份支付计划取消

　　(1) 企业的股份支付计划如果因为未满足行权条件导致已授予权益工具被取消,以及未在可行权期限内行权导致期权失效的,应分别进行相应的会计处理。

　　① 未满足服务期限及非市场业绩条件导致的"取消",不确认已取得的服务(已经确认的费用需要转销)。

　　借：资本公积——其他资本公积(或应付职工薪酬)
　　　　贷：相关成本费用科目

　　② 未满足市场业绩条件而导致的"取消",或未行权导致期权失效时,应确认已取得的服务,费用不转销,但应在权益内部转账。

　　借：资本公积——其他资本公积
　　　　贷：资本公积——资本(或股本)溢价

　　(2) 如果企业在等待期内取消了所授予的权益工具或结算了所授予的权益工具(因未满足可行权条件而被取消的除外),企业应当分别进行相应的会计处理。

　　① 将取消或结算作为加速可行权处理,立即确认原本应在剩余等待期内确认的金额。

　　② 在取消或结算时支付给职工的所有款项均应作为权益的回购处理,回购支付的金额高于该权益工具在回购日公允价值的部分,计入当期费用。

　　③ 如果向职工授予新的权益工具,并在新权益工具授予日认定所授予的新权益工具是用于替代被取消的权益工具的,企业应以处理原权益工具条款和条件修改相同的方式,对所授予的替代权益工具进行处理。权益工具公允价值的增加是指在替代权益工具的授予日,

替代权益工具公允价值与被取消的权益工具净公允价值之间的差额。被取消的权益工具净公允价值是指其在取消前立即计量的公允价值减去因取消原权益工具作为权益回购支付给职工的款项。如果企业未将新授予的权益工具认定为替代权益工具,则应将其作为一项新授予的股份支付进行处理。

企业如果回购其职工已可行权的权益工具,应当计入所有者权益,回购支付的金额高于该权益工具在回购日公允价值的部分,计入当期费用。

4.2.3 股份支付的会计处理案例

1. 以权益结算的股份支付

1) 附服务年限条件的权益结算股份支付

【例4-2】 新华公司为上市公司。2020年1月1日,公司向其200名管理人员每人授予100股股票期权,这些职员从2020年1月1日起在该公司连续服务3年,即可以5元/股的价格购买100股新华公司股票,从中获益。公司估计该期权在授予日的公允价值为15元。

第1年有20名职员离开新华公司,新华公司估计3年中离开的职员的比例将达到20%;第2年又有10名职员离开公司,公司将估计的职员离开比例修正为15%;第3年又有15名职员离开。假设剩余全部职员都在2022年12月31日行权,新华公司股票票面价值为1元。要求进行相关的会计处理。

(1) 计算过程如表4-1所示。

表4-1 各期费用计算 单位:元

年 份	预计总费用 ①	累计应确认费用 ②	期初累计已确认费用③	当期应确认费用 ④=②-③
2020年年末	200×100×(1-20%)×15=240 000	240 000×1/3=80 000	0	80 000
2021年年末	200×100×(1-15%)×15=255 000	255 000×2/3=170 000	80 000	170 000-80 000=90 000
2022年年末	(200-20-10-15)×100×15=232 500	232 500×3/3=232 500	170 000	232 500-170 000=62 500

(2) 账务处理如下。

① 2020年1月1日,授予日不做账务处理。

② 2020年12月31日:

借:管理费用　　　　　　　　　　　　　　　　　80 000
　　贷:资本公积——其他资本公积　　　　　　　　　　80 000

③ 2021年12月31日:

借:管理费用　　　　　　　　　　　　　　　　　90 000
　　贷:资本公积——其他资本公积　　　　　　　　　　90 000

④ 2022年12月31日:

借:管理费用　　　　　　　　　　　　　　　　　62 500
　　贷:资本公积——其他资本公积　　　　　　　　　　62 500

⑤ 假设全部155名职员都在2022年12月31日行权,新华公司股份面值为1元。

借：银行存款	77 500	
资本公积——其他资本公积	232 500	
贷：股本		15 500
资本公积——股本溢价		294 500

【例 4-3】 接例 4-2 资料，假定新华公司采用回购股票的方式进行管理人员的股权激励，新华公司按每股 10 元的价格回购 16 000 股本公司普通股，并于 2022 年 12 月 31 日将其中的 15 500 股出售给行权的 155 位职工，其他资料不变。

新华公司的有关账务处理如下。

(1) 各期期末确认有关费用和其他资本公积的账务处理同例 4-2。

(2) 回购股票时：

借：库存股	160 000	
贷：银行存款		160 000

(3) 职工行权时：

借：银行存款	77 500	
资本公积——其他资本公积	232 500	
贷：库存股		155 000（155×10×100）
资本公积——股本溢价		155 000

2) 附非市场业绩条件的权益结算股份支付

【例 4-4】 2020 年 1 月 1 日，新华公司为其 100 名管理人员每人授予 100 份股票期权：第 1 年年末的可行权条件为公司净利润增长率达到 20%；第 2 年年末的可行权条件为公司净利润两年平均增长 15%；第 3 年年末的可行权条件为公司净利润 3 年平均增长 10%。每份期权在 2020 年 1 月 1 日的公允价值为 18 元。

2020 年 12 月 31 日，公司净利润增长了 18%，同时有 8 名管理人员离开，公司预计 2021 年将以同样速度增长，因此预计将于 2021 年 12 月 31 日可行权。另外，公司预计 2021 年 12 月 31 日又将有 8 名管理人员离开企业。

2021 年 12 月 31 日，公司净利润仅增长了 10%，因此无法达到可行权状态。虽然两年 15% 的增长目标无法实现，但公司坚信能够在第 3 年取得比较理想的成绩，从而达到年均增长 10% 的目标。另外，实际有 10 名管理人员离开，预计第 3 年将有 12 名管理人员离开企业。

2022 年 12 月 31 日，公司净利润增长了 8%，3 年平均增长率为 12%，因此达到可行权状态。当年有 10 名管理人员离开。假设剩余职员都在 2022 年 12 月 31 日行权，且免费获得新华公司股票，股票票面价值为 1 元。

要求进行相关的会计处理。

按照股份支付会计准则，本例中的可行权条件是一项非市场业绩条件。

第 1 年年末，虽然没有实现净利润增长 20% 的要求，但公司预计下一年将以同样的速度增长，因此能实现两年平均年增长 15% 的要求。所以，公司将其预计等待期调整为 2 年。由于有 8 名管理人员离开，公司同时调整了期满(2 年)后预计可行权期权的数量(100−8−8)。

第 2 年年末，虽然两年实现 15% 增长的目标无法实现，但公司仍然估计能够在第 3 年取得较理想的业绩，从而实现 3 年平均增长 10% 的目标。所以公司将其预计等待期调整为 3 年。由于第 2 年有 10 名管理人员离开，高于预计数字，因此公司相应调整了第 3 年预计离开的人数(100−8−10−12)。

第 3 年年末,目标实现,实际离开人数为 10 人。公司根据实际情况确定累计费用,并据此确认了第 3 年费用和调整。

(1) 计算过程如表 4-2 所示。

表 4-2　各期费用计算　　　　　　　　　　　单位:元

年　份	预计总费用 ①	累计应确认费用 ②	期初累计已确认费用 ③	当期应确认费用 ④=②−③
2020 年年末	(100−8−8)×100×18=151 200	151 200×1/2=75 600	0	75 600
2021 年年末	(100−8−10−12)×100×18=126 000	126 000×2/3=84 000	75 600	84 000−75 600=8 400
2022 年年末	(100−8−10−10)×100×18=129 600	129 600×3/3=129 600	84 000	129 600−84 000=45 600

(2) 账务处理如下。

① 2020 年 1 月 1 日,授予日不做账务处理。

② 2020 年 12 月 31 日:

借:管理费用　　　　　　　　　　　　　　75 600
　　贷:资本公积——其他资本公积　　　　　　　75 600

③ 2021 年 12 月 31 日:

借:管理费用　　　　　　　　　　　　　　8 400
　　贷:资本公积——其他资本公积　　　　　　　8 400

④ 2022 年 12 月 31 日:

借:管理费用　　　　　　　　　　　　　　45 600
　　贷:资本公积——其他资本公积　　　　　　　45 600

⑤ 假设全部 72 名职员都在 2022 年 12 月 31 日行权(免费获得新华公司股票),新华公司股份面值为 1 元。

借:资本公积——其他资本公积　　　　　　129 600
　　贷:股本　　　　　　　　　　　　　　　　7 200
　　　　资本公积——股本溢价　　　　　　　　122 400

权益结算的股份支付总结如表 4-3 所示。

表 4-3　权益结算的股份支付总结

日　　期	会　计　处　理
授予日	不做处理(立即可行权的除外)
等待期内各报表日及可行权日	将取得职工或其他方提供的服务计入相关成本费用,同时确认所有者权益。 借:管理费用/生产成本等("谁受益谁承担") 　　贷:资本公积——其他资本公积 在具体金额上,应当按照授予日权益工具的公允价值及当期可行权工具数量的估计数来确定,计入成本费用和资本公积(其他资本公积),不确认其后续公允价值变动

续表

日　　期	会 计 处 理
可行权日之后各报表日	不做处理
行权日	借：银行存款(收到的款项)① 　　资本公积——其他资本公积(累计确认的总费用)② 贷：股本(股票的面值)/库存股(回购股票的价格)③ 　　资本公积——股本溢价(①＋②－③)

2. 以现金结算的股份支付

【例4-5】 2018年年初，新华公司授予其200名中层以上管理人员每人80份现金股票增值权，这些管理人员从2018年1月1日起在该公司连续服务3年，即可按照当时股价的增长幅度获得现金，该增值权应在2022年12月31日之前行使。新华公司估计，该增值权在负债结算之前的每一个资产负债表日以及结算日的公允价值和可行权后的每份增值权现金支出额如表4-4所示。

表4-4　估计的增值权公允价值及现金支出　　　　　　单位：元

年　份	公允价值	支付现金
2018	10	—
2019	15	—
2020	18	16
2021	21	20
2022		25

第1年有20名职员离开公司，公司估计3年中还将有15名职员离开；第2年又有10名职员离开公司，公司估计还将有10名职员离开；第3年又有15名职员离开公司。第3年年末，有70人行使股份增值权，取得了现金。第4年年末，有40人行使了股份增值权。第5年年末，剩余45人也行使了股份增值权。

要求进行相关的会计处理。

(1) 计算过程如表4-5所示。

表4-5　应确认负债与费用金额计算　　　　　　单位：元

年份	负债计算①	支付现金计算②	负债③	支付现金④	当期损益⑤
2018	(200－35)×80×10×1/3＝44 000		44 000		44 000
2019	(200－40)×80×15×2/3＝128 000		128 000		84 000
2020	(200－45－70)×80×18＝122 400	70×80×16＝89 600	122 400	89 600	84 000
2021	(200－45－70－40)×80×21＝75 600	40×80×20＝64 000	75 600	64 000	17 200
2022	0	45×80×25＝90 000	0	90 000	14 400
总额				243 600	243 600

注：当期⑤＝当期③－前一期③＋当期④。

（2）账务处理如下。

① 2018 年 12 月 31 日：

借：管理费用	44 000	
贷：应付职工薪酬——股份支付		44 000

② 2019 年 12 月 31 日：

借：管理费用	84 000	
贷：应付职工薪酬——股份支付		84 000

③ 2020 年 12 月 31 日：

借：管理费用	84 000	
贷：应付职工薪酬——股份支付		84 000
借：应付职工薪酬——股份支付	89 600	
贷：银行存款		89 600

或者：

借：管理费用	84 000	
应付职工薪酬——股份支付	5 600	
贷：银行存款		89 600

④ 2021 年 12 月 31 日：

借：公允价值变动损益	17 200	
贷：应付职工薪酬——股份支付		17 200
借：应付职工薪酬——股份支付	64 000	
贷：银行存款		64 000

或者：

借：公允价值变动损益	17 200	
应付职工薪酬——股份支付	46 800	
贷：银行存款		64 000

⑤ 2022 年 12 月 31 日：

借：公允价值变动损益	14 400	
贷：应付职工薪酬——股份支付		14 400
借：应付职工薪酬——股份支付	90 000	
贷：银行存款		90 000

或者：

借：公允价值变动损益	14 400	
应付职工薪酬——股份支付	75 600	
贷：银行存款		90 000

现金结算的股份支付总结如表 4-6 所示。

表 4-6　现金结算的股份支付总结

日　　期	会 计 处 理
授予日	不做处理(立即可行权的除外)
等待期内各报表日(按变化的公允价值和估计行权人数调整费用)	借：管理费用/生产成本等("谁受益谁负担") 　　贷：应付职工薪酬
可行权日之后各报表日	不再确认成本费用,但对负债应确认其公允价值变动损益 借：公允价值变动损益 　　贷：应付职工薪酬 　　(或相反)
行权日	借：应付职工薪酬 　　贷：银行存款

4.2.4　集团股份支付的处理

企业集团(由母公司和其全部子公司构成)内发生的股份支付交易,应当按照以下规定进行会计处理。

(1) 结算企业以其本身权益工具结算的,应当将该股份支付交易作为权益结算的股份支付处理;除此之外,应当作为现金结算的股份支付处理。

结算企业是接受服务企业的投资者的,应当按照授予日权益工具的公允价值或应承担负债的公允价值确认为对接受服务企业的长期股权投资,同时确认资本公积(其他资本公积)或负债。

(2) 接受服务企业没有结算义务或授予本企业职工的是其本身权益工具的,应当将该股份支付交易作为权益结算的股份支付处理;接受服务企业具有结算义务且授予本企业职工的是企业集团内其他企业权益工具的,应当将该股份支付交易作为现金结算的股份支付处理。

(3) 等待期内具体账务处理如下。

① 结算企业(母公司)以其本身权益工具结算,接受服务企业(子公司)没有结算义务。

a. 结算企业。

借：长期股权投资
　　贷：资本公积——其他资本公积(按权益结算股份支付计量原则确认资本公积)

b. 接受服务企业。

借：管理费用等(按"谁受益谁承担"原则确认服务费用)
　　贷：资本公积——其他资本公积(按权益结算股份支付计量原则确认资本公积)

c. 合并财务报表中应编制以下抵销分录。

借：资本公积
　　贷：长期股权投资

注：合并财务报表中反映的是,相当于母公司授予母公司职工权益结算股份支付的结果。

② 结算企业(母公司)不是以其本身权益工具结算,接受服务企业(子公司)没有结算义务。

a. 结算企业。

借：长期股权投资
　　贷：应付职工薪酬(按现金结算股份支付计量原则确认应付职工薪酬)

b. 接受服务企业。

借：管理费用等（按"谁受益谁承担"原则确认服务费用）
　　贷：资本公积——其他资本公积（按权益结算股份支付计量原则确认资本公积）

c. 合并财务报表中应编制以下抵销分录。

借：资本公积
　　管理费用等（差额，也可能在贷方）
　　贷：长期股权投资

注：合并财务报表中反映的是，相当于集团会计主体授予集团会计主体职工现金结算股份支付的结果，合并财务报表中最终体现的是按现金结算股份支付计量原则确认的应付职工薪酬和管理费用，因接受服务企业确认的管理费用是按权益结算股份支付计量原则确定的，所以合并财务报表抵销分录中会出现差额，该差额计入管理费用。

③ 结算企业和接受服务企业均为母公司，且授予本公司职工的是其本身权益工具。

借：管理费用等（按"谁受益谁承担"原则确认服务费用）
　　贷：资本公积——其他资本公积（按权益结算股份支付计量原则确认资本公积）

④ 结算企业和接受服务企业均为母公司，且不是以其本身权益工具结算。

借：管理费用等（按"谁受益谁承担"原则确认服务费用）
　　贷：应付职工薪酬（按现金结算股份支付计量原则确认应付职工薪酬）

4.3　股份支付会计信息的披露和分析

按《企业会计准则第 11 号——股份支付》的要求，企业应当在其报表附注中披露以下有关股份支付的信息。

(1) 当期授予、行权及失效的各种权益工具总额。
(2) 期末发行在外的股份期权或其他权益工具行权价格的范围以及合同剩余期限。
(3) 当期行权的股份期权或其他权益工具按其行权日价格计算的加权平均价格。
(4) 权益工具公允价值的确定方法。
(5) 非货币性资产交换确认的损益。

另外，企业还应当披露股份支付交易对当期财务状况和经营成果的影响，至少包括以下内容。

(1) 当期因以权益结算的股份支付而确认的费用总额。
(2) 当期因以现金结算的股份支付而确认的费用总额。
(3) 当期以股份支付换取的职工服务总额及其他方服务总额。

显然，在竞争日益激烈的市场环境中，企业以股份支付方式支付高层员工薪酬已是大势所趋，但股份支付犹如一把"双刃剑"，可以激励公司高层管理人员努力向前，全心全意为股东创造价值；但另一方面却可能让高层管理人员为了满足一定的业绩要求，铤而走险，不择手段地操纵公司报表。故报表信息使用者应当对股份支付涉及的信息尤为关注。

事实上，股份支付准则在实务应用中还存在一些较为模糊的问题。例如，要执行股份支付准则的股权激励情形的具体标准是什么？股份支付的公允价值的认定标准是什么？由于股份支付确认的管理费用采用何种方式在一定期间内摊销？等等。

由于股份支付费用的确定要以权益工具授予日的公允价值为计量基础,其计算通常需要使用期权定价模型,如 Black-Scholes 模型和二叉树模型等,都需要选取很多参数,所以不同模型及参数选取会造成企业当期确认的费用存在差异;同时,企业在等待期内应当对可行权情况做出估计,并据以调整等待期期限及费用确认金额,客观上存在通过调整可行权权益工具的数量进而调节当期费用的空间。另外,企业可以通过选择不同摊销模式(如缩短或延长等待期等)对当期确认的期权费用进行调节,进而操控当期利润。

本章习题

一、单项选择题

1. 下列关于股份支付的表述中,不正确的是( )。
   A. 股份支付是企业与职工或其他方之间发生的交易
   B. 股份支付是以获取职工或其他方服务为目的的交易
   C. 股份支付交易的对价或其定价与企业自身权益工具未来的价值密切相关
   D. 企业获取职工或其他方服务的目的是用于转手获利

2. 下列关于股份支付会计处理的说法中,正确的是( )。
   A. 对于附有市场条件的股份支付,只要职工满足了其他所有非市场条件,企业就应当确认已取得的服务对应的成本费用
   B. 对于附有市场条件的股份支付,只要职工满足了全部市场条件,无论非市场条件是否满足,均应当确认成本费用
   C. 股份支付中只要满足服务期限条件,无论市场条件与非市场条件是否得到满足,均应当确认成本费用
   D. 在等待期内,业绩条件为市场条件的,如果后续信息表明需要调整对可行权情况的估计的,应对前期估计进行修改

3. 下列有关权益结算的股份支付的说法中,正确的是( )。
   A. 以权益结算的股份支付换取职工提供服务的,在授予日应当以授予日权益工具的公允价值确认相关成本费用
   B. 对于权益结算的股份支付,应当按照每个资产负债表日权益工具的公允价值重新计量,确认成本费用和资本公积
   C. 对于权益结算的股份支付,在可行权日之后不再对已确认的成本费用和所有者权益总额进行调整
   D. 对于权益结算的股份支付,在可行权日之后不再确认成本费用,负债公允价值的变动计入当期损益

4. 大海公司系上市公司。2020 年 1 月 1 日,大海公司向其 50 名管理人员每人授予 100 份股票期权。根据股份支付协议规定:从 2020 年 1 月 1 日起 3 年中,公司 3 年净利润增长率平均达到 12% 以上,并且从 2020 年 1 月 1 日起所有管理人员必须在该公司连续服务满 3 年,服务期满时才能以每股 5 元的价格购买 100 股大海公司股票,大海公司股票每股面值为 1 元。公司估计该期权在授予日的公允价值为每份 12 元。2020 年、2021 年和 2022 年年末该期权的公允价值分别为每份 13 元、12 元和 10 元。2020 年有 5 名管理人员离开大海公

司,大海公司估计3年中离开的管理人员比例将达到20%;2021年又有3名管理人员离开公司,大海公司将管理人员离开比例修正为18%;2022年又有2名管理人员离开。2022年12月31日未离开公司的管理人员全部行权。第1年年末,第2年年末,大海公司均预计下年可以实现该业绩目标。则2022年12月31日行权时记入"资本公积——股本溢价"科目的金额为(　　)元。

  A. 20 000 B. 48 000 C. 46 000 D. 64 000

5. 2020年1月1日,经股东大会批准,戴伟公司为其100名中层以上管理人员每人授予100份现金股票增值权,根据股份支付协议规定,这些管理人员必须在本公司连续服务满4年,才可行权,可行权日为2023年12月31日,该增值权应在2024年12月31日之前行使完毕。授予日每份现金股票增值权公允价值为10元,截至2021年12月31日,累计确认负债48 000元;2022年12月31日公司估计至可行权日离开公司的中层以上管理人员为30人,每份现金股票增值权公允价值为16元。2022年戴伟公司应确认管理费用的金额为(　　)元。

  A. 4 800 B. 36 000 C. 70 000 D. 84 000

6. 海峰公司为一上市公司,2021年1月1日,海峰公司向本公司100名管理人员每人授予200份股票期权,根据股份支付协议规定,这些员工需自2021年1月1日起在本公司连续服务满3年,即可以5元每股的价格购买本公司200股股票,从而获益。海峰公司估计每份期权在授予日的公允价值为15元,2021年12月31日,该期权每份公允价值为18元,2022年12月31日,每份公允价值为16元。第1年有10名管理人员离开公司,公司预计3年中离开的管理人员比例将达到30%,第2年海峰公司将预计的离职比例修正为25%。则2022年12月31日海峰公司应当按照取得的服务贷记"资本公积——其他资本公积"的金额为(　　)元。

  A. 70 000 B. 80 000 C. 76 000 D. 84 000

二、多项选择题

1. 下列各项中,属于以现金结算的股份支付的工具的有(　　)。

  A. 优先股   B. 模拟股票

  C. 现金股票增值权   D. 限制性股票

2. 下列关于附等待期的股份支付会计处理的表述中,正确的有(　　)。

  A. 以权益结算的股份支付,相关权益性工具的公允价值在授予日后不再调整

  B. 对于换取其他方服务的股份支付,企业应当以股份支付所换取的服务的公允价值计量

  C. 附市场条件的股份支付,应在所有市场及非市场条件均满足时确认相关成本费用

  D. 非市场条件是否得到满足,影响企业对预计可行权情况的估计

3. 下列关于股份支付的表述中,正确的有(　　)。

  A. 授予日是指股份支付协议获得批准的日期

  B. 可行权日是指可行权条件得到满足、职工或其他方具有从企业取得权益工具或现金权利的日期

  C. 行权日是指职工和其他方行使权利、获取现金或权益工具的日期

  D. 出售日是指股票的持有人将行使期权所取得的期权股票出售的日期

4. 下列表述中,不属于股份支付可行权条件中的非市场条件的有(　　)。

  A. 最低股价增长率

B. 营业收入增长率

C. 在本企业的服务年限要求

D. 将部分年薪存入公司专门建立的内部基金中

5. 关于股份支付的计量，下列说法中正确的有（   ）。

A. 以现金结算的股份支付，应按等待期内资产负债表日权益工具的公允价值重新计量，同时增加成本费用和资本公积（其他资本公积）

B. 以现金结算的股份支付，应按授予日权益工具的公允价值计量，不确认其后续公允价值变动

C. 以权益结算的股份支付，应按授予日权益工具的公允价值计量，不确认其后续公允价值变动

D. 无论是以权益结算的股份支付，还是以现金结算的股份支付，除立即可行权的情况外，企业在授予日均不做会计处理

三、综合题

2019年1月1日，经股东大会批准，甲上市公司（以下简称甲公司）与50名高级管理人员签署股份支付协议。协议规定：①甲公司向50名高级管理人员每人授予100万份股票期权，行权条件为第1年年末甲公司净利润增长率达到20%；第2年年末甲公司净利润两年平均增长15%；第3年年末甲公司净利润3年平均增长10%；②符合行权条件后，每持有1份股票期权可以自2022年1月1日起1年内，以每股5元的价格购买甲公司1股普通股股票，在行权期间内未行权的股票期权将失效。甲公司估计授予日每份股票期权的公允价值为15元。2019—2022年，甲公司与股票期权有关的资料如下。

（1）2019年5月，甲公司自市场回购本公司股票5 000万股，共支付款项50 000万元，作为库存股待行权时使用。

（2）2019年，甲公司有1名高级管理人员离开公司，本年净利润增长率为17%。该年年末，甲公司预计未来将有1名高级管理人员离开公司，预计2020年净利润将以同样的速度增长，每份股票期权的公允价值为16元。

（3）2020年，甲公司没有高级管理人员离开公司，本年净利润增长率为12%。该年年末，甲公司预计未来1年将有2名高级管理人员离开公司，预计3年平均净利润增长率将达到12.5%，每份股票期权的公允价值为18元。

（4）2021年，甲公司有1名高级管理人员离开公司，本年净利润增长率为15%。该年年末，每份股票期权的公允价值为20元。

（5）2022年3月，48名高级管理人员全部行权，甲公司共收到款项24 000万元，相关股票的变更登记手续已办理完成。

要求：

（1）编制甲公司回购本公司股票时的相关会计分录。

（2）计算甲公司2019年、2020年、2021年因股份支付应确认的费用，并编制相关会计分录。

（3）编制甲公司高级管理人员行权时的相关会计分录。

（答案中的金额单位用万元表示）

第 5 章 租赁会计

引导案例

国银租赁：中国租赁行业发展的标本

2021年，国银租赁(1606.HK)公布，该公司作为出租人与承租人湖北城际铁路有限责任公司于2021年5月20日订立融资租赁合同，出租人以人民币17亿元向承租人购买租赁物，及出租人同意向承租人出租租赁物，租赁期为60个月，租赁利息约人民币2.34亿元。

这家成立于1984年的金融租赁企业，是中国租赁行业的开创者和领导者，见证并参与了中国租赁行业的发展。可以说，从国银租赁身上，可以寻觅到中国金融租赁行业特别是飞机租赁行业的崛起进程。以飞机租赁为例，十几年前，中国飞机租赁市场的95%被国外租赁公司占据。2013年，国银租赁飞机租赁收入为36.8亿元，而2017年这个数字为63.73亿元，公司总营收达到118亿元人民币。

国银租赁的倍增历程，是中国飞机租赁正在撼动着全球飞机租赁市场。2017年，中国租赁公司占据了中国市场在租飞机总数的51%，同时，占据了世界飞机租赁市场的11%。

转变观念是改革的思想先导，"以租代买"减轻了承租人的短期资金压力，并享受以最早的时间使用新设备带来的经济效益；出租人在保留设备所有权的前提下，安全收回投资并获利。这是将承租人和出租人推向租赁市场寻求合作共赢，是实行以资本运营为纽带的资产重组的新形式。基于以上案例，需关注以下问题。

(1) 什么是租赁？
(2) 新租赁准则下承租人和出租人应当如何进行会计核算？
(3) 租赁业务对企业财务报告信息会产生什么影响？

本章内容框架

租赁业是一个古老而又现代的行业，简单来讲就是，出租人为了获取租金而将资产的使用权在一定时间内转让给承租人。早期的租赁物主要是土地、建筑物等不动产，之后租赁范围逐步扩展到企业生产、加工包装、运输、管理所需的机器设备等动产，租赁物已逐步成为现代企业资本运营的重要组成。企业通过租赁可以在保持资金弹性的同时及时更新设备，提高竞争力，还可以通过租赁协议的设计，有效地实施盈余管理，改善企业的财务结构，进一步提高其融资能力。

财政部于2018年12月修订印发《企业会计准则第21号——租赁》（以下简称本准则）。本准则规范了租赁的确认、计量和相关信息的列报；明确了租赁的定义和识别标准，并分承租人和出租人对租赁业务的会计处理进行了规定。

与原准则相比，承租人会计处理不再区分经营租赁和融资租赁，而是采用单一的会计处理模型，也就是说，除采用简化处理的短期租赁和低价值资产租赁外，对所有租赁均确认使用权资产和租赁负债,参照固定资产准则对使用权资产计提折旧,采用固定的周期性利率确认每期利息费用。但准则仍将出租人租赁分为融资租赁和经营租赁两大类,并分别规定了不同的会计处理方法。本章主要解决以下问题。

(1) 租赁的识别及判断标准。

(2) 承租人的会计处理。

(3) 出租人的会计处理。

(4) 租赁会计信息的列报和披露。

本章内容框架如图 5-1 所示。

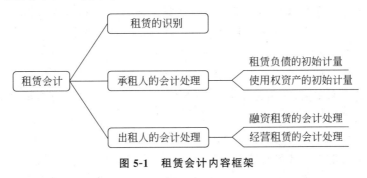

图 5-1　租赁会计内容框架

5.1　租赁的识别

5.1.1　租赁的定义及判断

1. 租赁的定义

租赁,是指在一定期间内,出租人将资产的使用权让与承租人以获取对价的合同。具体来说,同时符合以下 3 个条件的合同为租赁。

(1) 存在一定区间(也可以表述为已识别资产的使用量,如设备的产出量)。

(2) 存在已识别资产。

(3) 资产供应方向客户转移对已识别资产使用权的控制。

2. 租赁的判断

1) 已识别资产

总的来说,已识别资产通常由合同明确指定,也可以在资产可供客户使用时隐性指定。需要注意的是,第一,即使合同已对资产进行指定,如果资产的供应方在整个使用期间拥有对该资产的实质性替换权,则该资产不属于已识别资产;第二,如果资产的某部分产能或其他部分在物理上不可区分(除非其实质上代表该资产的全部产能,从而使客户获得因使用该资产所产生的几乎全部经济利益),则该部分也不属于已识别资产。

【例 5-1】　甲公司(客户)与乙公司(公用设施公司)签订了一份为期 15 年的合同,以取得连接 A、B 城市光缆中 3 条指定的物理上可区分的光纤使用权。若光纤损坏,乙公司应负责修理和维护。乙公司拥有额外的光纤,但仅可因修理、维护或故障等原因替换指定给甲公司使用的光纤。

合同明确指定了 3 条光纤,并且这些光纤与光缆中的其他光纤在物理上可区分,乙公司不可因修理、维护或故障以外的原因替换光纤,因此存在 3 条已识别光纤。

假设合同规定的标的是连接 A、B 城市光缆中约定带宽的光纤使用权。甲公司约定的带宽相当于使用光缆中 3 条光纤的全部传输容量(乙公司光缆包含 15 条传输容量相近的光纤)。

则甲公司仅使用光缆的部分传输容量,提供给甲公司使用的光纤与其余光纤在物理上不可区分,且不代表光缆的几乎全部传输容量,因此不存在已识别资产。

【例 5-2】 甲公司(客户)与乙公司(供应方)签订了使用乙公司一节火车车厢的 5 年期合同。该车厢专为用于运输甲公司生产过程中使用的特殊材料而设计,未经重大改造不适合其他客户使用。合同中没有明确指定轨道车辆(例如,通过序列号),但是乙公司仅拥有一节适合客户甲使用的火车车厢。如果车厢不能正常工作,合同要求乙公司修理或更换车厢。

具体哪节火车车厢虽未在合同中明确指定,但是被隐含指定,因为乙公司仅拥有一节适合客户甲使用的火车车厢,必须使用其来履行合同,乙公司无法自由替换该车厢。因此,火车车厢是一项已识别资产。

一般而言,同时满足以下条件时,表明资产供应方拥有资产的实质性替换权:①资产供应方拥有在整个使用期间替换资产的实际能力;②资产供应方通过行使替换资产的权利将获得经济利益或者说替换资产的预期经济利益将超过替换资产所需成本。实务中会发现,与资产位于资产供应方所在地相比,如果资产位于客户所在地或其他位置,替换资产所需要的成本更有可能超过其所能获取的利益。

【例 5-3】 甲公司(客户)与乙公司(供应方)签订了使用一架指定飞机的两年期合同,合同详细规定了飞机的内、外部规格。合同规定,乙公司在两年合同期内可以随时替换飞机,在飞机出现故障时则必须替换飞机;无论哪种情况下,所替换的飞机必须符合合同中规定的内、外部规格。在乙公司的机队中配备符合甲公司要求规格的飞机所需成本高昂。

本例中,合同明确指定了飞机,尽管合同允许乙公司替换飞机,但配备另一架符合合同要求规格的飞机会发生高昂的成本,乙公司不会因替换飞机而获益,因此乙公司的替换权不具有实质性。本例中存在已识别资产。

2) 客户是否控制已识别资产使用权的判断

准则规定,同时满足以下两个条件说明合同让渡了在一定期间内控制已识别资产使用的权利:①合同中的客户有权获得在使用期间使用已识别资产所产生的几乎全部经济利益;②合同中的客户有权在该使用期间主导已识别资产的使用。

(1) 如何判断客户是否有权获得因使用资产所产生的几乎全部经济利益。控制已识别资产的使用,意味着客户应当有权获得整个使用期间使用该资产所产生的几乎全部经济利益(比如在整个使用期间独家使用该资产),包括资产的主要产品、副产品(包括源于这些项目的潜在现金流量)以及通过与第三方之间的商业交易实现的其他经济利益。

如果合同中规定客户应向资产供应方或其他方支付因使用该资产所产生的部分现金流量作为对价,该现金流量应视为客户因使用资产而获得的经济利益的一部分。例如,合同规定,客户因使用零售区域需向供应方支付零售收入的一定比例作为对价,因为零售收入所产生的现金流量是客户使用零售区域而获得的经济利益,所以该条款本身并不妨碍客户拥有获得使用零售区域所产生的几乎全部经济利益的权利。

（2）如何判断客户是否有权主导资产的使用。存在下列情形之一的，可视为客户对已识别资产在整个使用期间的使用有主导权。

① 客户有权在整个使用期间主导已识别资产的使用目的和使用方式。比如，变更资产产出类型的权利（如决定将集装箱用于运输商品还是储存商品）；变更资产产出时间的权利（例如，决定发电机器的运行时间）；变更资产产出地点的权利（例如，决定卡车或船舶的目的地）；变更资产是否产出以及产出数量的权利（如决定是否使用发电厂发电以及发电量的多寡）。

② 已识别资产的使用目的和使用方式在使用期间之前已预先确定，并且客户有权在整个使用期间自行或主导他人按照其确定的方式运营该资产，或者客户设计了已识别资产（或资产的特定方面）并在设计时已预先确定了该资产在整个使用期间的使用目的和方式。比如通过设计资产或在合同中对资产的使用做出限制来预先确定相关决策。

需要说明的是，合同可能包含一些旨在保护资产供应方在已识别资产或其他资产中的权益、保护资产供应方人员或确保资产供应方不因客户使用租赁资产而违反法律、法规的条款和条件。例如，出于以上目的，合同可能规定资产使用的最大工作量、限制客户使用资产的地点、时间，要求客户遵守特定的操作惯例，要求客户在变更资产使用方式时通知资产供应方等。这些权利虽然对客户使用资产权利的范围做出了限定，但其本身并不足以说明客户没有主导资产使用的权利。

【例 5-4】 甲公司（客户）与乙公司（供应方）签订了购买某一新太阳能电厂 20 年生产的全部电力的合同。合同明确指定了太阳能电厂，且乙公司没有替换权。太阳能电厂的产权归乙公司所有，乙公司不能通过其他电厂向甲公司供电。太阳能电厂在建造之前由甲公司设计，甲公司聘请了太阳能专家协助其确定太阳能电厂的选址和设备工程。乙公司负责按照甲公司的设计建造太阳能电厂，并负责电厂的运行和维护。关于是否发电、发电时间和发电量无须再进行决策，该项资产在设计时已经预先确定了这些决策。

本例中，合同明确指定了太阳能电厂，且乙公司无权替换，因此合同存在已识别资产。由于太阳能电厂使用目的、使用方式等相关决策在太阳能电厂设计时已预先确定，因此，尽管太阳能电厂的运营由乙公司负责，但是该电厂由甲公司设计这一事实赋予了甲公司主导电厂使用的权利，甲公司在整个 20 年使用期有权主导太阳能电厂的使用。

5.1.2 租赁期及其相关概念

租赁期是指承租人有权使用租赁资产且不可撤销的期间。若承租人有续租选择权，且合理确定承租人将会行使该选择权的，租赁期还应当包括含续租选择权涵盖的期间；若承租人有终止租赁选择权，即有权选择终止租赁该资产，但合理确定承租人将不会行使该选择权的，租赁期应当包含终止租赁选择权涵盖的期间。

1. 租赁期开始日

租赁期开始日，是指出租人提供租赁资产使其可供承租人使用的起始日期。实际操作中，不能仅凭租赁协议中对起租日或租金支付时间的约定判断租赁开始日。例如，承租人在租赁协议约定的起租日或租金起付日之前，已获得对租赁资产使用权的控制，则表明租赁期已经开始。

2. 不可撤销期间

不可撤销期间,是指租赁条款中约定确定可强制执行合同的期间。如果承租人和出租人双方均有权在未经另一方许可的情况下终止租赁,且罚金不重大,则该租赁不可强制执行。

3. 续租选择权和终止租赁选择权

在租赁期开始日,企业应当评估承租人是否合理确定将行使续租或购买标的资产的选择权(或不行使终止租赁选择权)。在评估时,企业应当考虑的因素包括但不限于以下方面。

(1) 与市价相比,选择权期间的合同条款和条件如何。

(2) 在合同期内,承租人进行或预期进行重大租赁资产改良的,预期能为承租人带来的重大经济利益。

(3) 与终止租赁相关的成本。例如,谈判成本、搬迁成本、寻找与选择适合承租人需求的替代资产所发生的成本、将新资产融入运营所发生的整合成本、终止租赁的罚款、将租赁资产恢复至租赁条款约定状态的成本、将租赁资产归还至租赁条款约定地点的成本等。

(4) 租赁资产对承租人运营的重要程度。例如,租赁资产是否为一项专门资产,租赁资产位于何地以及是否可获得合适的替换资产等。

(5) 与行使选择权相关的条件及满足相关条件的可能性。例如,租赁条款约定仅在满足一项或多项条件时方可行使选择权,此时还应考虑相关条件及满足相关条件的可能性。

在评估承租人是否将行使选择权(或将不行使终止租赁选择权)时,应当将租赁的不可撤销期间的长短纳入考虑因素。通常,租赁的不可撤销期间越短,承租人行使续租选择权(或不行使终止租赁选择权)的可能性就越大,原因在于不可撤销期间越短,获取替代资产的相对成本就越高。

购买选择权的评估方式应与续租选择权或终止租赁选择权的评估方式相同,购买选择权在经济上与将租赁期延长至租赁资产全部剩余经济寿命的续租选择权类似。

【例 5-5】 承租人签订了一份建筑租赁合同,包括 4 年不可撤销期限和 2 年期固定价格续租选择权,不可撤销期限内如果撤销,双方将支付重大罚金;4 年期满后,经双方同意可再延长 2 年,如有一方不同意,将不再续期。假设承租人对于租赁资产并不具有重大依赖。续租选择权期间的合同条款和条件与市价接近,没有终止罚款或其他因素表明承租人合理确定将行使续租选择权。

在此情况下,自租赁期开始日起的前 4 年有强制的权利和义务,是不可撤销期间。而此后 2 年的延长期并非不可撤销期间,因为承租人或出租人均可单方面选择不续约而无须支付任何罚款。因此,在租赁期开始日,确定租赁期为 4 年。

假设该建筑租赁合同包括 4 年不可撤销期限和 2 年按照市价行使的续租选择权。在搬入该建筑之前,承租人花费了大量资金对租赁建筑进行了改良,预计在 4 年结束时租赁资产改良仍将具有重大价值,且该价值仅可通过继续使用租赁资产实现。

则在此情况下,承租人合理确定将行使续租选择权,因为如果在 4 年结束时放弃该租赁资产改良,将蒙受重大经济损失。因此,在租赁开始时,承租人确定租赁期为 6 年。

4. 对租赁期和购买选择权的重新评估

发生承租人可控范围内的重大事件或变化,且影响承租人是否合理确定将行使相应选择权的,承租人应当对其是否合理确定将行使续租选择权、购买选择权或不行使终止租赁选择权进行重新评估,并根据重新评估结果修改租赁期。

5.2 承租人的会计处理

在租赁期开始日,除简化处理的短期租赁和低价值资产租赁外,租赁承租人应当对租赁确认租赁负债和使用权资产。

5.2.1 租赁负债的初始计量

租赁负债应当按照租赁期开始日尚未支付的租赁付款额的现值进行初始计量。租赁付款额,是指承租人向出租人支付的与在租赁期内使用租赁资产的权利相关的款项。租赁付款额包括5项内容,分别是固定付款额及实质固定付款额、可变租赁付款额、购买选择权的行权价格、行使终止租赁选择权需支付的款项、根据承租人提供的担保余值预计应支付的款项。

1. 实质固定付款额

实质固定付款额,是指在形式上可能包含变量但实质上无法避免的付款额。

(1)付款额设定为可变租赁付款额,但该可变条款几乎不可能发生,没有真正的经济实质。例如,付款额仅需在租赁资产经证实能够在租赁期间正常运行时支付,或者仅需在不可能不发生的事件发生时支付。

(2)承租人有多套付款额方案,但其中仅有一套是可行的。在此情况下,承租人应采用该可行的付款额方案作为租赁付款额。

(3)承租人有多套可行的付款额方案,但必须选择其中一套。在此情况下,承租人应采用总折现金额最低的一套作为租赁付款额。

【例5-6】 甲公司是一家知名零售店,从乙公司处租入已成熟开发的零售场所开设一家商店。根据租赁合同,甲公司在正常工作时必须经营该商店,且甲公司不得将商店闲置或进行分租。合同中关于租赁付款额的条款如下:如果甲公司开设的这家商店没有发生销售,则甲公司应付的年租金为100元;如果这家商店发生了任何销售,则甲公司应付的年租金1 000 000元。

本例中,该租赁包含每年1 000 000元的实质固定付款额。该金额不是取决于销售额的可变付款额。因为甲公司是一家知名零售商,根据租赁合同,甲公司应在正常工作时间内经营该商店,所以甲公司开设的这家商店不可能不发生销售。

【例5-7】 承租人甲公司签订了一份为期5年的卡车租赁合同。合同中关于租赁付款额的条款如下:如果该卡车在某月的行驶里程不超过1万公里,则该月应付的租金为10 000元;如果该卡车在某月的行驶里程超过1万公里但不超过2万公里,则该月应付的租金为16 000元;该卡车1个月内的行驶里程最高不能超过2万公里,否则承租人需支付巨额罚款。

本例中,租赁付款额中包含基于使用情况的可变性,且在某些月份里确实可避免支付较高租金,然而,月付款额10 000元是不可避免的。因此,月付款额10 000元属于实质固定付款额,应被纳入租赁负债的初始计量中。

需要注意的是,存在租赁激励的,承租人在确定租赁付款额时,应扣除租赁激励相关金额。租赁激励,是指出租人为达成租赁向承租人提供的优惠,包括出租人向承租人支付的与租赁有关的款项、出租人为承租人偿付或承担的成本等。

2. 取决于指数或比率的可变租赁付款额

可变租赁付款额,是指承租人为取得在租赁期内使用租赁资产的权利,而向出租人支付的,因租赁期开始日后的事实或情况发生变化(而非时间推移)而变动的款项。可变租赁付款额可能与下列各项指标或情况挂钩:由于市场比率或指数数值变动导致的价格变动;承租人源自租赁资产的绩效;租赁资产的使用(如车辆租赁可能要求承租人在超过特定里程数时支付额外的租赁付款额)。除了取决于指数或比率的可变租赁付款额之外,可变租赁付款额均不纳入租赁负债的初始计量中。

3. 购买选择权的行权价格

在租赁期开始日,承租人应评估是否合理确定将行使购买标的资产的选择权。如果承租人合理确定将行使购买标的资产的选择权,则租赁付款额中应包含购买选择权的行权价格。

4. 行使终止租赁选择权需支付的款项

在租赁期开始日,承租人应评估是否合理确定将行使终止租赁的选择权。如果承租人合理确定将行使终止租赁选择权,则租赁付款额中应包含行使终止租赁选择权需支付的款项,并且租赁期不应包含终止租赁选择权涵盖的期间。

【例 5-8】承租人甲公司租入某办公楼的一层楼,租赁期为 10 年。甲公司有权选择在第 5 年后提前终止租赁,并以相当于 6 个月的租金作为罚金。每年的租赁付款额为固定金额 120 000 元。该办公楼是全新的,并且在周边商业园区的办公楼中处于技术领先水平。上述租赁付款额与市场租金水平相符。

在租赁期开始日,甲公司评估后认为,6 个月的租金对于甲公司而言金额重大,同等条件下,也难以按更优惠的价格租入其他办公楼,可以合理确定不会选择提前终止租赁,因此其租赁负债不应包括提前终止租赁时需支付的罚金,租赁期确定为 10 年。

5. 根据承租人提供的担保余值预计应支付的款项

担保余值是指与出租人无关的一方向出租人提供担保,保证在租赁结束时租赁资产的价值至少为某指定的金额。如果承租人提供了对余值的担保,则租赁付款额应包含该担保下预计应支付的款项,它反映了承租人预计将支付的金额,而不是承租人担保余值下的最大敞口。

【例 5-9】承租人甲公司与出租人乙公司签订了汽车租赁合同,租赁期为 5 年。合同中就担保余值的规定如下:如果标的汽车在租赁期结束时的公允价值低于 40 000 元,则甲公司需向乙公司支付 40 000 元与汽车公允价值之间的差额,因此,甲公司在该担保余值下的最大敞口为 40 000 元。

在租赁期开始日,甲公司预计标的汽车在租赁期结束时的公允价值为 40 000 元,即甲公司预计在担保余值下将支付的金额为零。因此,甲公司在计算租赁负债时,与担保余值相关的付款额为零。

6. 关于折现率的选取

租赁负债应当按照租赁期开始日尚未支付的租赁付款额的现值进行初始计量。在计算租赁付款额的现值时,承租人应当采用租赁内含利率作为折现率。

租赁内含利率是指使出租人的租赁收款额的现值与未担保余值的现值之和等于租赁资产公允价值与出租人的初始直接费用之和的利率。其中,未担保余值,是指租赁资产余值中,出租人无法保证能够实现或仅由与出租人有关的一方予以担保的部分。

初始直接费用是指为达成租赁所发生的增量成本。增量成本是指若企业不取得该租赁,则不会发生的成本,如佣金、印花税等。

无论是否实际取得租赁都会发生的支出,不属于初始直接费用,如为评估是否签订租赁而发生的差旅费、法律费用等,此类费用应当在发生时计入当期损益。

在实务中,承租人往往难以确定出租人的租赁内含利率,准则规定可以采用承租人增量借款利率作为折现率。承租人增量借款利率可参考同期银行贷款利率等,或进行相应调整。

【例 5-10】 承租人甲公司与出租人乙公司签订了一份车辆合同,租赁期为 5 年。在租赁开始日,该车辆的公允价值为 100 000 元。租赁付款额为每年 23 000 元,于年末支付。乙公司预计在租赁结束时其公允价值(即未担保余值)将为 10 000 元。乙公司发生初始直接费用为 5 000 元。

乙公司租赁内含利率 r 的计算过程如下。

$$23\,000 \times (P/A, r, 5) + 10\,000 \times (P/F, r, 5) = 100\,000 + 5\,000$$

经计算,$r = 5.79\%$。

5.2.2 使用权资产的初始计量

使用权资产是指承租人可在租赁期内使用租赁资产的权利。在租赁期开始日,承租人应当按照成本对使用权资产进行初始计量。该项成本包括租赁负债的初始计量金额、在租赁期开始日或之前支付的租赁付款额(存在租赁激励的,应扣除已享受的租赁激励相关金额)、承租人发生的初始直接费用、承租人为拆卸及移除租赁资产或复原租赁资产所在场地或将租赁资产恢复至租赁条款约定状态预计将发生的成本。

5.2.3 承租人的初始会计处理

1. "使用权资产"科目

承租人设置"使用权资产"科目对其持有的使用权资产进行核算。该科目期末借方余额,反映承租人使用权资产的原价。

在租赁期开始日,承租人应当按取得使用权资产的成本借记本科目,按尚未支付的租赁付款额的现值贷记"租赁负债"科目;对于租赁期开始日之前支付租赁付款额的(扣除已享受的租赁激励),贷记"预付款项"等科目;按发生的初始直接费用,贷记"银行存款"等科目;按预计将发生的为拆卸及移除租赁资产、复原租赁资产所在场地或将租赁资产恢复至租赁条款约定状态等成本的现值,贷记"预计负债"科目。

2. "租赁负债"科目

承租人设置"租赁负债"科目对其确认的租赁负债进行相关核算,该科目下设"租赁付款额""未确认融资费用"等明细账,期末贷方余额反映了承租人尚未支付的租赁付款额的现值。

(1) 在租赁期开始日,承租人应当按尚未支付的租赁付款额,贷记"租赁负债——租赁付款额"科目;按尚未支付的租赁付款额的现值,借记"使用权资产"科目;按尚未支付的租赁付款额与其现值的差额,借记"租赁负债——未确认融资费用"科目。

(2) 承租人在确认租赁期内各个期间的利息时,应当借记"财务费用——利息费用""在建工程"等科目,贷记"租赁负债——未确认融资费用"科目。

(3) 承租人支付租赁付款额时,应当借记"租赁负债——租赁付款额"等科目,贷记"银行存款"等科目。

【例 5-11】 承租人甲公司就某栋建筑物的某一层楼与出租人乙公司签订了为期 10 年的租赁协议,并拥有 5 年的续租选择权。有关资料如下。

(1) 初始租赁期内的不含税租金为每年 50 000 元,续租期间为每年 55 000 元,所有款项应于每年年初支付。

(2) 为获得该项租赁,甲公司发生的初始直接费用为 20 000 元,其中,15 000 元为向该楼层前任租户支付的款项,5 000 元为向促成此租赁交易的房地产中介支付的佣金。

(3) 作为对甲公司的激励,乙公司同意补偿甲公司 5 000 元的佣金。

(4) 在租赁期开始日,甲公司经评估认为不能合理确定将行使续租选择权,因此,将租赁期确定为 10 年。

(5) 甲公司无法确定租赁内含利率,其增量借款利率为每年 5%,该利率反映的是甲公司以类似抵押条件借入期限为 10 年、与使用权资产等值的相同币种的借款而必须支付的利率。

为简化处理,假设不考虑相关税费影响。

在租赁期开始日,承租人支付了第一期租金,故租赁期内的租赁负债应当按照租赁期开始日尚未支付的租赁付款额现值进行初始计量。

租赁负债=剩余 9 期租赁付款额的现值=50 000×$(P/A,5\%,9)$=355 391(元)

未确认融资费用=剩余 9 期租赁付款额-剩余 9 期租赁付款额的现值
=450 000-355 391=94 609(元)

借:使用权资产　　　　　　　　　　　　　405 391(355 391+50 000)
　　租赁负债——未确认融资费用　　　　　　94 609
　　贷:租赁负债——租赁付款额　　　　　　　　　450 000
　　　　银行存款　　　　　　　　　　　　　　　　50 000

将初始直接费用计入使用权资产的初始成本。

借:使用权资产　　　　　　　　　　　　　20 000
　　贷:银行存款　　　　　　　　　　　　　　　　20 000

将已收的租赁激励相关金额从使用权资产入账价值中扣除。

借:银行存款　　　　　　　　　　　　　　5 000
　　贷:使用权资产　　　　　　　　　　　　　　　5 000

承租人取得的使用权资产(成本)=405 391+20 000-5 000=420 391(元)

5.2.4 承租人的后续会计处理

1. 租赁负债

承租人在租赁期开始日后应当按以下原则对租赁负债进行后续计量。

（1）确认租赁负债的利息时，增加租赁负债的账面金额。

（2）支付租赁付款额时，减少租赁负债的账面金额。

（3）因重估或租赁变更等原因导致租赁付款额发生变动时，重新计量租赁负债的账面价值。

【例 5-12】 接例 5-11 资料，租赁负债按表 5-1 所述方法进行后续计量。

表 5-1 租赁负债的后续计量和利息核算　　　　　　　　单位：元

年度	租赁负债年初金额 ①	利息 ②＝①×5％	租赁付款额 ③	租赁付款额年末金额 ④＝①＋②－③
第 2 年年初	355 391	17 770	50 000	323 161
第 3 年年初	323 161	16 158	50 000	289 319
第 4 年年初	289 319	14 466	50 000	253 785
第 5 年年初	253 785	12 689	50 000	216 474
第 6 年年初	216 474	10 824	50 000	177 298
第 7 年年初	177 298	8 865	50 000	136 163
第 8 年年初	136 163	6 808	50 000	92 971
第 9 年年初	92 971	4 649	50 000	47 620
第 10 年年初	47 620	2 380*	50 000	—
合计	—	94 609	450 000	—

注：* 为简化而作的尾数调整，2 380＝50 000－47 620。

第 2 年年初：

借：租赁负债——租赁付款额　　　　　　　　　　　　　50 000
　　贷：银行存款　　　　　　　　　　　　　　　　　　　　　　50 000
借：财务费用——利息费用　　　　　　　　　　　　　　17 770
　　贷：租赁负债——未确认融资费用　　　　　　　　　　　　17 770

第 3 年年初：

借：租赁负债——租赁付款额　　　　　　　　　　　　　50 000
　　贷：银行存款　　　　　　　　　　　　　　　　　　　　　　50 000
借：财务费用——利息费用　　　　　　　　　　　　　　16 158
　　贷：租赁负债——未确认融资费用　　　　　　　　　　　　16 158

以后年度比照上述进行会计处理。

2. 使用权资产

承租人在租赁开始日后，应当采用成本模式对其使用权资产进行后续计量，即按照成本减去累计折旧及累计减值损失后的金额计量使用权资产。

1）使用权资产的折旧

承租人应当参照《企业会计准则第 4 号——固定资产》有关折旧规定，自租赁期开始日起对使用权资产计提折旧。通常情况,使用权资产应自租赁期开始的当月计提折旧,当月计提确有困难的,企业也可以选择自租赁期开始的下月计提折旧(并在附注中予以披露),但应对同类使用权资产采取相同的折旧政策。计提的折旧金额应根据使用权资产的用途,计入相关资产的成本或者当期损益。借记"制造费用""销售费用""管理费用""研发支出"等科目,贷记"使用权资产累计折旧"科目。

承租人在确定使用权资产的折旧方法时,应当根据与使用权资产有关的经济利益的预期实现方式做出决定。通常,承租人按直线法对使用权资产计提折旧,其他折旧方法更能反映使用权资产有关经济利益预期实现方式的,也可采用其他折旧方法。

关于使用权资产的折旧年限的确定,应遵循以下原则。

(1)承租人能够合理确定租赁期届满时取得租赁资产所有权的,应当在租赁资产剩余使用寿命内计提折旧。

(2)承租人无法合理确定租赁期届满时能够取得租赁资产所有权的,应当在租赁期与租赁资产剩余使用寿命两者孰短的期间内计提折旧。如果使用权资产的剩余使用寿命短于前两者,则应在使用权资产的剩余使用寿命内计提折旧。

2)使用权资产的减值

在租赁期开始日后,承租人应当按照《企业会计准则第 8 号——资产减值》的规定,确定使用权资产是否发生减值,并对已识别的减值损失进行会计处理。使用权资产发生减值的,按应减记的金额,借记"资产减值损失"科目,贷记"使用权资产减值准备"科目。

使用权资产减值准备一旦计提,不得转回。承租人应当按照扣除减值损失之后的使用权资产的账面价值,计提后续折旧。

5.2.5 短期租赁和低价值资产租赁

根据会计准则的规定,承租人对于短期和低价值资产的租赁,可以选择不确认使用权资产和租赁负债,而采用简化的会计处理方法,将租赁付款额在租赁期内各个期间按照直线法或其他系统合理的方法计入相关资产成本或当期损益。

1. 短期租赁

短期租赁是指在租赁期开始日,租赁期不超过 12 个月的租赁。包含购买选择权的租赁不属于短期租赁。对于短期租赁,承租人可以按照租赁资产的类别选择采用简化的会计处理方法,而一旦选择了对某类租赁资产,即企业运营中具有类似性质和用途的一组租赁资产进行简化会计处理,则未来该类资产下所有的短期租赁都应采用简化会计处理。按照简化会计处理的短期租赁发生租赁变更或者其他原因导致租赁期发生变化的,承租人应当将其视为一项新租赁,重新按照上述原则判断该项新租赁是否可以选择简化会计处理。

【例 5-13】承租人与出租人签订了一份租赁合同,约定不可撤销期间为 9 个月,且承租人拥有 4 个月的续租选择权。在租赁期开始日,承租人判断可以合理确定将行使续租选择权,因为续租期的月租赁付款额明显低于市场价格。在此情况下,承租人确定租赁期为 13 个月,不属于短期租赁,承租人不能选择上述简化会计处理。

2. 低价值资产租赁

低价值资产租赁是指单项租赁资产为全新资产时价值较低的租赁。对于低价值资租赁,承租人可根据每项租赁的具体情况作出简化会计处理选择。承租人在判断是否是低价值资产租赁时,应注意以下几点。

(1) 应基于租赁资产的全新状态下的价值进行评估,不应考虑资产已被使用的年限。

(2) 只有承租人能够从单独使用该低价值资产或将其与承租人易于获得的其他资源一起使用中获利,且该项资产与其他租赁资产没有高度依赖或高度关联关系时,才能对该资产租赁选择进行简化会计处理。

(3) 低价值资产租赁的标准应该是一个绝对金额,即仅与资产全新状态下的绝对价值有关,不受承租人规模、性质等影响,也不考虑该资产对于承租人或相关租赁交易的重要性。

通常情况下,符合低价值资产租赁的资产全新状态下的绝对价值应低于人民币 40 000 元。常见的低价值资产的例子包括平板电脑、普通办公家具、电话等小型资产。但是,如果承租人已经或者预期要把相关资产进行转租赁,则不能将原租赁按照低价值资产租赁进行简化会计处理。

需要注意的是,符合低价值资产租赁的,也并不代表承租人若采取购入方式取得该资产时该资产不符合固定资产确认条件。

【例 5-14】 承租人与出租人签订了一份租赁合同,约定的租赁资产如下。

(1) IT 设备,包括供员工个人使用的笔记本电脑、台式电脑、平板电脑、桌面打印机和手机等。

(2) 服务器,其中包括增加服务器容量的单独组件,这些组件根据承租人需要陆续添加到大型服务器以增加服务器存储容量。

(3) 办公家具,如桌椅和办公隔断等。

(4) 饮水机。

通常,办公笔记本电脑全新时的单独价格不超过人民币 10 000 元,台式计算机、平板电脑、桌面打印机和手机全新时的单独价格不超过人民币 5 000 元,普通办公家具的单独价格不超过人民币 10 000 元,饮水机的单独价格不超过人民币 1 000 元,服务器单个组件的单独价格不超过人民币 10 000 元。

上述租赁资产中,各种 IT 设备、办公家具、饮水机都能够单独使承租人获益,且与其他租赁资产没有高度依赖或高度关联关系。本例中,承租人将 IT 设备、办公家具、饮水机作为低价值租赁资产,选择按照简化方法进行会计处理。对于服务器中的组件,尽管单个组件的单独价格较低,但由于每个组件都与服务器中的其他部分高度相关,承租人若不租赁服务器就不会租赁这些组件,不构成单独的租赁部分,因此不能作为低价值租赁资产进行会计处理。

5.3 出租人的会计处理

5.3.1 出租人的租赁分类

1. 融资租赁和经营租赁

出租人应当在租赁开始日将租赁分为融资租赁和经营租赁。

租赁开始日是指租赁合同签署日与租赁各方就主要租赁条款作出承诺日中的较早者。

租赁开始日可能早于租赁期开始日,也可能与租赁期开始日重合。严格来讲,在租赁期开始日,企业才开始进行租赁业务的会计核算。这一时间概念有别于租赁开始日:租赁开始日只是租赁双方确定租赁类别,并以此作为租赁资产入账价值的基准日;而租赁期开始日则是租赁双方转移租赁资产使用权并对相关会计数据进行初始确认的日期。

一项租赁属于融资租赁还是经营租赁取决于交易的实质,而不是合同的形式。如果一项租赁实质上转移了与租赁资产所有权有关的几乎全部风险和报酬,出租人应当将该项租赁分类为融资租赁,应当将除融资租赁以外的其他租赁分类为经营租赁。

需要注意的是,与租赁资产所有权有关的风险包括了由于生产能力的闲置或技术陈旧可能造成的损失,以及由于经济状况的改变可能造成的回报变动。与租赁资产所有权有关的报酬可以表现为在租赁资产的预期经济寿命期间经营的盈利以及因增值或残值变现可能产生的利得等。

租赁开始日后,除非发生租赁变更,出租人无须对租赁的分类进行重新评估。租赁资产预计使用寿命、预计余值等会计估计变更或发生承租人违约等情况变化的,出租人不对租赁进行重分类。

2. 融资租赁的分类标准

一项租赁存在下列一种或多种情形的,通常分类为融资租赁。

(1) 在租赁期届满时,租赁资产的所有权转移给承租人。此种情况通常是指在租赁合同中已经约定,或者在租赁开始日根据相关条件做出合理判断,租赁期届满时出租人能够将租赁资产的所有权转移给承租人。

(2) 承租人有购买租赁资产的选择权,且价格远低于其公允价值,因而在租赁开始日就可以合理确定承租人将会行使该项权利。一般而言,购价远低于行使选择权时租赁资产公允价值,可以按照公允价值5%的标准来衡量,其购买只是一种象征性的行为。

例如,根据某项租赁合同,租赁期届满时承租人有权以5 000元的价格购买租赁资产,在签订租赁合同时估计该项租赁资产租赁期届满时的公允价值100 000元,由于购买价格远低于租赁资产的公允价值,如果没有特别情况出现,承租人在租赁期届满将会选择购买该项资产。此时在租赁开始日可以将其认定为融资租赁。

(3) 资产的所有权虽然不转移,但租赁期占租赁资产使用寿命的大部分。这里所指的"大部分"一般是指租赁期占租赁开始日租赁资产尚可使用年限的75%以上(含75%),但是,如果租赁资产在租赁开始日前的已使用年限超过该项资产全新时可使用年限的大部分(75%以上),则该项标准不能用以判断租赁的类别。

例如,某项租赁设备全新时的可使用年限为10年,已经使用了2年,从第3年开始租出,租赁期为6年,租赁期占租赁设备尚可使用年限的75%(6/8×100%),可据此认定为融资租赁;假如该项设备在使用8年后才开始出租,租期2年,则因为出租前该设备的已使用年限超过全新时可使用年限的75%而不能将其认定为融资租赁。

(4) 在租赁开始日,租赁收款额的现值几乎相当于租赁资产的公允价值。实务中,这里的"几乎相当于",通常掌握在90%以上。需要注意的是,这里的量化标准同样只是指导性标准,企业在具体应用时应当以准则规定的相关条件进行判断。

(5) 租赁资产性质特殊,如果不作较大改造,只有承租人才能使用。这一标准一般见于租赁资产是出租人根据承租人对资产型号、规格等方面的特殊要求而专门购买或建造的,不具有通用性。

另外,某项租赁存在下列一项或多项迹象的,也可能分类为融资租赁。

(1) 若承租人撤销租赁,撤销租赁对出租人造成的损失由承租人承担。

(2) 资产余值的公允价值波动所产生的利得或损失归属于承租人。例如,租赁结束时,出租人以相当于资产销售收益的绝大部分金额作为对租金的退还,说明承租人承担了租赁资产余值的几乎所有风险和报酬。

(3) 承租人有能力以远低于市场水平的租金继续租赁至下一期间。

此经济激励政策与购买选择权类似,如果续租选择权的行权价远低于市场水平,可以合理确定承租人将继续租赁至下一期间。

5.3.2 出租人对融资租赁的会计处理

1. 融资租赁的初始计量

在融资租赁情况下,出租人应当在租赁期开始日,以租赁投资净额来确认应收融资租赁款,并终止确认融资租赁资产。

租赁投资总额是租赁期开始日出租人应收的租赁收款额与未担保余值之和。租赁投资净额是租赁投资总额的折现,即将租赁期开始日尚未收到的租赁收款额和未担保余值分别按照租赁内含利率折现的现值之和。其中的租赁收款额,是指出租人因让渡在租赁期内使用租赁资产的权利而应向承租人收取的款项,包括以下内容。

(1) 承租人需支付的固定付款额及实质固定付款额。存在租赁激励的,应当扣除租赁激励相关金额。

(2) 取决于指数或比率的可变租赁付款额。该款项在初始计量时根据租赁期开始日的指数或比率确定。

(3) 购买选择权的行权价格,前提是合理确定承租人将行使该选择权。

(4) 承租人行使终止租赁选择权需支付的款项,前提是租赁期反映出承租人将行使终止租赁选择权。

(5) 由承租人、与承租人有关的一方以及有经济能力履行担保义务的独立第三方向出租人提供的担保余值。

出租人使用"融资租赁资产"和"应收融资租赁款"等科目对融资租赁业务进行相应会计核算。其中:

(1) "融资租赁资产"科目,用以核算租赁企业作为出租人为开展融资租赁业务取得资产的成本。租赁业务不多的企业,也可通过"固定资产"等科目核算。租赁企业和其他企业对于融资租赁资产在未融资租赁期间的会计处理遵循固定资产准则或其他适用的会计准则。本科目期末借方余额,反映企业融资租赁资产的成本。出租人购入和以其他方式取得融资租赁资产的,借记本科目,贷记"银行存款"等科目。

(2) "应收融资租赁款"科目,用以核算出租人融资租赁产生的租赁投资净额。该科目可分别设置"租赁收款额""未实现融资收益""未担保余值"等进行明细核算。租赁业务较多的,出租人还可以在"租赁收款额"明细科目下进一步设置明细科目核算。

在租赁期开始日,出租人应当按尚未收到的租赁收款额,借记"应收融资租赁款——租赁收款额"科目,按预计租赁期结束时的未担保余值,借记"应收融资租赁款——未担保余值"科目,按已经收取的租赁款,借记"银行存款"等科目,按融资租赁方式租出资产的账面价值,贷记"融资租赁资产"等科目,按融资租赁方式租出资产的公允价值与其账面价值的差额,借记或贷记"资产处置损益"科目,按发生的初始直接费用,贷记"银行存款"等科目,差额贷记"应收融资租赁款——未实现融资收益"科目。

【例5-15】 2021年12月1日,甲公司与乙公司签订了一份租赁合同,从乙公司租入塑钢机一台。租赁合同主要条款如下。

(1) 租赁资产:全新塑钢机。

(2) 租赁期开始日:2022年1月1日。

(3) 租赁期:2022年1月1日—2027年12月31日,共72个月。

(4) 固定租金支付:自2022年1月1日,每年年末支付租金160 000元。如果甲公司能够在每年年末最后一天及时支付,则给予减少租金10 000元奖励。

(5) 取决于指数或比率的可变租赁付款额:租赁期限内,如遇中国人民银行贷款基准利率调整时,出租人将对租赁利率作出同方向、同幅度的调整。基准利率调整日之前各期和调整日当期租金不变,从下一期开始按调整后的租金金额收取。

(6) 租赁开始日租赁资产的公允价值:该机器在2021年12月31日的公允价值为700 000元,账面价值为600 000元。

(7) 初始直接费用:签订租赁合同过程中乙公司发生可归属于租赁项目的手续费、佣金10 000元。

(8) 承租人的购买选择权:租赁期届满时,甲公司享有优惠购买该机器的选择权,购买价为20 000元,估计该日租赁资产的公允价值为80 000元。

(9) 取决于租赁资产绩效的可变租赁付款额:2023年和2024年两年,甲公司每年按该机器所生产的产品塑钢窗户的年销售收入的5%向乙公司支付。

(10) 承租人的终止租赁选择权:甲公司享有终止租赁选择权。在租赁期间,如果甲公司终止租赁,需支付的款项为剩余租赁期间的固定租金支付金额。

(11) 担保余值和未担保余值均为0。

(12) 全新塑钢机的使用寿命为7年。

出租人乙公司的会计处理如下。

第一步,判断租赁类型。

本例存在优惠购买选择权,优惠购买价20 000元远低于行使选择权日租赁资产的公允价值80 000元,因此在2019年12月31日就可合理确定甲公司将会行使这种选择权。另外,在本例中,租赁期6年,占租赁开始日租赁资产使用寿命的86%(占租赁资产使用寿命的大部分),同时,乙公司综合考虑其他各种情形和迹象,认为该租赁实质上转移了与该项设备所有权有关的几乎全部风险和报酬,因此将这项租赁认定为融资租赁。

第二步,确定租赁收款额。

(1) 承租人的固定付款额为考虑扣除租赁激励后的金额。

$$(160\,000-10\,000)\times 6 = 900\,000(元)$$

(2) 取决于指数或比率的可变租赁付款额。该款项在初始计量时根据租赁期开始日的指数或比率确定,因此本例在租赁期开始日不做考虑。

(3) 承租人购买选择权的行权价格。租赁期届满时,甲公司享有优惠购买该机器的选择权,购买价为 20 000 元,预计当天租赁资产的公允价值为 80 000 元。因为优惠购买价远低于行使选择权日租赁资产的公允价值,因此在 2021 年 12 月 1 日就可以合理确定甲公司将会行使这种选择权。故租赁付款额中应包括承租人购买选择权的行权价格 20 000 元。

(4) 终止租赁的罚款。虽然甲公司享有终止租赁选择权,但若终止租赁,甲公司需支付的款项为剩余租赁期间的固定租金支付金额,所以可以合理确定甲公司不会行使终止租赁选择权。

(5) 由承租人向出租人提供的担保余值:甲公司向乙公司提供的担保余值为 0 元。

综上所述,出租人的租赁收款额为

$$900\ 000 + 20\ 000 = 920\ 000(元)$$

第三步,确认租赁投资总额。

租赁投资总额=在融资租赁下出租人应收的租赁收款额+未担保余值

本例中租赁投资总额=920 000+0=920 000(元)

第四步,确认租赁投资净额的金额和未实现融资收益。

租赁投资净额在金额上等于租赁资产在租赁期开始日公允价值 700 000+出租人发生的租赁初始直接费用 10 000 = 710 000(元)

未实现融资收益=租赁投资总额-租赁投资净额=920 000-710 000=210 000(元)

第五步,计算租赁内含利率。

租赁内含利率是使租赁投资总额的现值(即租赁投资净额)等于租赁资产在租赁开始日的公允价值与出租人的初始直接费用之和的利率。

在本例中,由 $150\ 000 \times (P/A,r,6) + 20\ 000 \times (P/F,r,6) = 710\ 000(元)$,可计算得到租赁内含利率为 7.82%。

第六步,编制会计分录。

2022 年 1 月 1 日:

借:应收融资租赁款——租赁收款额	920 000
贷:银行存款	10 000
融资租赁资产	600 000
资产处置损益	100 000
应收融资租赁款——未实现融资收益	210 000

若融资租赁合同必须以收到租赁保证金为生效条件,出租人收到承租人交来的租赁保证金,借记"银行存款"科目,贷记"其他应收款——租赁保证金"科目。

承租人到期不交租金,以保证金抵作租金时,借记"其他应收款——租赁保证金"科目,贷记"应收融资租赁款"科目。

承租人违约,按租赁合同或协议规定没收保证金时,借记"其他应收款——租赁保证金"科目,贷记"营业外收入"等科目。

2. 融资租赁的后续计量

出租人应当按照固定的周期性利率计算并确认租赁期内各个期间的利息收入。出租人在融资租赁下,在确认租赁期内各个期间的利息收入时,应当借记"应收融资租赁款——未实现融资收益"科目,贷记"租赁收入——利息收入""其他业务收入"等科目。

【例 5-16】 接例 5-15 资料,以下说明出租人如何确认计量租赁期内各期间的利息收入。

第一步,计算租赁期内各期的利息收入,如表 5-2 所示。

表 5-2 利息收入计算表   单位:元

日期	租金	确认的利息收入	租赁投资净额余额
①	②	③=期初④×7.82%	期末④=期初④-②+③
2022 年 1 月 1 日			710 000
2022 年 12 月 31 日	150 000	55 522	615 522
2023 年 12 月 31 日	150 000	48 134	513 656
2024 年 12 月 31 日	150 000	40 168	403 824
2025 年 12 月 31 日	150 000	31 579	285 403
2026 年 12 月 31 日	150 000	22 319	157 722
2027 年 12 月 31 日	150 000	12 278*	20 000
2027 年 12 月 31 日	20 000		
合计	920 000	210 000	

注:* 作尾数调整 12 278=150 000+20 000-157 722。

第二步,编制会计分录。

2022 年 12 月 31 日:

借:银行存款　　　　　　　　　　　　　　　150 000
　　贷:应收融资租赁款——租赁收款额　　　　　　150 000
借:应收融资租赁款——未实现融资收益　　　55 522
　　贷:租赁收入　　　　　　　　　　　　　　　　55 522

2023 年 12 月 31 日:

借:银行存款　　　　　　　　　　　　　　　150 000
　　贷:应收融资租赁款——租赁收款额　　　　　　150 000
借:应收融资租赁款——未实现融资收益　　　48 134
　　贷:租赁收入　　　　　　　　　　　　　　　　48 134

2024 年 12 月 31 日:

借:银行存款　　　　　　　　　　　　　　　150 000
　　贷:应收融资租赁款——租赁收款额　　　　　　150 000
借:应收融资租赁款——未实现融资收益　　　40 168
　　贷:租赁收入　　　　　　　　　　　　　　　　40 168

2025 年 12 月 31 日:

借:银行存款　　　　　　　　　　　　　　　150 000
　　贷:应收融资租赁款——租赁收款额　　　　　　150 000
借:应收融资租赁款——未实现融资收益　　　31 579
　　贷:租赁收入　　　　　　　　　　　　　　　　31 579

2026 年 12 月 31 日:

借:银行存款　　　　　　　　　　　　　　　150 000

贷：应收融资租赁款——租赁收款额	150 000
借：应收融资租赁款——未实现融资收益	22 319
贷：租赁收入	22 319

2027年12月31日（有关承租人行使购买权时出租人的账务处理见例5-18）：

借：银行存款	150 000
贷：应收融资租赁款——租赁收款额	150 000
借：应收融资租赁款——未实现融资收益	12 278
贷：租赁收入	12 278

纳入出租人租赁投资净额的可变租赁付款额只包含取决于指数或比率的可变租赁付款额。在初始计量时，应当采用租赁期开始日的指数或比率进行初始计量。

出租人应定期复核计算租赁投资总额时所使用的未担保余值。若预计未担保余值降低，出租人应修改租赁期内的收益分配，并立即确认预计的减少额。

出租人取得的未纳入租赁投资净额计量的可变租赁付款额，如与资产的未来绩效或使用情况挂钩的可变租赁付款额，应当在实际发生时计入当期损益。

【例5-17】 接例5-15、例5-16资料，假设2023年和2024年，甲公司分别实现塑钢窗户年销售收入1 000 000元和1 500 000元。根据租赁合同，乙公司2023年和2024年应向甲公司收取的与销售收入挂钩的租金分别为50 000元和75 000元。

编制会计分录如下。

2023年：

借：银行存款（或应收账款）	50 000
贷：租赁收入	50 000

2024年：

借：银行存款（或应收账款）	75 000
贷：租赁收入	75 000

【例5-18】 接例5-15、例5-16、例5-17资料，做出租赁期届满承租人行使购买权时出租人的账务处理。

编制会计分录如下。

借：银行存款	20 000
贷：应收融资租赁款——租赁收款额	20 000

5.3.3 出租人对经营租赁的会计处理

1. 租金的处理

一项租赁被确认为经营租赁后，出租人应当在租赁期内各个期间，采用直线法或者其他系统合理的方法将经营租赁的租赁收款额确认为租金收入。

2. 出租人对经营租赁提供激励措施

出租人如果提供了免租期的，应将租金总额在不扣除免租期的整个租赁期内，按直线法或其他合理的方法进行分配，免租期内应当确认租金收入。出租人如果承担了承租人某些费用的，应将该费用自租金收入总额中扣除，按扣除后的租金收入余额在租赁期内进行分配。

3. 初始直接费用

出租人发生的与经营租赁有关的初始直接费用应当资本化至租赁标的资产的成本,在租赁期内按照与租金收入相同的确认基础分期计入当期损益。

4. 折旧和减值

对于经营租赁资产中的固定资产,出租人应当采用类似资产的折旧政策计提折旧;对于其他经营租赁资产,应当根据该资产适用的企业会计准则,采用系统合理的方法进行摊销。

出租人应当按照《企业会计准则第8号——资产减值》的规定,确定经营租赁资产是否发生减值,并对已识别的减值损失进行会计处理。

5. 可变租赁付款额

出租人取得的与经营租赁有关的可变租赁付款额,如果是与指数或比率挂钩的,应在租赁期开始日计入租赁收款额;除此之外的,应当在实际发生时计入当期损益。

6. 经营租赁的变更

本准则规定,经营租赁发生变更的,出租人应自变更生效日开始,将其作为一项新的租赁进行会计处理,与变更前租赁有关的预收或应收租赁收款额视为新租赁的收款额。

5.4 租赁会计信息的披露和分析

1. 承租人的列报和披露

1) 资产负债表

承租人应当在资产负债表中单独列示使用权资产和租赁负债。其中,租赁负债通常分非流动负债和一年内到期的非流动负债(即资产负债表日后12个月内租赁负债预期减少的金额)列示。

2) 利润表

承租人应当在利润表中分别列示租赁负债的利息费用与使用权资产的折旧费用。其中,租赁负债的利息费用在财务费用项目列示。

3) 现金流量表

承租人应当在现金流量表中按照如下方式列示。

(1) 偿还租赁负债本金和利息所支付的现金,筹资活动现金流出。

(2) 按照本准则有关规定对短期租赁和低价值资产租赁进行简化处理的,支付的相关付款额,应当计入经营活动现金流出。

(3) 支付的未纳入租赁负债计量的可变租赁付款额,应当计入经营活动现金流出。

4) 承租人的披露

承租人应当在财务报表附注中披露有关租赁活动的定性和定量信息,以便财务报表使用者评估租赁活动对承租人的财务状况、经营成果和现金流量的影响。

承租人应当在财务报表的单独附注或单独章节中披露其作为承租人的信息,但无须重复已在财务报表其他部分列报或披露的信息,只需要在租赁的相关附注中通过交叉索引的方式体现该信息。

承租人应当在财务报表附注中披露与租赁有关的下列信息。
(1) 各类使用权资产的期初余额、本期增加额、期末余额以及累计折旧额和减值金额。
(2) 租赁负债的利息费用。
(3) 有关简化处理方法的披露。
(4) 计入当期损益的未纳入租赁负债计量的可变租赁付款额。
(5) 转租使用权资产取得的收入。
(6) 与租赁相关的总现金流出。
(7) 售后租回交易产生的相关损益。
(8) 按照《企业会计准则第37号——金融工具列报》应当披露的有关租赁负债的信息,包括单独披露租赁负债的到期期限分析、对相关流动性风险的管理等。

此外,承租人应当根据理解财务报表的需要,披露有关租赁活动的其他定性和定量信息。

2. 出租人的列报和披露

出租人应当根据资产的性质,在资产负债表中列示经营租赁资产。

出租人应当在财务报表附注中披露有关租赁活动的定性和定量信息,以便财务报表使用者评估租赁活动对出租人的财务状况、经营成果和现金流量的影响。

1) 与融资租赁有关的信息

出租人应当在附注中披露与融资租赁有关的下列信息。
(1) 销售损益(生产商或经销商出租人)、租赁投资净额的融资收益以及与未纳入租赁投资净额的可变租赁付款额相关的收入。
(2) 资产负债表日后连续5个会计年度每年将收到的未折现租赁收款额,以及剩余年度将收到的未折现租赁收款额总额;不足5个会计年度的,披露资产负债表日后连续每年将收到的未折现租赁收款额。
(3) 未折现租赁收款额与租赁投资净额的调节表。调节表应说明与租赁应收款相关的未实现融资收益、未担保余值的现值。

2) 与经营租赁有关的信息

出租人应当在附注中披露与经营租赁有关的下列信息。
(1) 租赁收入,并单独披露与未纳入租赁收款额计量的可变租赁付款额相关的收入。
(2) 将经营租赁固定资产与出租人持有自用的固定资产分开,并按经营租赁固定资产的类别提供《企业会计准则第4号——固定资产》要求披露的信息。
(3) 资产负债表日后连续5个会计年度每年将收到的未折现租赁收款额,以及剩余年度将收到的未折现租赁收款总额;不足5个会计年度的,披露资产负债表日后连续每年将收到的未折现租赁收款额。

3) 其他信息

此外,出租人应当根据理解财务报表的需要,披露有关租赁活动的其他定性和定量信息。

4) 转租赁的列报

原租赁以及转租同一标的资产形成的资产和负债所产生的风险敞口不同于由于单一租赁应收款净额或租赁负债所产生的风险敞口,因此,企业不得以净额为基础对转租赁进行列报。

与原租赁准则相比,新租赁准则在承租人会计处理方面,核心变化是采用单一会计模型,取消了承租人关于融资租赁与经营租赁的分类,基于合同约定的权利义务,要求承租人对所有租赁(选择简化处理的短期租赁和低价值资产租赁除外)在资产负债表中均确认相应的使用权资产和租赁负债,并分别确认折旧和利息费用。这一变化实质是将原在表外反映的经营租赁统一纳入表内核算,也将对企业的多项报表数据和财务指标造成影响。

在实务中承租人存在利润操作空间。承租人对于使用权资产,可先计提减值,减少使用权资产账面价值,计提减值影响当期利润,形成资产减值准备;承租人在计提资产减值后,可在后续年度对租赁负债重新进行计算。根据新准则的规定,可以对使用权资产的账面价值进行适当的调整。如果租赁负债减少,而使用权资产的账面价值(减值后/减至)为零时,租赁负债还可以继续调减,承租人就需要把两者之间的差额计入当期损益中。如按上述处理,使用权资产存在资产减值的情况下,还可能形成报表收益。因此,投资者和债权人在阅读企业财务报表时,对涉及租赁业务的会计信息披露应当予以关注。

本 章 习 题

一、单项选择题

1. 2022 年 1 月 1 日,甲公司与乙公司签订租赁合同,将其一栋物业租赁给乙公司作为商场使用。根据合同约定,物业的租金为每月 50 万元,于每季末支付;租赁期为 5 年,自合同签订日开始算起;租赁期首 3 个月为免租期,乙公司免予支付租金;如果乙公司每年的营业收入超过 10 亿元,乙公司应向甲公司支付经营分享收入 100 万元。乙公司 2022 年度实现营业收入 12 亿元。甲公司认定上述租赁为经营租赁。不考虑增值税及其他因素,上述交易对甲公司 2022 年度营业利润的影响金额是(　　)万元。

   A. 570   B. 600   C. 670   D. 700

2. 甲公司(客户)与乙租赁公司(供应方)签订的使用乙公司以下资产的合同中,不属于已识别资产的是(　　)。

   A. 签订 1 节火车车厢的 5 年期合同,该车厢专为用于运输甲公司生产过程中使用的特殊材料而设计,未经重大改造不适合其他客户使用,车厢有 1 个固定的序列号为甲公司专属,且乙租赁公司没有实质性替换权,车厢不用于运输货物时存放在甲公司处

   B. 签订 10 节普通火车车厢的 10 年期合同,乙公司按照约定的时间表使用指定型号的火车车厢为甲公司运输约定数量的货物。合同中约定的时间表和货物数量相当于甲公司在 10 年内有权使用 10 节指定型号火车车厢,乙公司有大量类似的车厢可以满足合同要求,车厢不用于运输货物时存放在乙公司处

   C. 签订 1 架指定飞机的 4 年期合同,合同详细规定了飞机的内、外部规格,飞机有 1 个固定的序列号为甲公司专属;同时合同还规定,乙公司在 4 年合同期内可以随时替换飞机,所替换的飞机必须符合合同中规定的内、外部规格。在乙公司的机队中配备符合甲公司要求规格的飞机所需成本高昂

   D. 签订 1 辆指定卡车的 2 年期合同,乙公司只提供卡车,甲公司负责派人驾车。合同中明确指定了卡车,并规定在合同期内该卡车只允许用于运输合同中指定的

货物,乙公司没有替换权

3. 甲公司从乙公司租赁商铺事项如下:2021 年 11 月 1 日,甲公司董事会作出决议租赁商铺;2021 年 12 月 1 日,甲公司与乙公司签订合同;2022 年 1 月 1 日,乙公司将房屋钥匙交付甲公司,甲公司在收到钥匙后,就可以自主安排对商铺的装修布置,并安排搬迁。合同约定有 3 个月的免租期,起租日为 2022 年 4 月 1 日,承租人自起租日开始支付租金。则租赁期开始日是(　　)。

  A. 2021 年 11 月 1 日   B. 2021 年 12 月 1 日
  C. 2022 年 1 月 1 日   D. 2022 年 4 月 1 日

4. 使用权资产是指承租人可在租赁期内使用租赁资产的权利。在租赁期开始日,使用权资产初始计量不包含的内容是(　　)。

  A. 租赁负债的初始计量金额
  B. 在租赁期开始日或之前支付的租赁付款额;存在租赁激励的,应扣除已享受的租赁激励相关金额
  C. 承租人发生的评估是否签订租赁合同而发生的差旅费、法律费用
  D. 承租人为拆卸及移除租赁资产、复原租赁资产所在场地或将租赁资产恢复至租赁条款约定状态预计将发生的成本

5. 承租人甲公司就某数控机床与出租人乙公司签订了为期 5 年的租赁协议。有关资料如下:①初始租赁期内的不含税租金为每年 100 万元,于每年年初支付;②甲公司于租赁期开始日发生的初始直接费用为 2 万元;③作为对甲公司的激励,乙公司于租赁期开始日补偿甲公司 0.5 万元的佣金;④甲公司增量借款利率为每年 5%,$(P/A,5\%,4)=3.5460$。不考虑其他因素,则甲公司使用权资产的初始成本为(　　)万元。

  A. 354.6   B. 454.6   C. 456.6   D. 456.1

6. 承租人甲公司与出租人乙公司签订了为期 7 年的商铺租赁合同。每年的租赁付款额为 450 万元,在每年年末支付。甲公司无法确定租赁内含利率,其增量借款利率为 5.04%。在租赁期开始日,甲公司按租赁付款额的现值所确认的租赁负债为 2 600 万元。在第 1 年年末,甲公司当年的利息费用为(　　)万元。

  A. 131.04   B. 450   C. 22.68   D. 0

7. 下列有关承租人短期租赁和低价值资产租赁会计处理的表述中,不正确的是(　　)。

  A. 承租人应当将短期租赁和低价值资产租赁的租赁付款额,在租赁期内各个期间按照直线法或其他系统合理的方法计入相关资产成本或当期损益
  B. 租赁期不超过 12 个月的租赁,包含购买选择权的租赁不属于短期租赁
  C. 低价值资产租赁是指单项租赁资产为全新资产时价值较低的租赁
  D. 通常情况下,符合低价值资产租赁的资产全新状态下的绝对价值应低于人民币 5 000 元

8. 某项使用权资产租赁,甲公司租赁期开始日之前支付的租赁付款额为 40 万元,租赁期开始日尚未支付的租赁付款额的现值为 200 万元,甲公司发生的初始直接费用为 2 万元,甲公司为拆卸及移除租赁资产预计将发生成本的现值为 10 万元,已享受的租赁激励为 8 万元。甲公司该项使用权资产的初始成本为(　　)万元。

  A. 232   B. 252   C. 240   D. 244

二、多项选择题

1. 一项合同要被分类为租赁,必须满足的要素包括( )。
   A. 存在一定期间
   B. 存在已识别资产
   C. 资产供应方向客户转移对已识别资产使用权的控制
   D. 该资产与合同中的其他资产不存在高度依赖或高度关联关系

2. 承租人与出租人签订的租赁合同,在租赁期开始日,确定的租赁期表述正确的有( )。
   A. 承租人与出租人签订了一份租赁合同,约定自租赁期开始日 2 年内不可撤销,如果撤销,双方将支付重大罚金,2 年期满后,经双方同意可再延长 2 年,如有一方不同意,将不再续期,则确定租赁期为 2 年
   B. 承租人签订了一份设备租赁合同,包括 2 年不可撤销期限和 1 年期固定价格续租选择权,续租选择权期间的合同条款和条件与市价接近,没有终止罚款或其他因素表明承租人合理确定将行使续租选择权,则确定租赁期为 2 年
   C. 承租人签订了一份建筑租赁合同,包括 2 年不可撤销期限和 1 年按照市价行使的续租选择权。在搬入该建筑之前,承租人花费了大量资金对租赁建筑进行了改良,预计在 2 年结束时租赁资产改良仍将具有重大价值,且该价值仅可通过继续使用租赁资产实现,则承租人确定租赁期为 3 年
   D. 承租人甲公司租入某办公楼的一层楼,期限为 8 年。甲公司有权选择在第 4 年后提前终止租赁,并以相当于 6 个月的租金作为罚金;每年的租赁付款额为固定金额 24 万元;该办公楼是全新的,并且在周边商业园区的办公楼中处于技术领先水平;上述租赁付款额与市场租金水平相符。该项租赁的租赁期确定为 8 年

3. 关于承租人甲公司因从乙公司租入标的物而确定的实质固定付款额,下列表述中正确的有( )。
   A. 租入零售场所开设一家商店,租赁合同规定,如果商店没有发生销售,则应付的年租金为 100 元;如果这家商店发生了任何销售,则甲公司应付的年租金为 100 万元,该租赁包含每年 100 万元的实质固定付款额
   B. 租入卡车,租赁合同规定,如果该卡车在某月的行驶里程不超过 1 万公里,则该月应付的租金为 2 万元;如果该卡车在某月的行驶里程超过 1 万公里但不超过 2 万公里,则该月应付的租金为 2.6 万元;该卡车 1 个月内的行驶里程最高不能超过 2 万公里,否则承租人需支付巨额罚款,该租赁包含 2 万元的实质固定付款额
   C. 租入机器,租赁合同规定,不可撤销的租赁期为 2 年。在第 2 年年末,甲公司必须以 2 万元购买该机器,或者必须将租赁期延长 2 年,如延长,则在续租期内每年末支付 1.05 万元。由于不能合理确定在第 2 年年末将是购买该机器,还是将租赁期延长 2 年。实质固定付款额是下述两项金额中的较高者:购买选择权的行权价格(2 万元)的现值与续租期内付款额(每年末支付 1.05 万元)的现值
   D. 租入飞机,租赁合同规定,不可撤销的租赁期为 16 年。在第 16 年年末,甲公司必须以 200 万元购买该飞机,或者必须将租赁期延长 4 年,如延长,则在续租期内每年末支付 110 万元。由于不能合理确定在第 16 年年末将是购买该飞机,还是将租赁期延长 4 年。实质固定付款额的金额是下述两项金额中的较低者:购买选

择权的行权价格(200万元)的现值与续租期内付款额(每年末支付110万元)的现值

4. 下列各项中,属于租赁业务的初始直接费用的有(　　)。

　　A. 因签订租赁合同而发生的佣金

　　B. 因签订租赁合同而发生的印花税

　　C. 为评估是否签订租赁合同而发生的差旅费

　　D. 为评估是否签订租赁合同而发生的法律费用

5. 承租人甲公司与出租人乙公司签订了为期10年的商铺租赁合同。每年的固定租赁付款额为100万元,在每年年末支付,除固定付款额外,合同还规定按照租赁期间甲公司商铺当年销售额的5%额外计算租金,于当年年末支付。甲公司该商铺在租赁期的第1年的销售额为1 000万元,则下列会计处理表述正确的有(　　)。

　　A. 未纳入租赁负债计量的、并非取决于指数或比率的可变租赁付款额,应当在实际发生时计入当期损益

　　B. 对于第1年应支付的可变租赁付款额50万元,应在实际发生时计入当期损益

　　C. 应将第1年的可变租赁付款额50万元计入营业外支出

　　D. 应将第1年的可变租赁付款额50万元计入使用权资产

6. 在计算租赁付款额的现值时,可采用的折现率有(　　)。

　　A. 租赁内含利率　　　　　　　　　　B. 租赁合同利率

　　C. 承租人增量借款利率　　　　　　　D. 同期银行贷款利率

三、综合题

2020年12月28日,A公司与B租赁公司签订了一份租赁合同。相关资料如下。

(1) 租赁标的物:程控生产线。

(2) 租赁期开始日:租赁物运抵A公司生产车间之日(即2021年1月1日)。

(3) 租赁期:从租赁期开始日算起36个月(即2021年1月1日—2023年12月31日)。

(4) 租金支付方式:自租赁期开始日起每年年末支付租金1 000万元。

(5) 该生产线为全新设备,估计使用年限为5年。其在2021年1月1日的账面价值和公允价值均为2 600万元。B公司为该项租赁发生初始直接费用100万元。

(6) 2022年和2023年两年,A公司每年按该生产线所生产产品的年销售收入的5%向B公司支付经营分享收入。A公司在2022年和2023年分别实现产品销售收入10 000万元和15 000万元。

(7) A公司在租赁谈判和签订租赁合同过程中发生可归属于该租赁项目的印花税、佣金等10万元。A公司对使用权资产采用年限平均法计提折旧。

(8) 假定担保余值和未担保余值均为0。

(9) 2023年12月31日,A公司将该生产线退还B公司。

(10) 其他资料:B公司该项租赁的内含利率为5.46%;假定A公司未能获知该内含利率,A公司的增量借款年利率为8%;$(P/A,8\%,3)=2.577\ 1$,$(P/A,5.46\%,3)=2.700\ 0$。

要求:

(1) 按年编制A公司会计分录。

(2) 按年编制B公司会计分录。

第6章 所得税会计

引导案例

确认递延所得税资产,报告大超预期

深高速(600548)2019年8月23日发布半年报,报告期内公司实现营业收入26.99亿元,同比增长0.81%;归母净利润15.77亿元,同比增长62.79%;扣非后归母净利润14.14亿元,同比增长79.49%,每股收益0.72元,同比增长62.79%。

深高速全资子公司沿江公司确认递延所得税资产增厚净利润5.11亿元,大超预期。为改善全资子公司沿江公司的财务状况,根据公司公告,报告期内公司完成对沿江公司增资人民币41亿元,并根据其未来盈利状况对其无形资产减值、累计摊销税务差异及以前年度部分可弥补亏损确认递延所得税资产5.11亿元,增加公司当期净利润5.11亿元。

深高速因确认5.11亿元递延所得税资产,中期报告大超预期,股民们也期盼着2019年度分红或亦超预期。

税收关系到国计民生,提高企业的纳税意识,树立依法诚信纳税的理念,增强企业法制意识,推动社会主义诚信体系建设。更好地发挥法治的引领和规范作用,有利于实现经济发展、政治清明、社会公正,这是新时代全面深化改革开放的内在逻辑要求。基于以上案例,需关注以下问题。

(1)递延所得税资产和递延所得税负债是什么?为什么会对企业报表信息产生持续性的影响?

(2)递延所得税和所得税费用、当期应交所得税是什么关系?企业应当如何进行会计核算?

本章内容框架

企业的会计核算以会计准则为依据,以向财务报告使用者提供相关可靠的会计信息为目标;国家的税收管理则以税收法规为准绳,以鼓励纳税人公平竞争、合法纳税为目标。会计准则和税收法规对收入、费用、利得、损失等方面的规范有所不同,导致会计利润和应税利润之间存在差异,为所得税会计提出了一系列需要解决的问题。本章涉及所得税会计核算是根据《企业会计准则第18号——所得税》及相关指南和解释,本章主要解决以下问题。

(1)资产计税基础的确定。
(2)负债计税基础的确定。
(3)应纳税暂时性差异和可抵扣暂时性差异的确定。
(4)递延所得税资产和递延所得税负债的确认。
(5)所得税费用的确认和计量。

本章内容框架如图 6-1 所示。

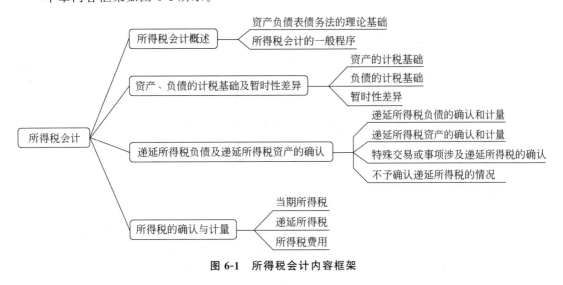

图 6-1 所得税会计内容框架

6.1 所得税会计概述

根据《企业会计准则第 18 号——所得税》的规定,我国所得税会计采用的是资产负债表债务法。立足资产负债表,通过比较资产负债表上按照会计准则确定的资产、负债的账面价值与根据税法规定确定的计税基础之间的差异对未来期间的纳税影响,分别应纳税暂时性差异和可抵扣暂时性差异,在资产负债表中予以递延,进而确认递延所得税负债和递延所得税资产,并在此基础上确定利润表中每一会计期间的所得税费用。

6.1.1 资产负债表债务法的理论基础

资产负债表债务法在所得税的会计核算方面遵循资产、负债的界定。从资产负债角度考虑,资产的账面价值代表的是某项资产在持续持有及最终处置的一定期间,为企业带来未来经济利益的总额。资产的账面价值小于其计税基础的,表明该项资产于未来期间产生的经济利益流入低于按照税法规定允许税前扣除的金额,产生可抵扣未来期间的应纳税所得的因素,减少未来期间以所得税税款的方式流出企业的经济利益,应确认为递延所得税资产。反之,一项资产的账面价值大于其计税基础的,两者之间的差额会增加企业于未来期间的应纳税所得额及应交所得税,对企业形成经济利益流出的义务,应确认为递延所得税负债。

6.1.2 所得税会计核算的一般程序

资产负债表债务法核算所得税时,除企业合并等特殊事项或交易时应于发生时确认取得的资产和负债带来的所得税影响外,通常应于每一资产负债表日进行所得税的核算。通常应遵循以下程序。

(1) 根据当期应税利润和所得税税率,确定当期应交所得税。

(2) 根据会计准则的规定,确定资产负债表中除递延所得税资产和递延所得税负债以外的资产、负债的账面价值、计税基础。

(3) 比较有关资产、负债的账面价值与计税基础,确定暂时性差异;确定资产、负债以外的特殊项目产生的暂时性差异。

(4) 分别确定应纳税暂时性差异和可抵扣暂时性差异对未来的纳税影响,即递延所得税负债和递延所得税资产的期末应有余额;将其与递延所得税负债和递延所得税资产的期初余额相比,进而确认当期递延所得税负债和递延所得税资产的发生额。

(5) 根据当期应交所得税和递延所得税,确认当期所得税费用。

资产负债表债务法下的基本账务处理如下。

借:所得税费用④=①+②-③

借或贷:递延所得税资产(本期确认或转回的可抵扣暂时性差异的纳税影响额)③

贷或借:递延所得税负债(本期确认或转回的应纳税暂时性差异的纳税影响额)②

贷:应交税费——应交所得税(应纳税所得额×现行所得税税率)①

6.2 资产、负债的计税基础及暂时性差异

6.2.1 资产的计税基础

资产的计税基础是指该项资产在未来期间计税时,按照税法规定可以税前扣除的金额。具体来说,企业在收回资产账面价值的过程中,按照税法规定计算应纳税所得额时,可以从应税经济利益中抵扣的金额。

一般来讲,初始确认时,资产的计税基础为其成本。在资产的后续计量中涉及计提减值准备,确认公允价值变动,但是按照税收法规规定,未实现的资产损失或利得在未来实际发生时才准予税前扣除或计税;或者会计和税收法规对资产在以前期间已经扣除的金额的规定不同,如对于固定资产或无形资产的折旧或摊销计提的规定有所不同,都会导致该项资产在资产负债表日的计税基础与账面价值的不同。

1. 固定资产

不同方式取得的固定资产,初始确认时按照会计准则确定的入账价值通常情况下与计税基础相等。

在后续计量过程中,可能引起固定资产账面价值与计税基础不同的因素包括会计准则和税法就折旧方法、折旧年限及计提减值准备等方面的不同处理。

(1) 固定资产折旧方法、折旧年限产生的差异。按照会计准则的规定,企业选择折旧方法的依据是与固定资产有关的经济利益的预期实现方式,可供选择的折旧方法有直线法、工作量法、双倍余额递减法、年数总和法等;对于折旧年限则是由企业根据该项固定资产的性质和使用情况确定。按照税法规定,除特定情况下可以采用加速折旧法外,通常允许税前扣除的折旧方法为直线法;并且税法就固定资产的最低使用年限做了规定。

(2) 计提固定资产减值准备产生的差异。会计准则规定,在固定资产的持有期间,根据谨慎性原则,对存在减值迹象的固定资产应当进行减值测试,如果确实发生减值应当对固定资产计提减值准备。但税法规定,企业计提的减值准备在发生实质性损失前不允许税前扣除。

【例6-1】 新华公司于2022年6月23日取得某项固定资产,其初始入账价值为7 200万元,预计使用年限为15年,采用直线法计提折旧,预计净残值为0。税法规定,该项固定资产折旧年限为10年,折旧方法、预计净残值与会计规定相同。假定该固定资产未发生减值。

2022年12月31日固定资产的账面价值＝7 200－(7 200－0)÷15×6÷12＝6 960(万元);该固定资产的计税基础＝7 200－(7 200－0)÷10×6÷12＝6 840(万元)。

该固定资产的账面价值6 960万元与计税基础6 840万元之间的差异120万元,将增加未来期间的应纳税所得额。

【例6-2】 新华公司于2022年12月21日取得某项固定资产,其原价为900万元,预计使用年限为5年,采用双倍余额递减法计提折旧,净残值为0。税法规定对于该项固定资产采用年限平均法计提折旧,折旧年限、预计净残值与会计规定相同。假定该固定资产未发生减值。

2022年12月31日,该固定资产的账面价值＝900－900×2÷5＝540(万元);该固定资产的计税基础＝900－(900－0)÷5＝720(万元)。

该固定资产账面价值540万元与计税基础720万元之间的差异180万元,将减少未来期间的应纳税所得额。

2. 无形资产

除内部研发形成的无形资产外,其他方式取得的无形资产,通常初始确认时按照会计准则确定的入账价值与按照税法确定的计税基础相等。无形资产账面价值与计税基础的差异主要来源于内部研发形成的无形资产和使用寿命不确定的无形资产。

(1) 内部研发形成的无形资产产生的差异。按照会计准则的规定,其成本为开发阶段符合资本化条件后至达到预定可使用状态前发生的支出。按照税法的规定,内部研发形成的无形资产,其计税基础为开发阶段符合资本化条件后至达到预定可使用状态前发生的支出。除此之外,税法做出了研究开发费用的加计扣除的规定:为开发新技术、新产品、新工艺发生的研发费用,未形成无形资产计入当期损益的,按照据实扣除的基础上加计50%扣除;形成无形资产的,按照无形资产成本的150%摊销。

(2) 是否需要摊销和计提无形资产减值准备产生的差异。根据会计准则的规定,将无形资产区别不同情况分为使用寿命确定的无形资产和使用寿命不确定的无形资产。对于后者,不进行摊销但要求每年年末进行减值测试。但税法规定,除外购商誉外,企业取得的无形资产均应在一定年限内摊销,并且摊销金额允许在税前扣除。

会计准则规定,在无形资产的持有期间,根据谨慎性原则,对于存在减值迹象的无形资产应当进行减值测试,如果确实发生减值,应当对无形资产计提减值准备。但税法规定,企业计提的减值准备在发生实质性损失前不允许税前扣除。

【例6-3】 新华公司自主研发新技术,进入开发阶段后符合资本化条件的支出300万元,该项研发2022年1月1日达到预定用途,转入无形资产核算,假定新华公司2022年摊销无形资产30万元。税法规定摊销方法、摊销年限和残值与会计相同。根据税法规定,企业为开发新技术、新产品、新工艺发生的研究开发费用,形成无形资产的,按照无形资产成本的175%摊销。

该项无形资产2022年年末的账面价值＝300－30＝270(万元);根据税法规定,企业为开发新技术、新产品、新工艺发生的研究开发费用,形成无形资产的,按照无形资产成本的

175%摊销,所以计税基础=270×175%=472.5(万元)。

账面价值270万元与计税基础472.5万元之间的差异202.5万元,形成可抵扣暂时性差异。

据企业所得税法相关规定,企业开展研发活动中实际发生的研发费用,未形成无形资产计入当期损益的,在按规定据实扣除的基础上,在2018年1月1日至2023年12月31日期间,再按照实际发生额的75%在税前加计扣除;形成无形资产的,在上述期间按照无形资产成本的175%在税前摊销。

制造业企业开展研发活动中实际发生的研发费用,未形成无形资产计入当期损益的,在按规定据实扣除的基础上,自2021年1月1日起,再按照实际发生额的100%在税前加计扣除;形成无形资产的,自2021年1月1日起,按照无形资产成本的200%在税前摊销。

3. 以公允价值计量且其变动计入当期损益的金融资产

按照会计准则的规定,以公允价值计量且其变动计入当期损益的金融资产在资产负债表日的账面价值为其公允价值。按照税法规定,该项金融资产在持有期间,公允价值的变动不得计入应纳税所得额。而是在实际处置时,按照处置所得价款扣除其历史成本后的差额计入处置当期的应纳税所得额。

企业持有的以公允价值计量是其变动计入其他综合收益的金融资产计税基础的确定,可比照上述以公允价值计量且其变动计入当期损益的金融资产的确定方法。

【例6-4】 2022年8月7日,新华公司购入一项交易性金融资产,取得时成本为37万元。2022年12月31日,该项交易性金融资产的市价为40万元。税法规定,交易性金融资产的公允价值变动收益不计入当期应纳税所得额,待处置时一并计算应计入应纳税所得额的金额。

2022年12月31日该项交易性金融资产按照公允价值计量,其账面价值=40万元;该项交易性金融资产的计税基础维持成本不变,为37万元。

该项交易性金融资产的账面价值40万元与计税基础37万元之间的差异3万元,将增加未来期间转回时的应纳税所得额。

4. 投资性房地产

按照会计准则的规定,企业对其拥有的投资性房地产可以选择公允价值或者成本两种后续计量模式。在公允价值计量模式后续计量时,该项投资性房地产在资产负债表日应当按照公允价值计量,账面价值等于公允价值;在成本模式后续计量时,应当对持有的投资性房地产计提折旧(摊销),对发生减值迹象的投资性房地产还可能计提减值准备。但是,根据税法的规定,投资性房地产计税基础的确定应当比照固定资产或者无形资产的计税基础确定方法。

【例6-5】 新华公司原有一间自用厂房,2022年3月25日转作经营性出租使用,作为投资性房地产核算,并采用公允价值模式后续计量。该厂房原值300万元,预计使用年限为15年,转换前采用年限平均法计提折旧,预计净残值为30万元;截至2022年3月25日,该房产已经使用5年,使用期间未计提减值准备;转换日,该厂房的公允价值为330万元。2022年12月31日,其公允价值为360万元。税法规定,该项自用房产计提折旧的政策与转换前会计折旧政策一致。

2022年12月31日,该项投资性房地产按照公允价值模式后续计量,其账面价值=360万元;该项投资性房地产的计税基础为成本扣除按照税法规定允许税前扣除的折旧后的金额,即计税基础=300-(300-30)/15×5-(300-30)/15×(9/12)=196.5(万元)。

该项投资性房地产的账面价值360万元与计税基础196.5万元之间的差异163.5万元,将增加未来期间的应纳税所得额。

5. 其他资产

有关资产根据谨慎性原则计提了减值准备后,根据会计准则确定的账面价值会下降,但是根据税法规定,资产在发生实质性损失之前,计提的减值准备不允许税前扣除,也就是说,其计税基础并不会因为计提减值准备而有所变化。

【**例 6-6**】 2022年12月31日,新华公司应收账款余额为500万元,"坏账准备"科目贷方余额为45万元。税法规定,计提的坏账准备在实际发生时准予税前扣除。

2022年12月31日,该项应收账款的账面价值=500-45=455(万元);由于税法规定,计提的坏账准备在实际发生时准予税前扣除,即计提时不允许税前扣除,所以该项应收账款的计税基础=500万元。

该项应收账款的账面价值455万元与计税基础500万元之间的差异45万元,将减少未来期间的应纳税所得额。

6.2.2 负债的计税基础

负债的计税基础是指负债的账面价值减去未来期间计算应纳税所得额时,按照税法规定可予抵扣的金额。其中,可以抵扣的金额是指可予以税前扣除的与负债有关的费用或损失;若是与收入有关却与费用或损失无关的负债,可予以抵扣的金额可以理解为非应税收入。

负债的计税基础=账面价值-未来期间按照税法规定可予税前抵扣的费用(或损失)
=账面价值-未来的非应税收入

通常负债的确认与偿还并不会影响企业的损益,也不会影响应纳税所得额。未来期间计算应纳税所得额时,按照税法规定可予以抵扣的金额为0,计税基础与账面价值相等。但在某些情况下,有些负债在初始确认时可能会影响企业的损益,进而影响应纳税所得额,使账面价值与计税基础不同。

1. 销售商品、提供售后服务等原因确认的预计负债

根据或有事项准则,企业对于提供售后服务将发生的支出在满足相关条件时,应当确认预计负债,同时计入销售费用。如果税法规定,与销售商品相关的支出允许在实际发生当期税前抵扣,则该预计负债的计税基础为账面价值减去未来期间按照税法规定可予税前抵扣的金额,即为0。

其他交易或事项中确认的预计负债,应按照税法规定的计税原则确定其计税基础。某些情况下,因有些事项确认的预计负债,税法规定其支出无论是否实际发生均不允许税前扣除,即未来期间按照税法规定可抵扣的金额为0,账面价值等于计税基础。

【**例 6-7**】 新华公司2022年因销售产品提供保修服务,将符合预计负债确认条件的200万元保修费用确认为当年的销售费用,当年尚未发生保修支出。

(1) 假设税法规定该负债在实际发生产品保修支出的期间允许全额税前扣除。

2022年12月31日,该项预计负债的账面价值=200万元。

2022年12月31日,该项预计负债的计税基础=200-200=0(元)。

该项预计负债的账面价值200万元与计税基础0元之间的差异200万元,将减少未来期间的应纳税所得额。

(2)假设税法规定该负债在实际发生产品保修支出的期间允许税前扣除的金额为150万元。

2022年12月31日,该项预计负债的账面价值＝200万元。

2022年12月31日,该项预计负债的计税基础＝200－150＝50(万元)。

该项预计负债的账面价值200万元与计税基础50万元之间的差异150万元,将减少未来期间的应纳税所得额。

2. 合同负债

企业在收到客户预付的款项时,不符合会计准则要求的收入确认条件,便将其确认为负债。对于合同负债,税法中的规定通常与会计相同,即会计上未确认收入时,也不计入应纳税所得额,所以未来的非应税收入为0,账面价值等于计税基础。

但是有些情况下,会计上不符合收入确认条件而未确认为收入的合同负债,税法规定应当计入收到款项当期的应纳税所得额,也就是说该项合同负债的计税基础等于0。

【例6-8】 新华公司2022年12月31日收到南方公司的预付货款1 500万元,会计处理时将其计入合同负债科目。

(1)假设税收法规规定,该款项应计入取得当期应纳税所得额计算应交所得税。

2022年12月31日,该项合同负债的账面价值＝1 500万元。

2022年12月31日,该项合同负债的计税基础＝1 500－1 500＝0(元)。

该项合同负债的账面价值1 500万元与计税基础0元之间的差异1 500万元,将减少未来期间的应纳税所得额。

(2)假设税收法规规定,该款项应计入销售货物当期应纳税所得额计算应交所得税。

2022年12月31日,该项合同负债的账面价值＝1 500万元。

2022年12月31日,该项合同负债的计税基础＝1 500－0＝1 500(万元)。

2022年12月31日,该项合同负债的账面价值与计税基础相等,不形成暂时性差异。

3. 应付职工薪酬

根据会计准则,职工薪酬是指企业为获得职工提供的服务或终止劳动合同关系而给予的各种形式的报酬,在未支付之前应当确认为负债。通常,税法中对于合理的职工薪酬允许税前扣除,但税法如果规定了税前扣除标准的,则按照会计准则规定,计入成本费用的金额超过标准的部分,应在当期进行纳税调整,并且超过部分在发生当期和以后期间均不允许税前扣除,也就是说,应付职工薪酬这项负债的账面价值等于计税基础。

【例6-9】 新华公司2022年12月计入成本费用的职工工资总额为6 000万元,截至2022年12月31日尚未支付。税法规定,当期计入成本费用的6 000万元工资支出中,可予税前扣除的合理部分为5 400万元,超过部分在发生当期和以后期间均不允许税前扣除。

2022年12月31日,该项应付职工薪酬的账面价值＝6 000万元。

2022年12月31日,该项应付职工薪酬的计税基础＝账面价值＝6 000－0＝6 000(万元)。

2022年12月31日,该项应付职工薪酬的账面价值与计税基础相等,不形成暂时性差异。

4. 其他负债

对于企业应交的罚款和滞纳金等负债，未实际支付之前，在会计上确认为费用。根据税法规定，罚款和滞纳金无论是发生当期还是以后期间均不允许税前扣除，所以，应交的罚款和滞纳金等负债的账面价值等于计税基础。

【例 6-10】 新华公司 2022 年 7 月因违反当地有关环保法规的规定，接到环保部门的处罚通知，要求其支付罚款 30 万元，新华公司由此确认其他应付款 30 万元。税法规定，企业因违反国家有关法律法规支付的罚款和滞纳金，计算应纳税所得额时不允许税前扣除。

2022 年 12 月 31 日，该项其他应付款的账面价值＝30 万元。

2022 年 12 月 31 日，该项其他应付款的计税基础＝30－0＝30（万元）。

2022 年 12 月 31 日，该项其他应付款的账面价值与计税基础相等，不形成暂时性差异。

6.2.3 特殊项目的计税基础

某些交易或事项发生后，虽然因为不符合资产、负债的确认条件从而未形成资产负债表中的具体资产、负债项目，但按税法规定却能够确定其计税基础。例如，企业发生的符合条件的广告费和业务宣传费支出，除另有规定外，不超过销售收入 15％ 的部分准予扣除；超过部分准予以后纳税年度结转扣除。该类费用在发生时按照会计准则规定计入当期损益，不形成资产负债表中的资产，但按照税法规定可以确定其计税基础，即以后纳税年度准予税前扣除数。类似的情况下还有会计上于实际发生时直接计入当期损益、税法允许分期摊销或开始经营之日的当年一次性扣除的筹建费等。

6.2.4 暂时性差异

暂时性差异是指资产、负债的账面价值与其计税基础不同产生的差额，进而产生了未来收回资产或清偿负债时，导致应纳税所得额和应交所得税增加或者减少的情况，形成了未来期间企业的资产或负债。所以，在有关暂时性差异发生的当期，符合确认条件的情况下，应当确认相关的递延所得税资产或递延所得税负债。

具体来说，应当分不同情况将暂时性差异分为应纳税暂时性差异和可抵扣暂时性差异。

1. 应纳税暂时性差异

应纳税暂时性差异是指在未来收回资产或清偿负债时，由于该暂时性差异的转回，会进一步增加未来转回期间的应纳税所得额和应交所得税的金额的暂时性差异，该差异在产生的当期应当确认相关的递延所得税负债。

应纳税暂时性差异通常产生于以下两种情况。

（1）资产的账面价值大于计税基础。资产的账面价值大于计税基础，说明该项资产在未来期间产生的经济利益无法全部进行税前抵扣，两者之间的差额需要交税，导致应纳税暂时性差异。

（2）负债的账面价值小于计税基础。由负债计税基础的计算公式可以推断，负债的账面价值小于计税基础两者之间的差异，说明未来期间可以税前扣除的金额或者存在的非应税收入为负数（或者未来期间存在应税收入），导致应纳税暂时性差异。

2. 可抵扣暂时性差异

（1）资产的账面价值小于计税基础。资产的账面价值小于计税基础，说明该项资产在未来期间产生的经济利益小于税前扣除的金额，两者之间的差额可以税前扣除，导致可抵扣暂时性差异。

（2）负债的账面价值大于计税基础。负债的账面价值大于计税基础，由负债计税基础的计算公式可以推断，负债的账面价值大于计税基础两者之间的差异，说明未来期间存在可以税前扣除的金额或者非应税收入，导致可抵扣暂时性差异。

3. 特殊项目产生的暂时性差异

（1）未作为资产、负债确认的项目产生的暂时性差异。某些交易或事项发生以后，如广告费和业务宣传费支出，根据会计准则并没有计入资产或负债，而是计入当期损益。但按照税法规定，符合条件的广告费和业务宣传费支出，不超过当年销售收入15%的部分在当期准予扣除；超过部分可以在以后纳税年度结转扣除。也就是说，该类费用并没有形成会计中的资产或负债，但按照税法规定却存在计税基础，两者之间的差异也形成暂时性差异。

【例6-11】 2022年新华公司共发生广告费支出200万元，发生时已作为销售费用计入当期损益，并已支付。税法规定，该类支出不超过当年销售收入15%的部分允许当期税前扣除，超过部分允许向以后纳税年度结转扣除。新华公司2022年实现销售收入1 000万元。

根据会计准则规定，该广告费支出在发生时已经计入当期损益，不体现为期末资产负债表中的资产。

但是根据税法规定，该类支出税前列支有一定的金额限制，即当期收入的15%共计150万元，当期未予税前扣除的50万元可以结转以后年度扣除，其计税基础为50万元。

2022年12月31日广告费支出形成的可抵扣暂时性差异为50万元。

（2）可抵扣亏损和税款抵减产生的暂时性差异。按照税法规定可以结转以后年度的未弥补亏损和税款抵减，可以产生与可抵扣暂时性差异相同的效果，能够减少未来期间的应纳税所得额，减少未来期间的应交所得税，符合条件的情况下，应当确认递延所得税资产。

【例6-12】 新华公司2022年因政策性原因发生经营亏损45 000万元，按照税法规定，该亏损可用于抵减亏损年度之后5个年度的应纳税所得额。假定该公司预计其于未来5年期间能够产生足够的应纳税所得额弥补该亏损。

该经营性亏损不是由于资产、负债的账面价值与计税基础不同造成的，但可以产生与可抵扣暂时性差异相同的效果，能够减少未来期间的应纳税所得额，所以应当确认相关的递延所得税资产。

6.3 递延所得税负债和递延所得税资产的确认

企业在区分确定的暂时性差异是应纳税暂时性差异还是可抵扣暂时性差异后，应当按照所得税会计准则的要求确认相关的递延所得税负债和递延所得税资产。具体来说，根据暂时性差异及未来收回资产或清偿债务期间的适用税率，可抵扣暂时性差异所确认的递延所得税资产，代表的是企业未来应少纳税的权利，应当根据可抵扣暂时性差异和适用税率确认递延所得税资产；应纳税暂时性差异所确认的递延所得税负债，代表的是企业未来应纳税的义务,应当根据应纳税暂时性差异和适用税率确认递延所得税负债。

总的来说,企业将确认的递延所得税负债或递延所得税资产计入哪个会计要素,分为3种情况:①通常情况下,确认的递延所得税负债或递延所得税资产,应计入利润表中的所得税费用;②与直接计入所有者权益的交易或事项有关的暂时性差异确认的递延所得税负债或递延所得税资产及其变化,应计入所有者权益;③与企业合并中取得的资产、负债有关的暂时性差异确认的递延所得税负债或递延所得税资产,应当调整合并中产生的商誉或计入合并当期损益。

6.3.1 递延所得税负债的确认

企业在确认递延所得税负债时,应遵循以下原则:除所得税会计准则中明确规定不确认递延所得税负债的情况外,企业对所有的应纳税暂时性差异,均应确认相关的递延所得税负债。递延所得税负债确认后,除与直接计入所有者权益的交易或事项及企业合并取得的资产、负债相关的递延所得税负债外,均应增加利润表中的所得税费用。

【例 6-13】 新华公司于 2017 年 12 月 1 日取得某台设备,初始取得成本为 900 万元,新华公司采用直线法计提折旧,使用年限为 5 年,净残值为 0。由于该设备常年处于强震动状态,税法要求按照双倍余额递减法计提折旧,使用年限及净残值与会计要求相同。新华公司适用的所得税税率为 25%。假定不考虑其他会计与税法的差异,递延所得税负债 2018 年期初余额为 0。固定资产递延所得税计算如表 6-1 所示。

表 6-1 固定资产递延所得税计算 单位:万元

项 目	2018 年	2019 年	2020 年	2021 年	2022 年
原始成本	900	900	900	900	900
当年会计折旧	180	180	180	180	180
累计会计折旧	180	360	540	720	900
账面价值	720	540	360	180	0
当年税法规定折旧	360	216	129.6	97.2	97.2
累计税法折旧	360	576	705.6	802.8	900
计税基础	540	324	194.4	97.2	0
暂时性差异	180	216	165.6	82.8	0
所得税税率/%	25	25	25	25	25
递延所得税负债余额	45	54	41.4	20.7	0

1) 2018 年资产负债表日

　　账面价值＝原始成本－累计会计折旧＝900－180＝720(万元)
　　计税基础＝原始成本－累计税法折旧＝900－360＝540(万元)

资产的账面价值 720 万元大于其计税基础 540 万元,两者之间的差异 180 万元会增加未来期间的应纳税所得额和应交所得税,为应纳税暂时性差异,应确认递延所得税负债 45 万元,账务处理如下:

　　借:所得税费用　　　　　　　　　　　　　　　450 000
　　　　贷:递延所得税负债　　　　　　　　　　　　　450 000

2）2019 年资产负债表日

账面价值＝原始成本－累计会计折旧＝900－360＝540（万元）

计税基础＝原始成本－累计税法折旧＝900－576＝324（万元）

资产的账面价值 540 万元大于其计税基础 324 万元，两者之间的差异 216 万元为应纳税暂时性差异，递延所得税负债的余额为 54 万元，但递延所得税负债的期初余额为 45 万元，当期应进一步确认的递延所得税负债的发生额为 9 万元，账务处理如下。

借：所得税费用　　　　　　　　　　　　　　　　90 000
　　贷：递延所得税负债　　　　　　　　　　　　　　90 000

3）2020 年资产负债表日

账面价值＝原始成本－累计会计折旧＝900－540＝360（万元）

计税基础＝原始成本－累计税法折旧＝900－705.6＝194.4（万元）

资产的账面价值 360 万元大于其计税基础 194.4 万元，两者之间的差异 165.6 万元为应纳税暂时性差异，递延所得税负债的余额为 41.4 万元，但递延所得税负债的期初余额为 54 万元，当期应转回的递延所得税负债的发生额为 12.6 万元，账务处理如下。

借：递延所得税负债　　　　　　　　　　　　　　126 000
　　贷：所得税费用　　　　　　　　　　　　　　　　126 000

4）2021 年资产负债表日

账面价值＝原始成本－累计会计折旧＝900－720＝180（万元）

计税基础＝原始成本－累计税法折旧＝900－802.8＝97.2（万元）

资产的账面价值 180 万元大于其计税基础 97.2 万元，两者之间的差异 82.8 万元为应纳税暂时性差异，递延所得税负债的余额为 20.7 万元，但递延所得税负债的期初余额为 41.4 万元，当期应转回的递延所得税负债的发生额为 20.7 万元，账务处理如下。

借：递延所得税负债　　　　　　　　　　　　　　207 000
　　贷：所得税费用　　　　　　　　　　　　　　　　207 000

5）2022 年资产负债表日

账面价值＝原始成本－累计会计折旧＝900－900＝0（万元）

计税基础＝原始成本－累计税法折旧＝900－900＝0（万元）

资产的账面价值 0 等于其计税基础 0，两者之间不存在差异，递延所得税负债的余额为 0 万元，但递延所得税负债的期初余额为 20.7 万元，当期应转回的递延所得税负债的发生额为 20.7 万元，账务处理如下。

借：递延所得税负债　　　　　　　　　　　　　　207 000
　　贷：所得税费用　　　　　　　　　　　　　　　　207 000

6.3.2　递延所得税资产的确认

（1）确认的一般原则。企业在确认递延所得税资产时，应遵循以下原则：除所得税会计准则中明确规定不确认递延所得税资产的情况外，企业对所有的可抵扣暂时性差异均应确认相关的递延所得税资产。递延所得税资产确认后，除与直接计入所有者权益的交易或事项及企业合并取得的资产、负债相关的递延所得税资产外，均应减少利润表中的所得税费用。

需要注意的是，企业应当以未来期间可能取得的应纳税所得额为限确认因可抵扣暂时性差异产生的递延所得税资产。如果在可抵扣暂时性差异转回的未来期间,企业无法产生足够的应纳税所得额以利用可抵扣暂时性差异,即可抵扣暂时性差异相关的经济利益无法实现,不应确认递延所得税资产;企业有明确的证据表明该可抵扣暂时性差异转回的未来期间能够产生足够的应纳税所得额,可以利用可抵扣暂时性差异的,则以可能取得的应纳税所得额为限,确认相关的递延所得税资产。

企业可以通过以下两种途径判断未来转回期间是否能够产生足够的应纳税所得额利用可抵扣暂时性差异:①企业在未来期间通过正常的生产经营活动产生的应纳税所得额;②以前期间产生的应纳税暂时性差异在未来期间转回时增加的应纳税所得额。

(2) 按照税法规定可以结转以后年度的未弥补亏损和税款抵减,应当视同可抵扣暂时性差异进行会计处理。

按照税法规定可以结转以后年度的未弥补亏损和税款抵减,在可预见的未来期间能够取得足够的应纳税所得额时,除准则规定不予确认的情况外,应当以很可能取得的应纳税所得额为限,确认相关的递延所得税资产,同时减少当期的所得税费用。

(3) 确认递延所得税资产之后的每个资产负债表日,应当对递延所得税资产的账面价值进行复核。如果未来期间很可能无法取得足够的应纳税所得额来利用可抵扣暂时性差异的利益,应当减少递延所得税资产的账面价值,减计的金额除原来确认时计入所有者权益的,其相应的金额也计入所有者权益外,其他情况均应计入所得税费用。当然,递延所得税资产的账面价值减少之后,以后期间根据新的情况和环境判断能够产生足够的应纳税所得额利用可抵扣暂时性差异,使递延所得税资产包含的经济利益能够实现的,应相应恢复递延所得税资产的账面价值。

6.3.3 特殊交易或事项中涉及递延所得税的确认

1. 与直接计入所有者权益的交易或事项相关的所得税

与当期及以前期间直接计入所有者权益的交易或事项相关的当期所得税及递延所得税应当计入所有者权益。直接计入所有者权益的交易或事项主要有:会计政策变更采用追溯调整法或前期差错更正采用追溯调整法调整期初留存收益;可供出售金融资产公允价值的变动计入其他综合收益;非投资性房地产转换为投资性房地产,投资性房地产的公允价值大于非投资性房地产账面价值的差额计入其他综合收益;采用权益法后续计量的长期股权投资的投资方按照应享有的份额确认按照被投资单位其他综合收益的变动;采用权益法后续计量的长期股权投资的投资方按照应享有的份额确认按照被投资单位所有者权益的其他变动;同时包含负债及权益成分的金融工具在初始确认时计入所有者权益等。

2. 与子公司、联营企业、合营企业的投资相关的递延所得税

(1) 与长期股权投资相关的应纳税暂时性差异,通常来讲,应当确认相应的递延所得税负债,但如果同时满足以下两个条件的除外:①投资企业能够控制该项暂时性差异的时间;②该暂时性差异在可预见的未来很可能不会转回。也就是说,投资企业可以运用自身的影响力决定该暂时性差异的转回,如果不希望其转回,则该暂时性差异在可预见的未来就不会转回,不会对未来期间的纳税产生影响,即不需要确认相关的递延所得税负债。

对于采用权益法核算的长期股权投资,其账面价值与计税基础的不同产生的暂时性差异是否应当确认相关的所得税影响,取决于该项投资的持有意图。

① 如果企业拟长期持有该项权益法核算的长期股权投资,则因初始投资成本的调整产生的暂时性差异在可预见的未来期间不会转回,即对未来期间的纳税不产生影响;因确认投资损益产生的暂时性差异,如果在未来期间逐期分回现金股利或利润时免税,则对未来期间的纳税也不产生影响;因享有被投资单位其他权益变动产生的暂时性差异,在长期持有的情况下对未来期间的纳税也不产生影响。所以,如果企业拟长期持有的长期股权投资,采用权益法核算的长期股权的账面价值与计税基础之间的差异,投资企业一般不确认相关的所得税影响。

② 如果企业拟改变持有意图而对外出售的长期股权投资,根据税法规定,企业应在转让或处置投资资产时,准予扣除投资资产的成本。所以,如果企业拟近期出售的长期股权投资,采用权益法核算的长期股权的账面价值与计税基础之间的差异,投资企业一般应确认相关的所得税影响。

(2) 与联营企业和合营企业等投资相关的可抵扣暂时性差异主要产生于权益法下被投资单位发生亏损时,投资企业确认应承担的部分减少长期股权投资的账面价值,但税收法规规定长期股权投资的成本在持有期间不发生变化,使长期股权投资的账面价值小于计税基础。

同样地,如果投资企业对相关投资计提减值准备的情况下,也会产生可抵扣暂时性差异。

与长期股权投资相关的可抵扣暂时性差异,同时满足以下两个条件的,应当确认相关的递延所得税资产:①可抵扣暂时性差异在可预见的未来很可能转回;②未来期间企业能够产生足够的应纳税所得额利用可抵扣暂时性差异的利益。

3. 与企业合并相关的递延所得税

(1) 非同一控制下的企业合并的合并日,按照会计准则的规定,将取得的被购买方可辨认净资产按公允价值进行初始计量,但计税基础仍等于原账面价值的,由此导致的暂时性差异的纳税影响应当确认,同时调整合并商誉。

(2) 在企业合并中,购买方取得的可抵扣暂时性差异,如购买日取得的被购买方在以前期间发生的未弥补亏损和税款抵减,按照税法规定可以用于抵减以后年度应纳税所得额,但在购买日不符合递延所得税资产确认条件而未予确认。购买日后 12 个月内,若能取得新的或进一步的信息表明购买日相关情况已经存在,预期被购买方在购买日可抵扣暂时性差异带来的经济利益能够实现的,应当确认相关的递延所得税资产,同时减少商誉,商誉不足冲减的,差额部分确认为当期损益;除此之外,确认与企业合并相关的递延所得税资产,应当计入当期损益(所得税费用),不得调整合并商誉。

(3) 对合并前合并方已经存在的可抵扣暂时性差异的处理。企业合并后,合并方对于合并前本企业已经存在的可抵扣暂时性差异及未弥补亏损等,因为企业合并后很可能产生足够的应税利润利用可抵扣暂时性差异,从而确认相关的递延所得税资产。该递延所得税资产的确认不是企业合并的组成部分,不应影响企业合并中确认的商誉或因企业合并成本小于合并中取得的被购买方可辨认净资产公允价值的份额应计入当期损益的金额。

4. 与股份支付相关的当期所得税及递延所得税

与股份支付相关的支出按照会计准则确认为成本费用时,其相关的所得税影响应当区别于税收法规的规定进行处理:如果税收法规规定,与股份支付相关的支出不允许税前扣除,则不形成暂时性差异;如果税收法规规定,与股份支付相关的支出允许税前扣除,在按照会计准则确认成本费用的期间内,应当按照会计期末取得的信息,估计可税前扣除的金额,计算确定其计税基础及由此产生的暂时性差异,符合确认条件的情况下应当确认相关的递延所得税。其中,预计未来期间可税前扣除的金额超过会计准则规定的与股份支付相关的成本费用,则超过部分的所得税影响直接计入所有者权益。

6.3.4 不予确认递延所得税的情况

1. 不确认递延所得税负债的情况

在某些情况下,虽然资产、负债的账面价值与计税基础不同,产生应纳税暂时性差异,但出于各方面考虑,并不确认相关的递延所得税负债。主要有以下几种情况。

(1) 商誉的初始确认。非同一控制下的企业合并,如果合并成本大于合并中取得的被购买方可辨认净资产公允价值的份额,差额确认为商誉。但是,非同一控制下的企业合并如果是税法中的免税合并的情况下,商誉的计税基础为0,其账面价值与计税基础之间的应纳税暂时性差异,所得税会计准则规定不确认与其相关的递延所得税负债。

需要说明的是,如果非同一控制下的企业合并根据会计准则确认了商誉,并且按照税法规定该合并为应税合并,即账面价值等于计税基础,则该商誉在后续计量过程中因会计准则与税法规定不同产生暂时性差异的,应当确认相关的所得税影响。

【例6-14】 新华公司以增发市价为10 000万元的自身普通股为对价购入南方公司100%的净资产,对南方公司进行吸收合并,合并前新华公司与南方公司不存在关联方关系。假定该项合并属于税法规定的免税合并条件,交易各方选择进行免税处理。南方公司适用的所得税税率为25%,并且预期未来期间不会发生变化。购买日南方公司各项可辨认资产、负债的公允价值及计税基础如表6-2所示。

表6-2 南方公司可辨认资产、负债公允价值及计税基础核算　　单位:万元

项目	公允价值	计税基础	暂时性差异
固定资产	5 800	5 000	800
投资性房地产	3 600	3 250	350
应收账款	1 250	1 250	0
预计负债	(550)	0	(550)
应付账款	(1 500)	(1 500)	0
不包括递延所得税的可辨认资产、负债的公允价值	8 600	8 000	600

根据表6-2,商誉的计算如表6-3所示。

表6-3 商誉计算过程　　单位:万元

项目	金额
不考虑递延所得税资产、负债:	
① 可辨认净资产公允价值	8 600
② 递延所得税资产	137.5(550×25%)
③ 递延所得税负债	287.5(1 150×25%)
考虑递延所得税资产、负债后:	
④ 可辨认净资产公允价值=①+②−③	8 450
⑤ 企业合并成本	10 000
⑥ 商誉=⑤−④	1 550

借：递延所得税资产　　　　　　　　　　　　1 375 000
　　贷：商誉　　　　　　　　　　　　　　　　　　1 375 000
借：商誉　　　　　　　　　　　　　　　　　　2 875 000
　　贷：递延所得税负债　　　　　　　　　　　　　2 875 000

由于该项合并属于税法规定的免税合并条件，交易各方选择进行免税处理，新华公司作为购买方在免税合并中取得的被购买方有关资产、负债应维持其原计税基础不变。被购买方账面上未确认商誉，即商誉的计税基础为0。

所以，该项合并中所确认的商誉1 550万元与其计税基础0之间的应纳税暂时性差异，按照所得税会计准则规定，不再进一步确认相关的所得税影响。

（2）除企业合并以外的其他交易或事项中，如果该交易或事项的发生既不影响会计利润，也不影响应纳税所得额，则所产生的资产、负债的初始确认金额与计税基础不同，形成应纳税暂时性差异的，不确认相关的递延所得税负债。这是因为确认递延所得税负债的直接结果是增加有关资产的账面价值或降低所确认负债的账面价值，违背历史成本原则，影响会计信息的可靠性。

2. 不确认递延所得税资产的情况

除企业合并以外的其他交易或事项中，如果该交易或事项的发生既不影响会计利润，也不影响应纳税所得额，则所产生的资产、负债的初始确认金额与计税基础不同，形成可抵扣暂时性差异的，不确认相关的递延所得税资产。这是因为确认递延所得税资产的直接结果是减少有关资产的账面价值或增加所确认负债的账面价值，违背历史成本原则，影响会计信息的可靠性。

【例6-15】新华公司进行内部研发形成的无形资产，其成本为1 500万元，根据税法规定，企业为开发新技术、新产品、新工艺发生的研究开发费用，形成无形资产的，按照无形资产成本的175%摊销，即税法允许未来期间税前扣除的金额为2 625万元，计税基础为2 625万元。

该项无形资产并非产生于企业合并，在初始确认时既不影响会计利润也不影响应纳税所得额，若是确认其账面价值与计税基础之间的可抵扣暂时性差异的所得税影响，则必须调整该项资产的历史成本，影响会计信息的可靠性，所以，所得税会计准则规定，这种情况下不确认相关的递延所得税资产。

6.3.5　递延所得税的计量

1. 计量的基本原则

根据所得税会计准则的规定，企业应当于每个资产负债表日，按照未来收回该资产或清偿该负债期间时适用的税法规定的所得税税率，计量递延所得税负债或递延所得税资产。值得说明的是，无论该暂时性差异何时转回，递延所得税负债或递延所得税资产均不要求折现。

2. 适用所得税税率变化对已确认的递延所得税资产和递延所得税负债的影响

因税收法规的变化，导致企业使用的所得税税率在某一会计期间发生变化的，企业应按照已确认的递延所得税资产和递延所得税负债，按照新的税率调整并重新计量，反映税率变化带来的影响。这是因为递延所得税资产和递延所得税负债的金额代表的是有关可抵扣暂时性差异或应纳税暂时性差异在未来转回期间,导致企业应交所得税金额减少或增加的多少。

6.4 所得税费用的确认和计量

6.4.1 当期所得税

当期所得税是按照税收法规的规定,计算确定的针对当期发生的交易和事项应交给税务部门的企业所得税金额,即当期应交所得税。

由于会计和税法对于当期发生的交易或事项的处理有所不同,所以企业在确定当期应纳税所得额时,应当在会计利润的基础上,按照税收法规与会计处理之间的差异进行调整,得出应纳税所得额,之后用适用所得税税率计算确定当期应交所得税。计算公式为

应纳税所得额＝会计利润总额±纳税调整项目金额

所谓纳税调整项目金额,主要包括两个方面:①会计准则处理和税收法规处理不一致应予以调整的金额;②企业按照税收法规准予扣除的税收金额。

6.4.2 递延所得税

递延所得税是按照所得税会计准则规定,当期确认的递延所得税资产和递延所得税负债的综合结果,但不包括计入所有者权益的交易或事项的所得税影响。用公式表示为

当期递延所得税＝(递延所得税负债的期末余额－递延所得税负债的期初余额)
－(递延所得税资产的期末余额－递延所得税资产的期初余额)

除以下情况外,企业确认的递延所得税资产和所得税负债产生的递延所得税,通常情况下应当计入所得税费用:①该项交易或事项按照会计准则应计入所有者权益的,该项交易或事项产生的递延所得税资产或递延所得税负债及其变化也计入所有者权益,不对应利润表中的所得税费用。②企业合并中取得的资产、负债的账面价值与计税基础不同确认的递延所得税影响,合并中产生的商誉或计入当期损益的金额,不对应利润表中的所得税费用。

【例 6-16】 新华公司于 2021 年 2 月自公开市场以 90 万元的价格取得西京公司发行的债券,并作为以公允价值计量且变动计入其他综合收益的金融资产核算。2021 年 12 月 31 日,该债券市场价为 120 万元,按照税法规定,资产持有期间公允价值变动不计入应税利润,待处置时一并计入应税所得。2022 年 3 月新华公司以 110 万元的价格出售该债券,新华公司适用所得税税率为 25%,假定不考虑利息确认问题,递延所得税 2021 年年初为零。

(1) 2021 年 2 月投资

借:其他债权投资　　　　　　　　　　　　　　　　900 000
　　贷:银行存款　　　　　　　　　　　　　　　　　900 000

(2) 2021 年 12 月末调整公允价值变动

借:其他债权投资　　　　　　　　　　　　　　　　300 000
　　贷:其他综合收益　　　　　　　　　　　　　　　300 000

(3) 2021年12月末确认递延所得税

$$账面价值=900\ 000+300\ 000=1\ 200\ 000(元)$$
$$计税基础=900\ 000\ 元$$

账面价值＜计税基础,形成应纳税暂时性差异300 000元。

$$300\ 000\times 25\%=75\ 000\ 元(递延所得税负债)$$

借：其他综合收益　　　　　　　　　　　75 000
　　贷：递延所得税负债　　　　　　　　　　75 000

(4) 2022年3月出售

① 借：银行存款　　　　　　　　　　　1 100 000
　　　投资收益　　　　　　　　　　　　　100 000
　　贷：其他债权投资　　　　　　　　　1 200 000

② 账面价值＝计税基础＝0

递延所得税负债期末余额为0,即出售时转回递延所得负债余额。

借：其他综合收益　　　　　　　　　　　225 000
　　递延所得税负债　　　　　　　　　　　75 000
　　贷：投资收益　　　　　　　　　　　　300 000

6.4.3 所得税费用

当期利润表中的所得税费用为当期所得税和递延所得税的综合结果。

$$所得税费用＝当期所得税＋递延所得税$$

【例 6-17】 新华公司2022年实现的利润总额为2 000万元,所得税采用资产负债表债务法核算,适用的所得税税率为25%。假定递延所得税资产和递延所得税负债期初无余额,预计未来有足够的应纳税所得额用于抵扣暂时性差异。新华公司2022年与所得税有关的经济业务如下。

① 2021年12月购入管理用固定资产,原价为300万元,预计净残值为30万元,预计使用年限为10年,按年限平均法计提折旧,税法按双倍余额递减法计提折旧,折旧年限与预计净残值和会计规定相一致。

② 2022年1月1日,新华公司支付价款120万元购入一项专利技术,企业根据各方面情况判断,无法合理预计其为企业带来的经济利益的期限,将其视为使用寿命不确定的无形资产。假定税法规定此专利技术摊销年限为10年,采用直线法摊销,无残值。2022年12月31日,该无形资产的可收回金额为90万元。

③ 2022年甲公司因销售产品承诺3年的保修服务,年末预计负债账面余额为80万元,当年年度未发生任何保修支出,按照税法规定,与产品售后服务有关的费用在实际支付时允许税前扣除。

④ 向关联企业捐赠现金300万元,按照税法规定,企业向关联方的捐赠不允许税前扣除。

(1) 2022年当期应纳税所得额＝2 000－(60－27)+30－12+80+300＝2 365(万元)

2022年当期应交所得税＝2 365×25%＝591.25(万元)

(2) 2022 年递延所得税：
① 固定资产的账面价值＝300－(300－30)÷10＝273(万元)
   固定资产的计税基础＝300－300×2÷10＝240(万元)
固定资产账面价值大于计税基础,产生应纳税暂时性差异 33 万元。
② 无形资产的账面价值＝120－30＝90(万元)
   无形资产的计税基础＝120－120÷10＝108(万元)
无形资产账面价值小于计税基础,产生可抵扣暂时性差异 18 万元。
③ 预计负债的账面价值＝80 万元
   预计负债的计税基础＝80－80＝0(万元)
预计账面价值大于计税基础,产生可抵扣暂时性差异 80 万元。
综上所得：
　　2022 年产生的应纳税暂时性差异＝33 万元
　　本期递延所得税负债的增加额＝33×25％－0＝8.25(万元)
　　2022 年产生的可抵扣暂时性差异＝18＋80＝98(万元)
　　本期递延所得税资产的增加额＝98×25％－0＝24.5(万元)
(3) 2022 年所得税费用＝591.25＋8.25－24.5＝575(万元)

借：所得税费用　　　　　　　　　　　　　　　　　5 750 000
　　递延所得税资产　　　　　　　　　　　　　　　　245 000
　　贷：递延所得税负债　　　　　　　　　　　　　　　82 500
　　　　应交税费——应交所得税　　　　　　　　　5 912 500

【例 6-18】 接例 6-17 资料,假定 2023 年新华公司固定资产和无形资产仍然执行 2022 年的政策。2023 年 12 月 31 日,该无形资产的可收回金额为 80 万元。2023 年当期应交所得税为 600 万元,假定不考虑其他会计和税法处理差异事项。

2023 年递延所得税负债期初余额为 8.25 万元；递延所得税资产期初余额为 24.5 万元。
(1) 固定资产的账面价值＝300－(300－30)÷10×2＝246(万元)
　　固定资产的计税基础＝300－60－(300－60)×2÷10＝192(万元)
固定资产账面价值大于计税基础,产生应纳税暂时性差异 54 万元。
(2) 无形资产的账面价值＝120－30－10＝80(万元)
　　无形资产的计税基础＝120－120÷10×2＝96(万元)
无形资产账面价值小于计税基础,产生可抵扣暂时性差异 16 万元。
综上所述,新华公司 2023 年产生应纳税暂时性差异 54 万元,本期递延所得税负债的增加额＝54×25％－8.25＝13.5－8.25＝5.25(万元)。
2023 年产生可抵扣暂性差异 16 万元,本期递延所得税资产的增加额＝16×25％－24.5＝－20.5(万元),所得税费用＝600＋5.25－(－20.5)＝625.75(万元)。

借：所得税费用　　　　　　　　　　　　　　　　　6 257 500
　　贷：递延所得税资产　　　　　　　　　　　　　　205 000
　　　　递延所得税负债　　　　　　　　　　　　　　 52 500
　　　　应交税费——应交所得税　　　　　　　　　6 000 000

6.5 所得税会计的披露和分析

企业应当在附注中披露与所得税有关的下列信息。

(1) 所得税费用(收益)的主要组成部分。

(2) 所得税费用(收益)与会计利润关系的说明。

(3) 未确认递延所得税资产的可抵扣暂时性差异、可抵扣亏损的金额(如果存在到期日,还应披露到期日)。

(4) 对每一类暂时性差异和可抵扣亏损,在列报期间确认的递延所得税资产或递延所得税负债的金额,确认递延所得税资产的依据。

(5) 未确认递延所得税负债的,与对子公司、联营企业及合营企业投资相关的暂时性差异金额。

显然,由于所得税费用的构成是基于税法认定的当期应交所得税,在此基础上进行相关的递延所得税调整,所以其数据的真实合理与否很大程度上取决于当期收益的计量,包括收入、费用的确认,以及递延所得税资产和递延所得税负债的确认。对此,报表使用者应当分析相关会计信息的披露是否准确合理,尤其需要关注递延所得税的影响及其潜在的目的。如本章引入的"獐子岛递延所得税藏奥秘"案例,2.54亿元的巨额递延所得税处理难免让投资者怀疑其真实意图。

根据财政部《企业会计准则第18号——所得税》第十五条规定,企业对于能够结转以后年度的可抵扣亏损和税款抵减,应当以很可能获得用来抵扣可抵扣亏损和税款抵减的未来应纳税所得额为限,确认相应的递延所得税资产。另据《企业所得税法》第十八条规定,企业纳税年度发生的亏损,准予向以后年度结转,用以后年度的所得弥补,但结转年限最长不得超过5年。

所得税准则实施以来,递延所得税会计信息能够有助于预测企业未来的现金流量,具有价值相关性。会计信息使用者在进行投资决策时,除了可以参考净资产、净利润这些传统的财务指标外,还应关注新增的递延所得税资产信息。但在进行分析时,应该理性解读会计报表中递延所得税资产及递延所得税负债的信息,结合每股收益等相关指标对递延所得税会计信息的调节作用进行统筹分析,并结合不同行业递延所得税会计信息的具体内容进行分析,这样才能对企业作出更合理、更准确的预测。

本 章 习 题

一、单项选择题

1. 甲公司于2021年12月31日取得某项固定资产,其初始入账价值为4 200万元,预计使用年限为20年,采用年限平均法计提折旧,预计净残值为0。税法规定,对于该项固定资产采用双倍余额递减法计提折旧,使用年限、预计净残值与会计估计相同。则2022年12月31日该项固定资产的计税基础为( )万元。

  A. 3 920   B. 3 402   C. 280   D. 0

2. 下列项目中,不产生暂时性差异的是( )。

  A. 会计上固定资产的账面价值与其计税基础不一致

B. 确认国债利息收入同时确认的资产

C. 以公允价值计量且其变动计入当期损益的金融资产确认公允价值变动

D. 存货计提存货跌价准备

3. 甲公司期初递延所得税负债余额为 5 万元,期初递延所得税资产无余额,本期期末资产账面价值为 300 万元,计税基础为 260 万元,负债账面价值为 150 万元,计税基础为 120 万元,适用的所得税税率为 25%。假设该暂时性差异全部影响损益,并且除上述暂时性差异外无其他暂时性差异,不考虑其他因素,本期应确认的递延所得税费用为(　　)万元。

　　A. 7.5　　　　B. 5　　　　C. 2.5　　　　D. −2.5

4. 甲公司 2022 年实现营业收入 1 000 万元,利润总额为 400 万元,当年广告费用实际发生额 200 万元,税法规定每年广告费用的应税支出不得超过当年营业收入的 15%,甲公司采用资产负债表债务法核算所得税,适用的所得税税率为 25%,当年行政性罚款支出为 10 万元,当年购入的以公允价值计量且其变动计入当期损益的金融资产公允价值上升了 10 万元,假定不考虑其他因素,则甲公司 2022 年应确认的所得税费用为(　　)万元。

　　A. 102.5　　　B. 100　　　C. 115　　　D. 112.5

5. 下列各项中,在计算应纳税所得额时应当纳税调减的是(　　)。

A. 计提固定资产减值准备

B. 行政性罚款支出

C. 发生的业务招待费税法上不允许扣除部分

D. 确认国债利息收入

6. 下列各项负债中,计税基础为零的是(　　)。

A. 因购入存货形成的应付账款

B. 因欠税产生的应交税款滞纳金

C. 因确认保修费用形成的预计负债

D. 为职工计提的应付养老保险金

二、多项选择题

1. 下列关于递延所得税资产的说法中,正确的有(　　)。

A. 递延所得税资产的确认应以未来期间可取得的应纳税所得额为限

B. 适用税率变动的情况下,原已确认的递延所得税资产及递延所得税负债的金额不需要进行调整

C. 确认递延所得税资产时,应估计相关可抵扣暂时性差异的转回时间,采用转回期间适用的所得税税率为基础计算确定

D. 与直接计入所有者权益的交易或事项相关的可抵扣暂时性差异,相应的递延所得税资产应计入所有者权益

2. 下列各项中,产生可抵扣暂时性差异的有(　　)。

A. 固定资产的账面价值为 500 万元,计税基础为 450 万元

B. 以公允价值计量且其变动计入其他综合收益的金融资产的账面价值为 60 万元,计税基础为 30 万元

C. 以公允价值计量且其变动计入当期损益的金融资产的账面价值为 50 万元,计税基础为 100 万元

D. 因产品质量保证确认预计负债的账面价值为 20 万元,计税基础为 0 万元

3. 甲公司适用的所得税税率为 25%,2022 年发生的交易或事项中,会计与税法处理存在差异如下:①其他权益工具投资,期末公允价值大于取得成本的差额为 800 万元;②收到与资产相关的政府补助 8 000 万元,相关资产至年末尚未开始计提折旧,税法规定此补助应于收到时确认为当期收益。甲公司 2022 年利润总额为 20 000 万元,假定递延所得税资产、负债年初余额为零,未来期间能够取得足够的应纳税所得额用以抵扣可抵扣暂时性差异。下列关于甲公司 2022 年所得税的会计处理,正确的有(　　)。

  A. 所得税费用为 5 000 万元　　　　B. 应交所得税为 7 000 万元
  C. 递延所得税负债为 200 万元　　　D. 递延所得税资产为 2 000 万元

4. 下列有关所得税列报的表述中,不正确的有(　　)。
  A. 递延所得税资产应当作为非流动资产在资产负债表中列示
  B. 递延所得税资产应当作为流动资产在资产负债表中列示
  C. 递延所得税负债应当作为非流动负债在资产负债表中列示
  D. 递延所得税负债应当作为流动负债在资产负债表中列示

三、综合题

甲公司 2022 年度实现的利润总额为 2 000 万元,所得税采用资产负债表债务法核算,适用的所得税税率为 25%,递延所得税资产和递延所得税负债期初无余额。甲公司 2022 年度与所得税有关的经济业务如下。

(1) 2021 年 12 月购入管理用固定资产,原价为 300 万元,预计净残值为 15 万元,预计使用年限为 10 年,采用双倍余额递减法计提折旧,税法按年限平均法计提折旧,折旧年限与预计净残值和会计估计相一致。

(2) 2022 年 1 月 1 日,甲公司支付价款 120 万元购入一项专利技术,企业根据各方面情况判断,无法合理预计其为企业带来的经济利益的期限,将其视为使用寿命不确定的无形资产。假定税法规定此专利技术摊销年限为 10 年,采用直线法摊销,无残值。2022 年 12 月 31 日,该无形资产的可收回金额为 90 万元,甲公司对该项无形资产计提减值。

(3) 2022 年甲公司因销售产品承诺免费的保修服务,未构成单项履约义务,按照或有事项原则处理。年末预计负债账面余额为 80 万元,当年度未发生任何保修支出,按照税法规定,与产品售后服务有关的费用在实际支付时抵扣。

(4) 2022 年 8 月 4 日购入一项以公允价值计量且其变动计入其他综合收益的金融资产(债务工具),取得成本为 900 万元,2022 年 12 月 31 日该项以公允价值计量且其变动计入其他综合收益的金融资产(债务工具)公允价值为 1 020 万元,税法规定,以公允价值计量且其变动计入其他综合收益的金融资产(债务工具)持有期间公允价值变动金额不计入应纳税所得额,待出售时一并计入应纳税所得额。

假定不考虑其他因素。要求:
(1) 计算甲公司 2022 年应纳税所得额和应交所得税金额。
(2) 计算甲公司 2022 年 12 月 31 日递延所得税资产和递延所得税负债余额。
(3) 计算甲公司 2022 年所得税费用金额,并编制与所得税相关的会计分录。
(计算结果保留两位小数)

第 7 章 会 计 调 整

引导案例

关注企业准则变化　紧跟财务信息调整

2018年12月7日,财政部发布了《关于修订印发〈企业会计准则第21号——租赁〉的通知》(财会〔2018〕35号),要求在境内外同时上市的企业以及在境外上市并采用国际财务报告准则或企业会计准则编制财务报表的企业,自2019年1月1日起施行,其他执行企业会计准则的企业自2021年1月1日起施行。根据上述会计准则的修订,作为境内外同时上市的企业,长城汽车股份有限公司(601633)自2019年1月1日起执行新租赁准则,对可比期间信息不予调整,相应地变更原会计政策。

2019年4月29日长城汽车股份有限公司发布了《长城汽车股份有限公司关于会计政策变更的公告》,根据公告显示,上述新租赁准则的实施会增加本公司的总资产和总负债,但不会对所有者权益、净利润产生重大影响,主要影响报表项目及金额如表7-1所示。

表 7-1　主要影响报表项目及金额　　　　　　　　　　　　　单位:元

项　　目	影 响 金 额
使用权资产	122 626 897.98
长期待摊费用	−2 198 436.26
其他流动资产	−28 230.00
租赁负债	119 217 238.57
期间费用	−1 182 993.15

由于法律、行政法规以及国家统一的会计制度的规定或者企业原来采用的会计政策所提供的会计信息,已不能恰当地反映企业的经营情况,按新的会计政策进行核算,以提供更可靠、更相关的会计信息,是会计人员的责任担当,也是会计人员坚持准则、强化服务的职业精神的体现。基于以上案例,需关注以下问题。

(1) 什么是会计政策变更？什么是会计估计变更？
(2) 什么是前期差错更正？
(3) 涉及会计调整后对财务报表产生什么影响？

本章内容框架

会计调整是指对已经做出会计处理的事项按规定进行调整,具体包括会计政策变更、会计估计变更、差错更正和资产负债表日后事项四部分会计调整内容。具体相应的业务所涉及的会计处理原则和方法,需参照《企业会计准则第28号——会计政策、会计估计变更和差错更正》《企业会计准则第29号——资产负债表日后事项》及相关指南和解释。本章主要解决以下问题。

（1）什么是会计政策？什么是会计政策变更？会计政策变更的会计处理？

（2）什么是会计估计？什么是会计估计变更？会计估计变更的会计处理？

（3）什么是前期差错？涉及重大前期差错和非重大前期差错应该怎么进行会计处理？

（4）什么是资产负债表日后事项？涉及资产负债表日后事项中的调整事项和非调整事项应该怎么进行会计处理？

本章内容框架如图 7-1 所示。

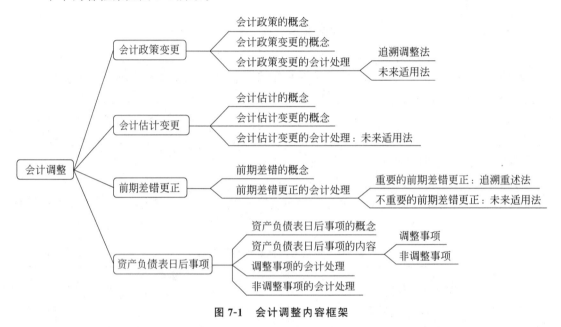

图 7-1　会计调整内容框架

7.1　会计政策及会计政策变更

7.1.1　会计政策概述

1. 会计政策的概念及特点

1) 会计政策的概念

会计政策是指企业在会计确认、计量和报告中所采用的原则、基础和会计处理方法。

（1）会计原则是指按照企业会计准则规定的、适用于企业会计要素确认过程中所采用的具体会计原则。

（2）会计基础是指为将会计原则应用于交易或者事项而采用的基础，主要是计量基础（即计量属性），包括历史成本、重置成本、可变现净值、现值和公允价值等。

（3）会计处理方法是指企业在会计核算中按照法律、行政法规或者国家统一的会计制度等规定采用或者选择的、适用于本企业的具体会计处理方法。

2) 会计政策的特点

（1）会计政策的选择性。会计政策是在允许的会计原则、计量基础和会计处理方法中做出指定或具体选择。

（2）会计政策应当在会计准则规定的范围内选择。

（3）会计政策的层次性。会计政策包括会计原则、计量基础和会计处理方法三个层次。

2. 会计政策的确定与披露

在实际工作中，企业应在国家法律法规和企业会计准则所规定的会计政策范围内，结合本企业的实际情况，确定相关的会计政策，经股东大会或董事会（公司制企业）、经理（厂长）会议或类似机构（非公司制企业）的批准，并按照法律法规等的规定报送有关各方备案。

企业应当披露重要的会计政策，不具有重要性的会计政策可以不予披露。判断会计政策是否重要，应当考虑与会计政策相关项目的性质和金额。

企业应当披露的会计政策主要包括以下内容。

（1）发出存货成本的计量是指企业确定发出存货成本采用的会计处理方法。例如，企业发出存货成本的计量是采用先进先出法还是采用其他计量方法。

（2）长期股权投资的后续计量是指企业取得长期股权投资后的会计处理。例如，企业对被投资单位的长期股权投资的核算是采用成本法还是权益法。

（3）投资性房地产的后续计量是指企业在资产负债表日对投资性房地产进行后续计量所采用的会计计量方法。例如，企业对投资性房地产的后续计量是采用成本模式还是公允价值模式。

（4）固定资产的初始计量是指企业对取得的固定资产的初始成本的计量。例如，企业对取得固定资产的初始成本是按照购买价款为基础进行计量，还是以购买价款的现值为基础进行计量。

（5）生物资产的初始计量是指企业对取得的生物资产初始成本的计量。例如，企业为取得生物资产而产生的借款费用，是予以资本化，还是计入当期损益。

（6）无形资产的确认是指对无形项目的支出是否确认为无形资产。例如，企业内部研究开发项目研发阶段的支出是确认为无形资产，还是在发生时计入当期损益。

（7）非货币性资产交换的计量是指非货币性资产交换事项中对换入资产成本的计量。例如，货币性资产交换是以换出资产的公允价值作为确定换入资产成本的基础，还是以换出资产的账面价值作为确定换入资产成本的基础。

（8）借款费用的处理是指借款费用的会计处理方法，即是采用资本化，还是采用费用化。

（9）合并政策是指编制合并财务报表所采用的原则。例如，母公司与子公司的会计年度不一致的处理原则、合并范围的确定原则等。

（10）其他重要会计政策。

7.1.2 会计政策变更的概念

会计政策变更是指企业对相同的交易或者事项由原来采用的会计政策改用另一会计政策的行为，也就是在不同的会计期间执行不同的会计政策。为保证会计信息的可比性，使财务报表使用者在比较企业一个以上期间的财务报表时，能够正确判断企业的财务状况、经营成果和现金流量的趋势。一般情况下，企业采用的会计政策，在每一会计期间和前后各期应当保持一致，不得随意变更。否则，会削弱会计信息的可比性。但是，满足下列条件之一的，企业可以变更其会计政策。

(1) 法律、行政法规或者国家统一的会计制度等要求变更。按照法律、行政法规以及国家统一的会计制度的规定，要求企业采用新的会计政策，则企业应当按照法律、行政法规以及国家统一的会计制度的规定改变原会计政策，按照新的会计政策执行。例如，《企业会计准则第 1 号——存货》对发出存货实际成本的计价删除原允许采用的后进先出法，这就要求企业执行企业会计准则时按照新规定，将原采用的后进先出法改为准则规定可以采用的其他方法核算企业发出存货的成本。

(2) 会计政策变更能够提供更可靠（真实）、更相关（有用）的会计信息。由于经济环境、客观情况的改变，使企业原采用的会计政策所提供的会计信息，已不能恰当地反映企业的财务状况、经营成果和现金流量等情况。在这种情况下，应改变原有会计政策，按变更后新的会计政策进行会计处理，以便对外提供更可靠、更相关的会计信息。

需要注意的是，以下两种情况不属于会计政策变更。

(1) 本期发生的交易或者事项与以前相比具有本质差别而采用新的会计政策。例如，经营租赁设备租赁期届满又采用融资租赁方式签订续签合同，由经营租赁会计处理方法变更为融资租赁会计处理方法。

(2) 对初次发生的或不重要的交易或者事项采用新的会计政策。例如，低值易耗品由分次摊销法变更为一次摊销法。

需要注意的是，除法律、行政法规以及国家统一的会计制度要求变更会计政策的，应当按照国家的相关规定执行外，企业因满足上述第 2 个条件变更会计政策时，必须有充分、合理的证据表明其变更的合理性，并说明变更会计政策后，能够提供关于企业财务状况、经营成果和现金流量等更可靠、更相关的会计信息的理由。对会计政策的变更，企业应经过股东大会或董事会、经理（厂长）会议或类似机构批准，并按照法律、行政法规等的规定报送有关各方备案。如无充分、合理的证据表明会计政策变更的合理性，或者未经股东大会或董事会、经理（厂长）会议或类似机构批准擅自变更会计政策的，或者连续、反复地自行变更会计政策的，均视为滥用会计政策，按照前期差错更正的方法进行处理。

7.1.3 会计政策变更的会计处理原则

企业变更其会计政策时，应当分不同情况进行相应的会计处理。

(1) 企业根据法律、行政法规或者国家统一的会计制度等要求变更会计政策的，应当按照国家发布的相关会计处理规定进行处理。例如，2007 年 1 月 1 日我国上市公司执行新企业会计准则，会计准则发生了较大的变动，财政部制定了《企业会计准则第 38 号——首次执行企业会计准则》规定了企业执行新会计准则时应遵循的处理办法。如果国家没有发布相关的会计处理办法，则采用追溯调整法进行会计处理。

(2) 在会计政策变更能够提供更可靠、更相关的会计信息的情况下，企业应当采用追溯调整法进行会计处理，将会计政策变更累积影响数调整列报前期最早期初留存收益，其他相关项目的期初余额和列报前期披露的其他比较数据也应当一并调整。

(3) 在难以确定会计政策变更对以前各期的累积影响数时，或新的会计政策适用于变更当期及未来期间发生的交易或事项，则应当采用未来适用法处理，不必计算会计政策变更的累积影响数，也不必调整变更当年期初的留存收益。例如，企业因账簿、凭证超过法定保存期限而销毁，或因不可抗力而毁坏、遗失等，造成会计政策变更对以前各期的累积影响数无法准确计算,会计政策变更应当采用未来适用法进行处理。

7.1.4 会计政策变更的会计处理方法

企业发生会计政策变更时,有两种会计处理方法,即追溯调整法和未来适用法,两种方法适用于不同情形。

1. 追溯调整法

追溯调整法是指对某项交易或事项变更会计政策,视同该项交易或事项初次发生时,采用变更后的会计政策,并以此对以前的相关项目进行调整的方法。对于比较财务报表可比期间以前的会计政策变更的累积影响数,应调整比较财务报表最早期间的期初留存收益,财务报表其他相关项目的数字也应一并调整。

企业应用追溯调整法进行相关会计处理时应遵循以下步骤。

(1) 计算会计政策变更的累积影响数。会计政策变更累积影响数是指按照变更后的会计政策对以前各期追溯计算的列报前期最早期初留存收益应有金额与现有金额之间的差额。变更年度所有者权益变动表中"上年金额"栏目"盈余公积"和"未分配利润"项目的调整,如表 7-2 所示。

表 7-2 所有者权益变动表(简表)

2022 年 单位:元

项 目	本 年 金 额		上 年 金 额	
	盈余公积	未分配利润	盈余公积	未分配利润
一、上年年末余额				
加:会计政策变更			×××	×××
前期差错更正				
二、本年年初余额				
……				

其计算过程如下。

① 根据新会计政策重新计算受影响的前期交易或事项。

② 计算两种会计政策下的差异。

③ 计算差异的所得税影响金额。

需要说明的是,会计政策变更的追溯调整不会影响以前年度应交所得税的变动,也就是说不会涉及应交所得税的调整;但追溯调整时如果涉及暂时性差异,则应考虑递延所得税的调整,这种情况应考虑前期所得税费用的调整。

④ 确定前期中的每一期的税后差异。

⑤ 计算会计政策变更的累积影响数。

(2) 编制相关项目的调整分录(追溯调账)。

(3) 调整列报前期最早期初财务报表相关项目及其金额(追溯调表)。

(4) 附注说明。

【例 7-1】 新华公司 20×5 年、20×6 年分别以 400 000 元和 600 000 元的价格从股票市场购入 A、B 两只以交易为目的的股票,市价一直高于成本。假定不考虑相关税费,且采用成本与市价孰低法对购入的股票进行计量。公司从20×7年起对以交易为目的从股票市场购入的股票由成本与市价孰低法计量改为公允价值计量,公司保存的会计资料比较齐备,可以通过会计资料追溯计算。假设所得税税率为25%,公司按净利润的10%提取法定盈余公积,按净利润的5%提取任意盈余公积。20×6年公司发行在外普通股加权平均数为45万股。A、B股票有关成本及公允价值资料如表7-3所示。

表7-3 A、B股票有关成本及公允价值   单位:元

股票	购入成本	20×5年年末公允价值	20×6年年末公允价值
A股票	400 000	500 000	500 000
B股票	600 000	—	750 000

根据上述资料,新华公司的会计处理如下。

(1) 计算改变交易性金融资产计量方法后的累积影响数,如表7-4所示。

表7-4 改变交易性金融资产计量方法后的累积影响数   单位:元

年份	公允价值	成本与市价孰低	税前差异	所得税影响	税后差异
20×5年年末	500 000	400 000	100 000	25 000	75 000
20×6年年末	750 000	600 000	150 000	37 500	112 500
合 计	1 250 000	1 000 000	250 000	62 500	187 500

(2) 编制有关项目的调整分录。

新华公司20×7年12月31日的比较财务报表最早期初为20×6年1月1日。
编制相关的调整分录如下。

① 对20×5年有关事项的调整分录。

a. 调整会计政策变更的累积影响数。

借:交易性金融资产——公允价值变动   100 000
　　贷:利润分配——未分配利润   75 000
　　　　递延所得税负债   25 000

b. 调整利润分配。按照净利润的10%提取法定盈余公积,5%提取任意盈余公积,共计提取盈余公积75 000×15%=11 250(元)。

借:利润分配——未分配利润   11 250
　　贷:盈余公积   11 250

② 对20×6年有关事项的调整分录。

a. 调整交易性金融资产。

借:交易性金融资产——公允价值变动   150 000
　　贷:利润分配——未分配利润   112 500
　　　　递延所得税负债   37 500

b. 调整利润分配。按照净利润的10%提取法定盈余公积,5%提取任意盈余公积,共计提取盈余公积112 500×15%=16 875(元)。

借:利润分配——未分配利润   16 875
　　贷:盈余公积   16 875

(3) 财务报表调整和重述(财务报表略)。

新华公司在列报 20×7 年的财务报表时,应调整 20×7 年资产负债表有关项目的年初余额、利润表有关项目的上年金额。

① 资产负债表项目的调整:调增交易性金融资产年初余额 250 000 元(100 000＋150 000);调增递延所得税负债年初余额 62 500 元(25 000＋37 500);调增盈余公积年初余额 28 125 元(11 250＋16 875);调增未分配利润年初余额 159 375 元[(75 000－11 250)＋(112 500－16 875)]。

② 利润表项目的调整:调增公允价值变动收益上年金额 150 000 元;调增所得税费用上年金额 37 500 元;调增净利润上年金额 112 500 元;调增基本每股收益上年金额 0.25 元(112 500÷450 000)。所有者权益变动表有关项目的上年金额和本年金额也应进行相应的调整。

(4) 附注说明。

本公司 20×7 年按照会计准则规定,对交易性金融资产期末计量由成本与市价孰低改为以公允价值计量。此项会计政策变更采用追溯调整法,20×7 年比较财务报表已重新表述。20×6 年期初运用新会计政策追溯计算的会计政策变更累积影响数为 75 000 元,调增 20×6 年的期初留存收益 75 000 元。其中,调增未分配利润 63 750 元,调增盈余公积 11 250 元。会计政策变更对 20×6 年财务报表本年金额的影响为增加未分配利润 95 625 元,调增盈余公积 16 875 元,调增净利润 112 500 元。

2. 未来适用法

未来适用法是指将变更后的会计政策应用于变更日及以后发生的交易或者事项,或者在会计估计变更当期和未来期间确认会计估计变更影响数的方法。

在未来适用法下,不需要计算会计政策变更产生的累积影响数,也无须重编以前年度的财务报表。企业会计账簿记录及财务报表上反映的金额,变更之日仍保留原有的金额,不因会计政策变更而改变以前年度的既定结果,并在现有金额的基础上再按新的会计政策进行核算。

【例 7-2】 新华公司原来对存货发出计价采用移动加权平均法,由于管理的需要,公司从 2022 年 1 月 1 日开始改用先进先出法。2022 年 1 月 1 日,存货的价值为 2 000 000 元,公司本年度购入存货的实际成本为 800 000 元,2022 年 12 月 31 日,按照先进先出法计算确定的存货价值为 1 800 000 元,当年的销售额为 20 000 000 元,适用的所得税税率为 25%,税法允许按照先进先出计算的存货成本在税前扣除。假设 2022 年 12 月 31 日按照移动平均法计算的存货价值为 1 950 000 元,公司对以前年度的存货成本不能进行合理调整。

新华公司由于管理环境发生变化而改变会计政策,属于会计政策变更。由于采用先进先出法对以前年度的存货成本不能进行合理的调整,因此,采用未来适用法进行处理,不需要按先进先出法计算 2022 年 1 月 1 日以前存货的应有余额,以及对留存收益的影响金额。

(1) 采用先进先出法计算的销售成本为

期初存货＋购入存货实际成本－期末存货＝2 000 000＋800 000－1 800 000
＝1 000 000(元)

(2) 采用移动加权平均法计算的销售成本为

期初存货＋购入存货实际成本－期末存货＝2 000 000＋800 000－1 950 000

$$= 850\ 000(元)$$

由于会计政策变更使公司当期利润减少额$= (1\ 000\ 000 - 850\ 000) \times 25\%$

$$= 37\ 500(元)$$

3. 会计政策变更处理方法的选择

(1) 法律、行政法规或者国家统一的会计制度等要求变更的情况下,企业应当分以下情况进行处理:①国家发布相关的会计处理办法,则按照国家发布的相关会计处理规定进行处理;②国家没有发布相关的会计处理办法,则采用追溯调整法进行会计处理。

(2) 会计政策变更能够提供更可靠、更相关的会计信息的情况下,企业应当采用追溯调整法进行会计处理。

(3) 确定会计政策变更对列报前期影响数不切实可行的,应当从可追溯调整的最早期间期初开始应用变更后的会计政策;在当期期初确定会计政策变更对以前各期累积影响数不切实可行的,应当采用未来适用法处理。

企业在采取所有合理的方法后,仍然不能获得采用某项规定所必需的相关信息,而导致无法采用该项规定,则该项规定在此时是不切实可行的。

企业因账簿、凭证超过法定保存期限而销毁,或因不可抗力而毁坏、遗失,如火灾、水灾等,或因人为因素,如盗窃、故意毁坏等,可能使当期期初确定会计政策变更对以前各期累积影响数无法计算,即不切实可行,此时,会计政策变更应当采用未来适用法进行处理。

7.2 会计估计及会计估计变更

7.2.1 会计估计及会计估计变更的概念

1. 会计估计

会计估计是指企业对其结果不确定的交易或事项以最近可利用的信息为基础所做的判断。会计估计的存在是由于经济活动中内在的不确定性因素的影响。由于企业经营活动中内在的不确定因素导致许多财务报表项目不能准确地计量,只能加以估计。而进行会计估计时,往往以最近可利用的信息或资料为基础。值得注意的是,进行会计估计并不会削弱会计确认和计量的可靠性,因为估计是就现有资料对未来所做的判断。

常见的会计估计包括以下内容。

(1) 存货可变现净值的确定。

(2) 采用公允价值模式下的投资性房地产公允价值的确定。

(3) 固定资产的使用寿命、预计净残值和折旧方法、弃置费用的确定。

(4) 使用寿命有限的无形资产的预计使用寿命、残值、摊销方法的确定。

(5) 非货币性资产公允价值的确定。

(6) 固定资产、无形资产、长期股权投资等非流动资产可回收金额的确定。

(7) 职工薪酬金额的确定。

(8) 预计负债金额的确定。

(9) 一般借款资本化金额的确定。

(10) 应纳税暂时性差异和可抵扣暂时性差异的确定。

(11) 与非同一控制下的企业合并相关的公允价值的确定。

(12) 与金融工具相关的公允价值的确定、摊余成本的确定、金融减值损失的确定等。

2. 会计估计变更

会计估计变更是指由于资产和负债的当前状况及预期经济利益和义务发生了变化,从而对资产或负债的账面价值或者资产的定期消耗金额进行调整。

由于企业经营活动中存在许多不确定因素,许多财务报表项目不能准确地计量,只能进行有效的估计,估计过程中是以企业最近可以得到的信息为基础做出的判断。

会计估计变更,并不意味着以前期间的会计估计是错误的,只是由于情况发生变化,或者掌握了新的信息,积累了更多的经验,使变更会计估计能够更好地反映企业的资产和负债状况。如果以前期间的会计估计是错误的,则属于前期差错,按照前期差错更正的会计处理办法进行处理。

企业可能由于以下原因而发生会计估计变更。

(1) 赖以进行估计的基础发生了变化。例如,某企业的一项无形资产摊销年限原定为10年,以后发生的情况表明,该资产的受益年限只有7年,应相应调减摊销年限。

(2) 取得了新的信息、积累了更多的经验。例如,某企业原根据当时能够得到的信息,对某应收账款计提一定金额的坏账准备。现在掌握了新的信息,判定应收账款基本不能收回,企业应当全额计提坏账准备。

7.2.2 会计政策变更与会计估计变更的区分

企业应当以变更事项的会计确认、计量基础和列报项目是否发生变更作为判断该变更是会计政策变更,还是会计估计变更,并据此采用不同的方法进行相关会计处理。

(1) 以会计确认是否发生变更作为判断基础。一般来说,对会计确认的指定或选择是会计政策,其相应的变更是会计政策变更。会计确认的变更一般会引起列报项目的变更。

(2) 以计量基础是否发生变更作为判断基础。《企业会计准则——基本准则》规定了历史成本、重置成本、可变现净值、现值和公允价值5项会计计量属性,是会计处理的计量基础。一般来说,对计量基础的指定或选择是会计政策,其相应的变更是会计政策变更。

(3) 以列报项目是否发生变更作为判断基础。《企业会计准则第30号——财务报表列报》规定了财务报表项目应采用的列报原则。一般对列报项目的指定或选择是会计政策,其相应的变更是会计政策变更。

(4) 根据会计确认、计量基础和列报项目所选择的、为取得与资产负债表项目有关的金额或数值(如预计使用寿命、净残值等)所采用的处理方法,不是会计政策,而是会计估计,其相应的变更是会计估计变更。

企业可以采用以下具体方法划分会计政策变更与会计估计变更:分析并判断该事项是否涉及会计确认、计量基础选择或列报项目的变更,当至少涉及上述一项划分基础变更时,该事项是会计政策变更;不涉及上述划分基础变更时,该事项可以判断为会计估计变更。

7.2.3 会计估计变更的会计处理

企业对会计估计变更应当采用未来适用法进行会计处理。在会计估计变更当年及以后期间,采用新的会计估计,不改变以前期间的会计估计,也不调整以前期间的报告结果。具体处理方法如下。

(1) 会计估计变更仅影响变更当期的,其影响数应当在变更当期予以确认。

(2) 会计估计变更既影响变更当期又影响未来期间的,其影响数应当在变更当期和未来期间予以确认。

会计估计变更的影响数应计入变更当期与前期相同的项目中。为保证不同期间的财务报表具有可比性,会计估计变更的影响如果以前包括在企业日常经营活动的损益中,则以后也应包括在相应的损益类项目中;如果会计估计变更的影响数以前包括在特殊项目中,则以后也相应作为特殊项目反映。

(3) 企业应当正确划分会计政策变更和会计估计变更,并按不同的方法进行相关会计处理。企业通过判断会计政策变更和会计估计变更的划分基础仍然难以对某项变更进行区分的,应当将其作为会计估计变更处理。

【例 7-3】 新华公司于 2020 年年末购入一台设备并投入企业管理部门使用,入账价值为 463 500 元,预计使用年限为 5 年,预计净残值为 13 500 元,自 2021 年起按照年限平均法计提折旧。2022 年 1 月 1 日,由于技术进步和设备所含经济利益预期实现方式等,新华公司将该设备的折旧方法更改为年数总和法,预计剩余使用年限为 3 年,净残值不变。

至 2021 年 12 月 31 日,新华公司的管理用设备已计提折旧 1 年,累计折旧 90 000 元,固定资产净值 373 500 元。2022 年 1 月 1 日,公司改按新的使用年限和方法计提折旧,每年的折旧费用为 $(373\,500-13\,500)\times[3\div(1+2+3)]=180\,000(元)$。

2022 年 12 月 31 日,新华公司编制会计分录如下。

借:管理费用　　　　　　　　　　　　　　　180 000
　　贷:累计折旧　　　　　　　　　　　　　　　　180 000

7.3　前期差错更正

7.3.1　前期差错概述

前期差错是指由于没有运用或错误运用下列两种信息,而对前期财务报表造成省略或错报。

(1) 编报前期财务报表时预期能够取得并加以考虑的可靠信息。

(2) 前期财务报表批准报出时能够取得的可靠信息。前期差错通常包括计算错误、应用会计政策错误、疏忽或曲解事实以及舞弊产生的影响等。

需要注意的是,就会计估计的性质来说,它是个近似值,随着更多信息的获得,估计可能需要进行修正,但是会计估计变更不属于前期差错更正。

7.3.2　前期差错更正的会计处理

如果财务报表项目的遗漏或错误表述可能影响财务报表使用者根据财务报表所做出的经济决策,则该项目的遗漏或错误是重要的。重要的前期差错是指足以影响财务报表使用者对企业财务状况、经营成果和现金流量做出正确判断的前期差错。不重要的前期差错是指不足以影响财务报表使用者对企业财务状况、经营成果和现金流量做出正确判断的会计差错。

前期差错的重要性取决于在相关环境下对遗漏或者错误表述的规模和性质的判断。前期差错所影响的财务报表项目的金额或性质,是判断该前期差错是否具有重要性的决定性因素。一般来说,前期差错所影响的财务报表项目的金额越大、性质越严重,其重要性水平越高。

1. 不重要的前期差错的会计处理

企业应当采用未来适用法更正不重要的前期差错,即不需调整财务报表相关项目的期初数,但应调整发现当期与前期相同的相关项目。影响损益的,应直接计入本期与上期相同的净损益项目;不影响损益的,应调整本期与前期相同的相关项目。

【例 7-4】 新华公司在 2022 年 12 月 31 日发现,有一台价值 6 600 元的管理用设备,应计入固定资产,并于 2021 年 3 月 1 日开始计提折旧,但在 2021 年计入当期费用。该公司固定资产折旧采用直线法,该资产估计使用年限为 4 年,假设不考虑净残值因素。则在 2022 年 12 月 31 日更正此差错的会计分录如下。

借:固定资产　　　　　　　　　　　　　　　6 600
　　贷:管理费用　　　　　　　　　　　　　　6 600
借:管理费用　　　　　　　　　　　　　　　3 025(6 600÷4÷12×22)
　　贷:累计折旧　　　　　　　　　　　　　　3 025

【例 7-5】 新华公司在 2022 年发现 2021 年漏记了一项行政管理人员工资(分配),金额为 12 000 元,则 2022 年更正此差错的会计分录如下。

借:管理费用　　　　　　　　　　　　　　　12 000
　　贷:应付职工薪酬　　　　　　　　　　　　12 000

2. 重要的前期差错的会计处理

企业应当采用追溯重述法更正重要的前期差错,但确定前期差错累积影响数不切实可行的除外。追溯重述法是指在发现前期差错时,视为该项前期差错从未发生过,从而对财务报表相关项目进行更正的方法。

对于重要的前期差错,企业应当在其发现当期的财务报表中,调整前期比较数据。具体地说,企业应当在重要的前期差错发现当期的财务报表中,通过下述处理对其进行追溯更正。

(1)追溯重述差错发生期间列报的前期比较金额。

(2)如果前期差错发生在列报的最早前期之前,则追溯重述列报的最早前期的资产、负债和所有者权益相关项目的期初余额。

对于发生的重要前期差错,如影响损益,应将其对损益的影响数调整发现当期的期初留存收益,财务报表其他相关项目的期初数也应一并调整;如不影响损益,应调整财务报表相关项目的期初数。

在编制比较财务报表时,对于比较财务报表期间的重要的前期差错,应调整各该期间的净损益和其他相关项目,视为该差错在产生的当期已经更正;对于比较财务报表期间以前的重要的前期差错,应调整比较财务报表最早期间的期初留存收益,财务报表其他相关项目的数字也应一并调整。

企业应设置"以前年度损益调整"科目核算企业本年度发现的重要前期差错更正涉及调整以前年度损益的事项以及本年度发生的调整以前年度损益的事项。

(1) 企业调整增加以前年度利润或减少以前年度亏损,借记有关科目,贷记"以前年度损益调整"科目;调整减少以前年度利润或增加以前年度亏损,借记"以前年度损益调整"科目,贷记有关科目。

(2) 由于以前年度损益调整增加的所得税费用,借记"以前年度损益调整"科目,贷记"应交税费——应交所得税"科目或"递延所得税资产"科目或"递延所得税负债"科目;由于以前年度损益调整减少的所得税费用,借记"应交税费——应交所得税"科目或"递延所得税资产"科目或"递延所得税负债"科目,贷记"以前年度损益调整"科目。

(3) 经上述调整后,应将"以前年度损益调整"科目的余额转入"利润分配——未分配利润"科目。如为贷方余额,借记"以前年度损益调整"科目,贷记"利润分配——未分配利润"科目;如为借方余额,编制相反的会计分录。

【例 7-6】 新华公司在 2022 年 12 月发现,2021 年漏记了一项管理用固定资产的折旧费用 180 000 元,但在所得税申报表中扣除了该项折旧费用。2021 年使用的所得税税率为 25%,并对该项固定资产记录了 45 000 元的递延所得税负债,无其他纳税调整事项。该公司按照净利润的 15% 提取盈余公积金。

(1) 前期差错的分析。

上年少计提折旧费用 180 000 元,多计递延所得税费用 45 000 元(180 000×25%),多计净利润 135 000 元,多计递延所得税负债 45 000 元,多提盈余公积金 20 250 元(135 000×15%)。

(2) 有关的账务处理。

① 补提折旧。

借:以前年度损益调整	180 000
贷:累计折旧	180 000

② 转回递延所得税负债。

借:递延所得税负债	45 000
贷:以前年度损益调整	45 000

③ 将"以前年度损益调整"科目余额转入"利润分配——未分配利润"科目。

借:利润分配——未分配利润	135 000
贷:以前年度损益调整	135 000

④ 调整利润分配有关数字。

借:盈余公积	20 250
贷:利润分配——未分配利润	20 250

⑤ 调整报表,如表 7-5 和表 7-6 所示。

表 7-5　资产负债表（局部）

编制单位：新华公司　　　　　　　2022 年 12 月 31 日　　　　　　　　　　　　单位：元

资产	年初数			负债和所有者权益	年初数		
	调整前	调增（减）	调整后		调整前	调增（减）	调整后
固定资产	1 800 000	－180 000	1 620 000	递延所得税负债	45 000	－45 000	0
				盈余公积	60 000	－20 250	39 750
				未分配利润	200 000	－114 750	85 250
……				……			

表 7-6　利润表（局部）

编制单位：新华公司　　　　　　　　　2022 年　　　　　　　　　　　　　　单位：元

项目	上年数		
	调整前	调增（减）	调整后
……			
减：管理费用	18 000	180 000	198 000
……	…	…	…
三、营业利润	1 000 000	－180 000	820 000
……	…	…	…
四、利润总额	1 100 000	－180 000	920 000
减：所得税费用	275 000	－45 000	230 000
净利润	825 000	－135 000	690 000

7.3.3　前期差错更正中所得税的会计处理

1. 应交所得税的调整

按税法规定执行。具体来说，当会计准则和税法对涉及的损益类调整事项处理的口径相同时，则应考虑应交所得税和所得税费用的调整；当会计准则和税法对涉及的损益类调整事项处理的口径不同时，则不应考虑应交所得税的调整。

2. 递延所得税资产和递延所得税负债的调整

若调整事项涉及暂时性差异，则应调整递延所得税资产或递延所得税负债。

3. 追溯调整法与追溯重述法的区别

（1）适用范围不同。追溯调整法适用于会计政策变更的会计处理；追溯重述法适用于重大前期差错更正。

（2）调税原则不同。会计政策变更形成的影响数一般属于暂时性差异，调账时只需调整递延所得税和所得税费用，而无须调整应交的所得税额；前期差错所形成的影响数可能是差额，也可能是暂时性差异或永久性差异，所以在更正前期差错时：①属于差额部分的调整应交所得税和所得税费用；②属于暂时性差异部分调整递延所得税和所得税费用；③属于永久性差异的部分则既不调整所得税费用，也不调整应交所得税，更不需要调整递延所得税。

7.4 资产负债表日后事项

财务报告的编制需要一定的时间，因此，资产负债表日与财务报告的批准报出日之间往往存在时间差，这段时间发生的一些事项可能对财务报告使用者有重要影响。

7.4.1 资产负债表日后事项的定义

资产负债表日后事项是指资产负债表日至财务报告批准报出日之间发生的有利或不利事项。

1. 资产负债表日

资产负债表日是指会计年度末和会计中期（通常包括半年度、季度和月度等）期末。

2. 财务报告批准报出日

财务报告批准报出日是指董事会或类似机构批准财务报告报出的日期，通常是指对财务报告的内容负有法律责任的单位或个人批准财务报告对外公布的批准日期。这里的财务报告是指对外提供的财务报告，不包括为企业内部管理部门提供的内部报表。

财务报告的批准者包括所有者、所有者中的多数、董事会或类似的管理单位、部门和个人。根据《公司法》规定，董事会有权制订公司的年度财务预算方案、决算方案、利润分配方案和弥补亏损方案。因此，公司制企业的财务报告批准报出日是指董事会批准财务报告报出的日期。对于非公司制企业，财务报告批准报出日是指经理（厂长）会议或类似机构批准财务报告报出的日期。

3. 有利事项和不利事项

有利或不利事项是指资产负债表日后事项肯定对企业财务状况和经营成果具有一定影响（既包括有利影响也包括不利影响）的事项。如果某些事项的发生对企业财务状况和经营成果无任何影响，那么，这些事项既不是有利事项也不是不利事项，也就不属于准则所称资产负债表日后事项。

7.4.2 资产负债表日后事项涵盖的期间

资产负债表日后事项涵盖的期间是自资产负债表日次日起至财务报告批准报出日止的一段时间，具体是指报告期下一期间的第一天至董事会或类似机构批准财务报告对外公布的日期。对于上市公司而言，这一期间内涉及几个日期，包括完成财务报告编制日、注册会计师出具审计报告日、董事会批准财务报告可以对外公布日、实际对外公布日等。

具体而言，资产负债表日后事项涵盖的期间应当包括以下内容。

（1）报告期间下一期间的第一天至董事会或类似机构批准财务报告对外公布的日期。

（2）财务报告批准报出以后实际报出之前又发生与资产负债表日后事项有关的事项，并由此影响财务报告对外公布日期的，应以董事会或类似机构再次批准财务报告对外公布的日期为截止时间。

【例 7-7】 新华公司 2021 年的年度财务报告于 2022 年 2 月 20 日编制完成，注册会计师完成年度财务报表审计工作并签署审计报告的日期为 2022 年 4 月 16 日，董事会批准财务报告对外公布的日期为2022年4月17日,财务报告实际对外公布的日期为2022年4月23日,股东大会召开日期为2022年5月10日。

该公司2021年年报的资产负债表日后事项涵盖的期间为2022年1月1日至4月17日。

如果在4月17日至23日之间发生了重大事项,需要调整财务报表相关项目的数字或需要在财务报表附注中披露;经调整或说明后的财务报告再经董事会批准报出的日期为2022年4月25日,实际报出的日期为2022年4月30日。

资产负债表日后事项涵盖的期间为2022年1月1日至4月25日。

7.4.3 资产负债表日后事项的内容

资产负债表日后事项包括资产负债表日后调整事项(以下简称调整事项)和资产负债表日后非调整事项(以下简称非调整事项)两类。

1. 调整事项

调整事项是指在资产负债表日已经存在的情况提供了新的或进一步证据的事项。这类事项所提供的进一步证据有助于对资产负债表日存在状况的有关金额做出重新估计,应当作为调整事项,并据此对资产负债表日所确认的资产、负债和所有者权益,以及资产负债表日所属期间的收入、费用等进行调整。调整事项有以下特点。

(1)在资产负债表日或以前已经存在(某种征兆),在资产负债表日后得以证实的事项。

(2)对按资产负债表日存在状况编制的会计报表产生重大影响的事项。

调整事项的事例包括以下内容。

(1)资产负债表日后诉讼案件结案,法院判决证实了企业在资产负债表日已经存在现时义务,需要调整原先确认的与该诉讼案件相关的预计负债,或确认一项新负债。

(2)资产负债表日后取得确凿证据,表明某项资产在资产负债表日发生了减值或者需要调整该项资产原先确认的减值金额。

(3)资产负债表日后进一步确定了资产负债表日前购入资产的成本或售出资产的收入。

(4)资产负债表日后发现了财务报表舞弊或差错。

2. 非调整事项

非调整事项是指在资产负债表日后至财务报告批准报出日之间发生的,不影响资产负债表日已经存在的情况,但不加以说明将会影响财务报告使用者做出正确估计和决策的事项。企业发生的资产负债表日后非调整事项,通常包括下列各项。

(1)资产负债表日后发生重大诉讼、仲裁、承诺。

(2)资产负债表日后资产价格、税收政策、外汇汇率发生重大变化。

(3)资产负债表日后因自然灾害导致资产发生重大损失。

(4)资产负债表日后发行股票和债券以及其他巨额举债。

(5)资产负债表日后资本公积转增资本。

(6)资产负债表日后发生巨额亏损。

(7)资产负债表日后发生企业合并或处置子公司。

(8) 资产负债表日后,企业利润分配方案中拟分配的以及经审议批准宣告发放的股利或利润。

企业对于上述非调整事项,需要在报表附注中披露其性质、内容,及其对财务状况和经营成果的影响。

3. 调整事项与非调整事项的区别

如何确定资产负债表日后发生的某一事项是调整事项还是非调整事项,是运用资产负债表日后事项准则的关键。某一事项究竟是调整事项还是非调整事项,取决于该事项表明的情况在资产负债表日或资产负债表日以前是否已经存在。若该情况在资产负债表日或之前已经存在,则属于调整事项;反之,则属于非调整事项。

【例 7-8】 债务人甲公司财务状况恶化,致使新华公司对其形成的应收账款发生坏账损失。其包括以下两种情形。

(1) 2022 年 12 月 31 日,甲公司财务状况尚可,新华公司预计应收账款能够按时收回;2023 年 1 月 15 日,甲公司因火灾导致重大经济损失,新华公司 40% 的应收账款无法收回。

(2) 2022 年 12 月 31 日,新华公司根据掌握的资料分析甲公司有破产清算的可能性,所以对甲公司的应收账款按照 20% 比例计提坏账准备。2023 年 1 月 15 日,新华公司接到通知,甲公司已被宣告破产清算,新华公司据此估计将有 60% 的债权无法收回。

(1) 导致新华公司 2022 年应收账款损失的原因是甲公司火灾,且这一事实是在资产负债表日之后发生,因此该事项是非调整事项。

(2) 导致新华公司 2022 年应收账款无法收回的事实是甲公司财务状况恶化,这一事实在资产负债表日已经存在,之后甲公司被宣告破产清算只是对资产负债表日财务状况恶化的情况的证实,因此该事项属于调整事项。

7.4.4 调整事项的会计处理

1. 调整事项的会计处理原则

企业发生资产负债表日后调整事项,应当调整资产负债表日已编制的财务报表。对于年度财务报告而言,由于资产负债表日后事项发生在报告年度的次年,报告年度的有关账目已经结转,特别是损益类科目在结账后已无余额。因此,年度资产负债表日后发生的调整事项,应分别按以下情况进行处理。

(1) 涉及损益的事项,通过"以前年度损益调整"科目核算。调整增加以前年度利润或调整减少以前年度亏损的事项,记入"以前年度损益调整"科目的贷方;反之,记入"以前年度损益调整"科目的借方。

需要注意的是,涉及损益的调整事项如果发生在资产负债表日所属年度(即报告年度)所得税汇算清缴前的,应按准则要求调整报告年度应纳税所得额、应纳所得税税额;发生在报告年度所得税汇算清缴后的,应按准则要求调整本年度(即报告年度的次年)应纳所得税税额。

(2) 涉及利润分配调整的事项,直接在"利润分配——未分配利润"科目中核算。

(3) 不涉及损益以及利润分配的事项,调整相关科目。

(4) 通过上述账务处理后,还应同时调整财务报表相关项目的数字,包括:①资产负债表日编制的财务报表相关项目的期末数或本年发生数;②当期编制的财务报表相关项目的期初数或上年数;③经过上述调整后,如果涉及报表附注内容的,还应做出相应调整。

2. 调整事项的会计处理案例

(1) 资产负债表日后诉讼案件结案,法院判决证实了企业在资产负债表日已经存在现时义务,需要调整原先确认的与该诉讼案件相关的预计负债,或确认一项新负债。

【例7-9】 新华公司与南方公司签订一项销售合同,合同中列明新华公司应在2021年8月销售给南方公司一批商品。由于新华公司未能按照合同发货,致使南方公司发生重大经济损失。2021年12月,南方公司将新华公司告上法庭,要求新华公司赔偿450万元。

2021年12月31日,法院尚未判决,新华公司按或有事项准则对该诉讼事项确认预计负债300万元。2022年2月10日,经法院判决新华公司应赔偿南方公司400万元。新华公司、南方公司双方均服从判决。判决当日,新华公司向南方公司支付赔偿款400万元。

新华公司与南方公司2021年所得税汇算清缴均在2022年3月20日完成(假定该项预计负债产生的损失不允许在预计时税前抵扣,只有在损失实际发生时,才允许税前抵扣)。新华公司财务报告批准报出日是次年3月31日,所得税税率为25%,按净利润的10%提取法定盈余公积,提取法定盈余公积后不再作其他分配。

假定调整事项按税法规定均可调整应交纳的所得税;涉及递延所得税资产的,均假定未来期间很可能取得用来抵扣暂时性差异的应纳税所得额;不考虑报表附注中有关现金流量表项目的数字。

2022年2月10日的判决证实了新华公司与南方公司在资产负债表日(即2021年12月31日)分别存在现时赔偿义务和获赔权利,因此两公司都应将"法院判决"这一事项作为调整事项进行处理。新华公司和南方公司2021年所得税汇算清缴均在2022年3月20日完成,因此,应根据法院判决结果调整报告年度应纳税所得额和应纳所得税税额。

新华公司的账务处理如下。

① 2022年2月10日,记录支付的赔款,并调整递延所得税资产。

a. 原预计负债为300万元,调整为400万元。

借:以前年度损益调整(营业外支出)　　　　1 000 000
　　预计负债　　　　　　　　　　　　　　　3 000 000
　　贷:其他应付款　　　　　　　　　　　　　　　　4 000 000

b. 支付赔款(注意:这笔经济业务不属于调整事项)。

借:其他应付款　　　　　　　　　　　　　4 000 000
　　贷:银行存款　　　　　　　　　　　　　　　　4 000 000

c. 支付赔款,可以减少企业所得税费用(新华公司在2022年3月20日才进行汇算清缴)。

借:应交税费——应交所得税　　　　　　　1 000 000
　　贷:以前年度损益调整(所得税费用)　　　　　　1 000 000

d. 原产生预计负债时形成的递延所得税资产转销。

借:以前年度损益调整(所得税费用)　　　　750 000
　　贷:递延所得税资产　　　　　　　　　　　　　750 000

注:2021年年末因确认预计负债300万元时已确认相应的递延所得税资产,资产负债表日后事项发生后递延所得税资产不复存在,故应冲销相应记录。

② 将"以前年度损益调整"科目余额转入未分配利润。

借：利润分配——未分配利润　　　　　　　　750 000
　　贷：以前年度损益调整　　　　　　　　　　　　　750 000

③ 因净利润变动，调整盈余公积。

借：盈余公积　　　　　　　　　　　　　　75 000(750 000×10％)
　　贷：利润分配——未分配利润　　　　　　　　　　75 000

④ 调整报告年度报表。

a. 资产负债表项目的年末数调整。调减递延所得税资产 75 万元；调增其他应付款 400 万元，调减应交税费 100 万元，调减预计负债 300 万元；调减盈余公积 7.5 万元，调减未分配利润 67.5 万元。

b. 利润表项目的调整。调增营业外支出 100 万元，调减所得税费用 25 万元，调减净利润 75 万元。利润表略。

c. 所有者权益变动表项目的调整。调减净利润 75 万元，提取盈余公积项目中盈余公积一栏调减 7.5 万元，未分配利润一栏调减 67.5 万元。所有者权益变动表略。

南方公司的账务处理如下。

① 2022 年 2 月 10 日，记录收到的赔款，并调整应交所得税。

a. 确认将要收到的赔款。

借：其他应收款　　　　　　　　　　　　　4 000 000
　　贷：以前年度损益调整(营业外收入)　　　　　　4 000 000

b. 因为收到赔款导致调整应交所得税(4 000 000×25％)。

借：以前年度损益调整(所得税费用)　　　　1 000 000
　　贷：应交税费——应交所得税　　　　　　　　　1 000 000

c. 实际收到赔款(注意：这笔经济业务不属于调整事项)。

借：银行存款　　　　　　　　　　　　　　4 000 000
　　贷：其他应收款　　　　　　　　　　　　　　　4 000 000

② 将"以前年度损益调整"科目余额转入未分配利润。

借：以前年度损益调整　　　　　　　　　　3 000 000
　　贷：利润分配——未分配利润　　　　　　　　　3 000 000

③ 因净利润增加，补提盈余公积。

借：利润分配——未分配利润　　　　　　　300 000
　　贷：盈余公积　　　　　　　　　　　　　　　　300 000

④ 调整报告年度财务报表相关项目的数字(财务报表略)。

a. 资产负债表项目的年末数调整。调增其他应收款 400 万元，调增应交税费 100 万元，调增盈余公积 30 万元，调增未分配利润 270 万元。

b. 利润表项目的调整。调增营业外收入 400 万元，调增所得税费用 100 万元，调增净利润 300 万元。

c. 所有者权益变动表项目的调整。调增净利润 300 万元，提取盈余公积项目中盈余公积一栏调增 30 万元，未分配利润一栏调减 30 万元。

(2) 资产负债表日后取得确凿证据，表明某项资产在资产负债表日发生了减值或者需要调整该项资产原先确认的减值金额。

【例 7-10】 新华公司 2021 年 6 月销售给南方公司一批物资,货款为 2 000 000 元(含增值税)。南方公司于 7 月收到所购物资并验收入库。按合同规定,南方公司应于收到所购物资后 3 个月内付款。由于南方公司财务状况不佳,到 2021 年 12 月 31 日仍未付款。新华公司于 2021 年 12 月 31 日已为该项应收账款计提坏账准备 100 000 元。2021 年 12 月 31 日,资产负债表上"应收账款"项目的金额为 4 000 000 元,其中 1 900 000 元为该项应收账款。新华公司于 2022 年 2 月 3 日(所得税汇算清缴前)收到人民法院通知,南方公司已宣告破产清算,无力偿还所欠部分货款。新华公司预计可收回应收账款的 60%。

新华公司财务报告批准报出日是次年 3 月 31 日,所得税税率为 25%,按净利润的 10% 提取法定盈余公积,提取法定盈余公积后不再作其他分配。假定调整事项按税法规定均可调整应交纳的所得税;涉及递延所得税资产的,均假定未来期间很可能取得用来抵扣暂时性差异的应纳税所得额;不考虑报表附注中有关现金流量表项目的数字。

本例中,新华公司在收到人民法院通知后,首先可判断该事项属于资产负债表日后调整事项。新华公司原对应收南方公司账款计提了 100 000 元的坏账准备,按照新的证据应计提的坏账准备为 800 000 元(2 000 000×40%),差额 700 000 元应当调整 2021 年财务报表相关项目的数字。

新华公司的账务处理如下。

① 补提坏账准备。
  应补提的坏账准备＝2 000 000×40%－100 000＝700 000(元)
借:以前年度损益调整(信用减值损失)   700 000
  贷:坏账准备   700 000

② 调整递延所得税资产。
借:递延所得税资产   175 000
  贷:以前年度损益调整(所得税费用)   175 000(700 000×25%)

③ 将"以前年度损益调整"科目的余额转入未分配利润。
借:利润分配——未分配利润   525 000
  贷:以前年度损益调整   525 000

④ 因净利润减少,调减盈余公积。
借:盈余公积——法定盈余公积   52 500
  贷:利润分配——未分配利润   52 500(525 000×10%)

⑤ 调整报告年度财务报表相关项目的数字(财务报表略)。

a. 资产负债表项目的调整:调减应收账款 700 000 元,调增递延所得税资产 175 000 元;调减盈余公积 52 500 元,调减未分配利润 472 500 元。

b. 利润表项目的调整:调增信用减值损失 700 000 元,调减所得税费用 175 000 元,调减净利润 525 000 元。

c. 所有者权益变动表项目的调整:调减净利润 525 000 元;提取盈余公积项目中盈余公积一栏调减 52 500 元,未分配利润调减 472 500 元。

⑥ 调整 2022 年 2 月资产负债表相关项目的年初数(资产负债表略)。

新华公司在编制 2022 年 1 月的资产负债表时,按照调整前 2021 年 12 月 31 日的资产负债表的数字作为资产负债表的年初数,由于发生了资产负债表日后调整事项,新华公司除了调整 2021 年资产负债表相关项目的数字外,还应当调整 2022 年 2 月的资产负债表相关项目的年初数,其年初数按照 2021 年 12 月 31 日调整后的数字填列。

(3) 资产负债表日后进一步确定了资产负债表日前购入资产的成本或售出资产的收入。

【例 7-11】 新华公司 2021 年 11 月 8 日销售一批商品给南方公司,取得收入 150 万元(不含税,增值税税率 13%)。新华公司发出商品后,按照正常情况已确认收入,并结转成本 100 万元。2021 年 12 月 31 日,该笔货款尚未收到,新华公司未对应收账款计提坏账准备。2022 年 1 月 12 日,由于产品质量问题,本批货物被退回。新华公司于 2022 年 2 月 28 日完成 2021 年所得税汇算清缴。

新华公司财务报告批准报出日是次年 3 月 31 日,所得税税率为 25%,按净利润的 10% 提取法定盈余公积,提取法定盈余公积后不再作其他分配。假定调整事项按税法规定均可调整应交纳的所得税;涉及递延所得税资产的,均假定未来期间很可能取得用来抵扣暂时性差异的应纳税所得额;不考虑报表附注中有关现金流量表项目的数字。

本例中,销售退回业务发生在资产负债表日后事项涵盖期间内,属于资产负债表日后调整事项。由于销售退回发生在新华公司报告年度所得税汇算清缴之前,因此在所得税汇算清缴时,应扣除该部分销售退回所实现的应纳税所得额。

新华公司的账务处理如下。

① 2022 年 1 月 12 日,调整销售收入。

借:以前年度损益调整——营业收入　　　　　　　　1 500 000
　　应交税费——应交增值税(销项税额)　　　　　　 195 000
　　　贷:应收账款　　　　　　　　　　　　　　　　1 695 000

② 调整销售成本。

借:库存商品　　　　　　　　　　　　　　　　　　1 000 000
　　　贷:以前年度损益调整　　　　　　　　　　　　1 000 000

③ 调整应缴纳的所得税。

(1 500 000−1 000 000)×25%=125 000(元)

借:应交税费——应交所得税　　　　　　　　　　　　125 000
　　　贷:以前年度损益调整——所得税费用　　　　　　125 000

④ 将"以前年度损益调整"科目余额转入"利润分配"。

借:利润分配——未分配利润　　　　　　　　　　　　375 000
　　　贷:以前年度损益调整　　　　　　　　　　　　　375 000

⑤ 调整盈余公积。

375 000×10%=37 500(元)

借:盈余公积——提取法定盈余公积　　　　　　　　　37 500
　　　贷:利润分配——未分配利润　　　　　　　　　　37 500

⑥ 调整相关财务报表。

a. 资产负债表项目的调整:调减应收账款 1 695 000 元;调增存货 1 000 000 元;调减应交税费 320 000(195 000+125 000)元;调减盈余公积 37 500 元;调减未分配利润

3 375 000 元。

b. 利润表项目的调整：调减营业收入 1 500 000 元；调减营业成本 1 000 000 元；调减所得税费用 125 000 元，调减净利润 375 000 元。

c. 所有者权益变动项目的调整：调减净利润 375 000 元；提取盈余公积项目中盈余允积一栏调减 37 500 元，未分配利润项目调减 3 375 000 元。

7.4.5 非调整事项的处理

1. 非调整事项的处理原则

资产负债表日后发生的非调整事项是表明资产负债表日后发生的情况的事项，与资产负债表日存在状况无关，不应当调整资产负债表日的财务报表。

但有的非调整事项对财务报告使用者具有重大影响，如不加以说明，将不利于财务报告使用者做出正确估计和决策，因此，资产负债表日后事项准则要求在报表附注中披露"重要的资产负债表日后非调整事项的性质、内容，及其对财务状况和经营成果的影响"。

2. 非调整事项的具体处理办法

资产负债表日后发生的非调整事项，应当在报表附注中披露每项重要的资产负债表日后非调整事项的性质、内容，及其对财务状况和经营成果的影响。无法做出估计的，应当说明原因。资产负债表日后，企业利润分配方案中拟分配的以及经审议批准宣告发放的股利或利润，不确认为资产负债表日负债，但应当在附注中单独披露。

7.5 会计调整信息的披露和分析

按照《企业会计准则第 28 号——会计政策、会计估计变更和差错更正》的规定，企业应当在其报表附注中披露以下信息。

1. 与会计政策变更有关的会计信息

（1）企业政策变更的性质、内容和原因。这包括对会计政策变更的简要阐述、变更的日期、变更前采用的会计政策和变更后所采用的新会计政策及会计政策变更的原因。

（2）当期和各个列报前期财务报表中受影响的项目名称和调整金额。这包括采用追溯调整法时，计算出的会计政策变更的累积影响数；当期和各个列报前期财务报表中需要调整的净损益及其影响金额，以及其他需要调整的项目名称和调整金额。

（3）无法进行追溯调整的，应当说明该事实和原因以及开始应用变更后的会计政策的时点、具体应用情况。这包括无法进行追溯调整的事实；确定会计政策变更对列报前期影响数不切实可行的原因；开始应用新会计政策的时点和具体应用。

2. 与会计估计变更有关的会计信息

（1）会计估计变更的内容、原因和变更日期。

（2）会计估计变更对当期和未来期间损益的影响金额，以及对其他各项目的影响金额。

3. 与前期差错更正有关的会计信息

（1）前期差错的性质。

（2）各个列报前期财务报表中受影响的项目名称和更正金额。

(3) 无法进行追溯重述的,说明该事实和原因,以及对前期差错开始进行更正的时间、具体更正情况。

按照《企业会计准则第 29 号——资产负债表日后事项》的规定,企业应当在附注中披露与资产负债表日后事项有关的下列信息。

(1) 财务报告的批准报出者和财务报告批准报出日。按照有关法律、行政法规等规定,企业所有者和其他方面有权对报出的财务报告进行修改的,应当披露这一情况。

(2) 每项重要的资产负债表日后非调整事项的性质、内容,及其对财务状况和经营成果的影响。无法做出估计的,应当说明原因。

很显然,由于会计政策、会计估计变更及前期差错更正在实务中有时容易混淆,难以区分,且其会计处理存在显著不同,对企业当期及前期会计信息会造成很大影响,故会计准则对有关会计政策、会计估计变更及前期差错更正的会计信息披露进行了极为详细的规定,报表使用者应当密切关注、分析企业的会计政策、会计估计是否保持前后期的一致,如果不一致是否做出相应的会计处理及完整的信息披露,这种变更对企业当期损益的影响程度;同时审慎看待上市公司的"打补丁"现象,即一些企业经常出现定期报告修正的情形,分析这些公司为什么会出现这样的情况,这样的处理和披露是否合理准确,进而对当期报表的影响程度。

本章习题

一、单项选择题

1. 下列各项中,不属于会计政策变更的是(　　)。

    A. 因执行新租赁准则,将租入飞机确认为使用权资产并确认租赁负债

    B. 投资性房地产的后续计量由成本模式改为公允价值模式

    C. 因执行新债务重组准则而改变债务重组事项的核算方法

    D. 将一项固定资产的预计净残值由 20 万元变更为 5 万元

2. 甲公司 2021 年以前按销售额的 1% 预提产品质量保证费用。董事会决定该公司自 2021 年度开始改按销售额的 10% 预提产品质量保证费用。假定以上事项均具有重大影响,且每年按销售额的 1% 预提的产品质量保证费用与实际发生的产品质量保证费用大致相符。甲公司在 2022 年度财务报告中对上述事项正确的会计处理方法是(　　)。

    A. 作为会计估计变更予以调整,并在会计报表附注中披露

    B. 作为会计政策变更予以调整,并在会计报表附注中披露

    C. 作为前期差错更正采用追溯重述法进行调整,并在会计报表附注中披露

    D. 不作为会计政策变更、会计估计变更或前期差错更正调整,不在会计报表附注中披露

3. 下列有关前期差错的说法中,不正确的是(　　)。

    A. 企业应当采用追溯重述法更正重要的前期差错,但确定前期差错累积影响数不切实可行的除外

    B. 前期差错通常包括计算错误、应用会计政策错误、疏忽或曲解事实、舞弊产生的影响等

C. 追溯重述法是指在发现前期差错时,视同该项前期差错从未发生过,从而对财务报表相关项目进行更正的方法

D. 确定前期差错累积影响数不切实可行的,可以从可追溯重述的最早期间开始调整留存收益的期初余额,财务报表其他相关项目的期初余额也应当一并调整,不得采用未来适用法

4. 甲公司于2022年12月发现,2021年少计了一项管理用固定资产的折旧费用375万元,但在所得税纳税申报表中扣除了该项折旧费用,并对其记录了93.75万元的递延所得税负债(适用的企业所得税税率为25%),甲公司按净利润的10%提取盈余公积。假定无其他纳税调整事项,甲公司在2022年因此项前期差错更正而减少的未分配利润为(　　)万元。

A. 253.13　　　　B. 281.25　　　　C. 28.13　　　　D. 93.75

5. A公司适用的所得税税率为25%,2021年财务报告批准报出日为2022年4月30日,2021年所得税汇算清缴于2022年4月30日完成。A公司在2022年1月1日至4月30日发生下列事项。

(1) 2022年2月10日支付2021年度财务报告审计费40万元。

(2) 2022年2月15日因遭受水灾,上年购入的存货发生毁损150万元。

(3) 2022年3月15日,公司董事会提出2021年度利润分配方案为每10股派2元现金股利。

(4) 2022年4月15日,公司在一起历时半年的违约诉讼中败诉,支付赔偿金500万元,公司在2021年年末已确认预计负债520万元。税法规定该诉讼损失在实际发生时允许税前扣除。

(5) 2022年4月20日,因产品质量原因,客户将2021年12月10日购入的一批大额商品全部退回,价款为500万元,成本为400万元。

下列各项中,属于A公司资产负债表日后调整事项的是(　　)。

A. 支付2021年度财务会计报告审计费

B. 因遭受水灾,上年购入的存货发生毁损

C. 董事会提出利润分配方案

D. 法院判决违约诉讼败诉

6. 下列关于资产负债表日后事项的表述中,不正确的是(　　)。

A. 影响重大的资产负债表日后非调整事项应在附注中披露

B. 对资产负债表日后调整事项应当调整资产负债表日财务报表的有关项目

C. 资产负债表日后事项包括资产负债表日至财务报告批准报出日之间发生的全部事项

D. 判断资产负债表日后调整事项的标准在于该事项是否对资产负债表日存在的情况提供了新的或进一步的证据

二、多项选择题

1. 下列关于会计政策、会计估计及其变更的表述中,正确的有(　　)。

A. 会计估计以最近可利用的信息或资料为基础,不会削弱会计确认和计量的可靠性

B. 会计政策是企业在会计确认、计量和报告中所采用的原则、基础和会计处理方法

C. 企业应当在会计准则允许的范围内选择适合本企业情况的会计政策,但一经确

定,不得随意变更
        D. 会计估计变更应按照变更后的会计估计对以前各期追溯计算其产生的累积影响数
    2. 下列各项中,应作为会计政策变更进行会计处理的有( )。
        A. 将自用的办公楼改为出租,由固定资产转换为投资性房地产
        B. 因经营方向改变,对周转材料的需求增加,周转材料的摊销方法由一次转销法变更为分次摊销法
        C. 存货发出的计价方法由加权平均法改为先进先出法
        D. 所得税核算方法由应付税款法改为资产负债表债务法
    3. 下列关于会计估计及其变更的表述中,不正确的有( )。
        A. 会计估计应以最近可利用的信息或资料为基础
        B. 会计估计变更会削弱会计信息的可靠性
        C. 会计估计变更应根据不同情况采用追溯重述法或追溯调整法进行处理
        D. 某项变更难以区分为会计政策变更和会计估计变更的,应作为会计政策变更处理
    4. 某股份有限公司 2022 年发生或发现的下列交易或事项中(均具有重大影响),会影响 2022 年期初所有者权益的有( )。
        A. 发现 2021 年漏记管理费用 100 万元
        B. 将某项固定资产的折旧年限由 15 年改为 11 年
        C. 2021 年应确认为资本公积的 5 000 万元计入了 2021 年的投资收益
        D. 在新企业会计准则首次执行日,对于满足预计负债确认条件且该日之前尚未计入资产成本的弃置费用,应当增加该项资产成本,并确认相应的负债;同时,将补提的折旧(折耗)调整留存收益
    5. 上市公司在其年度资产负债表日至财务报告批准报出日之间发生的下列事项中,属于资产负债表日后非调整事项的有( )。
        A. 向社会公众发行公司债券
        B. 资本公积转增资本
        C. 税收政策和外汇汇率发生重大变化
        D. 以前年度已确认的减值损失需要调整
    6. 资产负债表日至财务报告批准报出日之间由董事会或类似机构制定的利润分配方案中分配的股利,其正确的处理方法有( )。
        A. 现金股利分配方案作为非调整事项处理在会计报表附注披露
        B. 股票股利分配方案作为非调整事项处理在会计报表附注披露
        C. 现金股利分配方案作为调整事项处理,股票股利作为非调整事项处理
        D. 现金股利和股票股利分配方案均不需要进行任何处理

三、综合题

1. 甲公司经董事会和股东大会批准,于 2022 年 1 月 1 日开始对有关会计政策和会计估计作如下变更(甲公司按净利润的 10% 计提法定盈余公积,不提取任意盈余公积)。

    (1)对子公司投资的后续计量由权益法改为成本法。对子公司的投资 2022 年年初账面余额为 6 500 万元,其中,成本为 4 000 万元,损益调整为 2 500 万元,未发生减值。变更

日该投资的计税基础为其成本 4 000 万元。

（2）管理用无形资产的摊销方法由直线法改为产量法。甲公司生产用无形资产 2021 年年初账面价值为 5 000 万元,原每年摊销 500 万元(与税法规定相同),累计摊销额为 1 000 万元,未发生减值;按产量法摊销,每年摊销 600 万元。变更日该无形资产的计税基础与其账面价值相同。

（3）应收账款坏账准备的计提比例按照应收账款账面余额的 5% 改为应收账款账面余额的 3%。甲公司应收账款 2022 年年初余额 1 000 万元,年末余额 2 200 万元。2022 年坏账准备转销 15 万元。

（4）应付债券实际利息费用的确认由直线法摊销(与税法规定相同)改为实际利率法摊销。直线法摊销是指利息调整部分在持有年限内平均分摊计入财务费用。甲公司应付债券 2022 年年初余额 1 109 万元,其中面值为 1 250 万元,利息调整借方余额为 141 万元。该债券是甲公司于 2021 年 1 月 1 日发行的 5 年期债券,收到银行存款 1 000 万元,面值总额为 1 250 万元,票面利率为 4.72%,按年支付利息(即每年支付 59 万元),本金最后一次支付,实际年利率为 10%。

（5）所得税核算采用资产负债表债务法。甲公司适用的所得税税率为 25%,预计在未来期间不会发生变化。

要求：

（1）根据给定的资料,不考虑其他因素,判断哪些事项属于会计政策变更,标明序号并编制其追溯调整的会计分录。

（2）根据给定的资料,不考虑其他因素,判断哪些事项属于会计估计变更,标明序号,计算会计估计变更对 2022 年度净利润的影响额,并编制会计分录。

2. 大海股份有限公司(以下简称"大海公司"),属于高危行业企业,为增值税一般纳税人。2021 年确认的利润总额为 2 000 万元,不考虑所得税等因素的影响。2021 年度的财务报告于 2022 年 3 月 31 日批准对外报出。该公司 2021 年度和 2022 年度发生的一些交易和事项及其会计处理如下。

（1）2021 年 1 月 1 日向甲公司投资,拥有甲公司 65% 的股权,能控制甲公司的财务和经营政策。甲公司 2021 年度实现净利润 200 万元,分配现金股利 80 万元,大海公司确认投资收益 78 万元。

（2）2021 年 12 月 3 日与乙公司签订产品销售合同。合同约定,大海公司向乙公司销售 B 产品 400 件,单位售价 500 元(不含增值税);乙公司应在大海公司发出产品后 1 个月内支付款项,乙公司收到 B 产品后 6 个月内如发现质量问题有权退货。B 产品单位成本为 300 元。大海公司于 2021 年 12 月 4 日发出 B 产品,并开具增值税专用发票。根据历史经验,大海公司估计 B 产品的退货率为 20%。至 2021 年 12 月 31 日止,上述已销售的 B 产品尚未发生退回。大海公司 2021 年度财务报告批准对外报出前,B 产品实际退货率为 30%;至 2022 年 6 月 3 日止,2021 年出售的 B 产品实际退货率为 35%。大海公司 2021 年确认营业收入 16 万元,营业成本 9.6 万元。

（3）2022 年 5 月 20 日召开的股东大会通过的 2021 年度利润分配方案中分配的现金股利比董事会提议的利润分配方案中的现金股利 400 万元多 100 万元,即 500 万元。对此项业务,该公司在 2022 年度所有者权益变动表中"未分配利润"的本年年初余额调减 400 万元,"未分配利润"的"对所有者(或股东)的分配"调减100万元。

假定不考虑其他因素的影响。

要求：

（1）根据会计准则规定,说明大海公司上述交易和事项的会计处理哪些是正确的,哪些是不正确的,只需注明上述资料的序号即可,如事项(1)处理正确,或事项(1)处理不正确。

（2）对上述交易或事项不正确的会计处理,简要说明不正确的理由,并简述正确的会计处理。

（3）计算大海公司调整后的2021年利润总额。

（答案中的金额单位用万元表示）

第8章 企业合并

引导案例

武汉金运合并议案

2020年9月2日,武汉金运激光股份有限公司(300220)第四届董事会第二十二次会议审议通过了《关于收购玩偶一号(武汉)科技有限公司的股权暨关联交易的议案》,同意公司以自有资金人民币1 513.02万元收购梁浩东、梁伟、武汉金块链科技股份有限公司三方合计持有的玩偶一号(武汉)科技有限公司(以下简称玩偶一号)82.89%的股权。收购后,公司合计持有玩偶一号82.89%股权,玩偶一号被纳入公司合并报表范围。公司于2020年9月3日、9月4日共支付了50%股权收购款。玩偶一号已完成工商变更登记手续。

梁伟先生为本公司实际控制人,梁浩东先生为玩偶一号实际控制人,梁伟先生与梁浩东先生为父子关系。本公司与玩偶一号合并前后均受梁伟先生、梁浩东先生控制且该控制并非暂时性的,因此本公司对玩偶一号的合并为同一控制下企业合并。2020年9月4日为本次同一控制下企业合并的合并日。鉴于此,公司需按照同一控制下企业合并的相关规定追溯调整财务报表期初数据及上年同期相关财务报表数据。

企业合并的会计处理以及合并报表的编制,有利于对外报告更加真实地反映企业集团的财务和经营情况,有利于防止和避免控股公司人为操纵利润,粉饰会计报表。基于以上案例,需关注以下问题。

(1) 什么是企业合并?企业合并有哪些类型?

(2) 企业合并应如何进行相关的确认预计量?企业合并对合并方和被合并方的财务报表各有什么影响?

本章内容框架

企业合并对实现经济结构的战略性调整、促进资产流动、扩大生产规模、提高经济效益、实现资本和生产的集中、推动国企改革、促进文化融合和管理理念的提升等诸多方面都有积极作用。而相应业务所涉及的会计处理原则和方法即企业合并会计,需遵循《企业会计准则第2号——长期股权投资》《企业会计准则第20号——企业合并》及相关指南和解释。本章主要解决以下问题。

(1) 什么是企业合并?企业合并有哪些类型?

(2) 企业合并的方式有哪些?

(3) 同一控制下的企业合并如何进行相应的确认和计量?合并日合并财务报表如何编制?

(4) 非同一控制下的企业合并如何进行相应的确认和计量?购买日合并财务报表如何编制?

本章内容框架如图8-1所示。

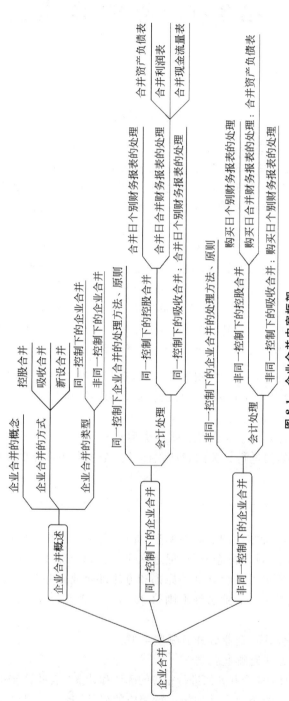

图 8-1 企业合并内容框架

8.1 企业合并的概念、方式和类型

8.1.1 企业合并的概念

《企业会计准则第 20 号——企业合并》对企业合并的定义是：企业合并是将两个或两个以上单独的企业合并形成一个报告主体的交易或事项。

(1) 在理解企业合并定义时，应注意以下几个问题。

① "单独的会计主体"既是独立的法人主体也是独立的报告主体，即作为独立的法人单位，单独主体应定期提供本主体的个别财务会计报告。

② "合并形成一个报告主体"是指多个主体合并后形成的合并体作为一个报告主体，它应该是经济意义上的一个整体，而从法律意义上看可能是一个法人主体，也可能是多个法人主体。

③ 企业合并是一项交易还是一个事项，这实际上是关于企业合并的性质问题。企业合并的"交易"性将决定公允价值的使用，而合并"事项"只能使用账面价值进行企业合并的确认与计量。

(2) 假定在企业合并前 A、B 两个企业为各自独立的法律主体，且均构成业务，企业合并准则中所界定的企业合并，包括但不限于以下情形。

① 企业 A 通过增发自身的普通股自企业 B 原股东处取得企业 B 的全部股权，该交易事项发生后，企业 B 仍继续经营。

② 企业 A 支付对价取得企业 B 的全部净资产，该交易事项发生后，撤销企业 B 的法人资格。

③ 企业 A 以自身持有的资产作为出资投入企业 B，取得对企业 B 的控制权，该交易事项发生后，企业 B 仍维持其独立法人资格继续经营。

(3) 下列交易在《企业会计准则第 20 号——企业合并》中，不被视为企业合并。

① 两方或两方以上形成合营企业的情况。由于合营企业的合营各方中，并不存在占主导地位的控制方，不属于准则中界定的企业合并。

② 仅通过合并而不是所有权份额将两个或者两个以上单独的企业合并形成一个报告主体的情况。例如，通过签订委托受托经营合同，作为受托方虽不拥有受托经营企业的所有权，但按合同协议的约定能够对受托经营企业的生产经营活动实施控制。在这种情况下，因无法明确计量企业的合并成本，某些情况下甚至不发生任何成本，虽然涉及控制权的转移，但不属于企业合并的范畴。

8.1.2 企业合并的方式

企业合并从合并方式划分，包括控股合并、吸收合并和新设合并。

1. 控股合并

合并方（或购买方，下同）通过企业合并交易或事项取得被合并方（或被购买方，下同）的控制权，企业合并后能够通过所取得的股权等主导被合并方的生产经营决策，并自被合并方的生产经营活动中获益，被合并方在企业合并后仍维持其独立法人资格继续经营的，为控股

合并。

该类企业合并中,因合并方通过企业合并交易或事项取得了被合并方的控制权。在控股合并中,控股公司成为母公司,被控股公司称为该母公司的子公司,以母公司为中心,连同它所控股的子公司,称为企业集团。在企业合并发生后,被合并方(子公司)应当纳入合并方(母公司)财务报表的编制范围,从合并财务报表角度,使报告主体发生变化。

2. 吸收合并

合并方在企业合并中取得被合并方的全部净资产,并将有关资产、负债并入合并方自身的账簿和报表进行核算。企业合并后,注销被合并方的法人资格,由合并方持有合并中取得的被合并方的资产、负债,在新的基础上继续经营,该类合并为吸收合并。

吸收合并中,因被合并方(或被购买方)在合并发生后被注销,从合并方(或购买方)的角度需要解决的问题是,在合并日(或购买日)取得的被合并方有关资产、负债入账价值的确定,以及为进行企业合并支付的对价与所取得的被合并方资产、负债的入账价值之间差额的处理。

企业合并日之后,合并方应将合并中取得的资产、负债作为本企业的资产、负债核算。

3. 新设合并

参与合并的各方在企业合并后法人资格均被注销,重新注册成立一家新的企业,由新注册成立的企业持有参与合并各企业的资产、负债在新的基础上经营,为新设合并。企业合并方式示意图如图 8-2 所示。

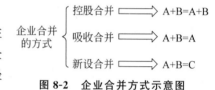

图 8-2　企业合并方式示意图

8.1.3　企业合并类型的划分

我国的企业合并准则中按照合并双方前、后最终控制方是否变化将企业合并分为两大基本类型:同一控制下的企业合并和非同一控制下的企业合并。企业合并的类型划分不同,所遵循的会计处理原则也不同。

1. 同一控制下的企业合并

同一控制下的企业合并是指参与合并的企业在合并前后均受同一方或相同的多方最终控制,且该控制并非暂时性的。

判断某一企业合并是否属于同一控制下的企业合并,应当把握以下要点。

(1) 能够对参与合并各方在合并前后均实施最终控制的一方通常指企业集团的母公司。

(2) 能够对参与合并各方在合并前后均实施最终控制的相同多方是指根据合同或协议的约定,拥有最终决定参与合并企业的财务和经营政策,并从中获取利益的投资者群体。

(3) 实施控制的时间性要求是指参与合并各方在合并前后较长时间内为最终控制方所控制。具体是指在企业合并之前(合并日之前),参与合并各方在最终控制方的控制时间一般在 1 年以上(含 1 年),企业合并后所形成的报告主体在最终控制方的控制时间也应达到 1 年以上(含 1 年)。

(4) 企业之间的合并是否属于同一控制下的企业合并,应综合考虑企业合并交易的各方面情况,按照实质重于形式的原则进行判断。通常情况下,同一控制下的企业合并是指发生在同一企业集团内部企业之间的合并。同受国家控制的企业之间发生的合并,不能仅因为参与合并各方在合并前后均受国家控制而将其作为同一控制下的企业合并。

2. 非同一控制下的企业合并

非同一控制下的企业合并是指参与合并各方在合并前后不受同一方或相同多方最终控制的合并交易,即除判断属于同一控制下企业合并的情况以外的企业合并。

【例 8-1】 为扩大市场份额,经股东大会批准,新华公司 2021 年和 2022 年实施了并购和其他有关交易。并购前,新华公司与相关公司之间的关系如下。

(1) A 公司直接持有 B 公司 30% 的股权,同时受托行使其他股东所持有 B 公司 18% 股权的表决权。B 公司董事会由 11 名董事组成,其中 A 公司派出 6 名。B 公司章程规定,其财务和经营决策经董事会 2/3 以上成员通过即可实施。

(2) B 公司持有 C 公司 60% 的股权,持有 D 公司 100% 的股权。

(3) A 公司和 D 公司分别持有新华公司 30% 的股权和 29% 的股权。新华公司董事会由 9 人组成,其中 A 公司派出 3 人,D 公司派出 2 人。新华公司章程规定,其财务和经营决策经董事会半数以上成员通过即可实施。

上述公司之间的关系如图 8-3 所示。

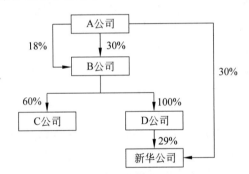

图 8-3 公司之间的关系

与并购交易相关的资料如下。

2021 年 5 月 20 日,新华公司与 B 公司签订股权转让合同。合同约定:新华公司向 B 公司购买其所持有的 C 公司 60% 的股权。

要求:判断新华公司取得 C 公司 60% 的股权交易的企业合并类型,并说明理由。

新华公司取得 C 公司 60% 的股权交易属于非同一控制下的控股合并。

理由:A 公司在 B 公司的董事人数未超过 2/3,合并前新华公司和 C 公司不受同一集团管理当局控制。

8.1.4 企业合并的程序

企业合并是市场经济条件下的一种很普遍的现象,也是现代企业竞争、发展和扩张下的产物。实施企业合并,一般需经过下列程序。

(1) 股东大会或者股东会做出合并决议。

(2) 合并各方签订合并合同,并经合并各方的股东(大)会通过,国有独资公司的合并应有国家授权投资的机构或者国家授权的部门决定(在合并合同中,约定合同的生效条件)。

合并协议的内容一般应有六项：合并各方的名称、住所；合并后存续企业或新设企业的名称、住所；合并各方的债权、债务处理办法；合并各方的资产状况及其处理办法；存续企业和新设企业合并而增资的总额；合并各方需要载明的其他事项。

(3) 编制资产负债表和财产清单。合并各方协议合并时，应编制各自的资产负债表和财产清单，并委托公正的资产评估机构，对企业的流动资产、固定资产、无形资产及其他资产进行评估，确认其债权和债务。

(4) 通知债权人并经债权人同意。若债权人不同意合并，则参与合并的公司必须清偿债务或提供担保，否则，不得合并。如果合并行为存在违反法律、行政法规的强制性规范的事由，利害关系人可以提起请求确认无效之诉。

(5) 报主管机关批准。《公司法》规定："股份有限公司合并或者分立，必须经国务院授权的部门或者省级人民政府批准。"所以，主管机关的批准是股份有限公司合并的必经程序。

(6) 办理变更、注销登记。合并协议经有关主管部门审核批准后，合并各方应依次向工商行政机关分别申请变更登记、设立登记或注销登记，同时依法向税务机关申报办理税务变更登记、设立登记或注销登记手续。

8.2 同一控制下企业合并的处理

同一控制下企业合并的会计核算，是从合并方出发，确定合并方在合并日对企业合并事项应进行的会计处理。合并方是指取得对其他方参与合并企业控制权的一方；合并日是指合并方实际取得被合并方控制权的日期。

同一控制下的企业合并采用的是权益结合法。权益结合法也称股权结合法、权益联营法，属于企业合并的会计处理方法之一，视企业合并为参与合并的双方，通过股权的交换形成的所有者权益的联合，而非资产的交易。换言之，它是由两个或两个以上经营主体对一个联合后的企业或集团公司开展经营活动的资产贡献，即经济资源的联合。

在权益结合法中，原所有者权益继续存在，以前的会计基础保持不变。参与合并的各企业的资产和负债继续按其原来的账面价值记录，合并后企业的利润包括合并日之前本年度已实现的利润，以前年度累积的留存利润也应予以合并。

合并方在企业合并中取得的资产和负债，应当按照合并日在被合并方的账面价值计量。合并方取得的净资产账面价值与支付的合并对价账面价值（或发行股份面值总额）的差额，应当调整资本公积（资本溢价或股本溢价）；资本公积（资本溢价或股本溢价）不足冲减的，调整留存收益。在合并中不产生新的资产和负债；被合并方在企业合并前账面上原已确认的商誉应作为合并中取得的资产确认，但在合并过程中不产生新的商誉。

同一控制下的企业合并，视合并方式不同，可以分为同一控制下的控股合并、同一控制下的吸收合并。其会计核算方法也相应地有所不同。

8.2.1 同一控制下的控股合并的会计核算方法

同一控制下的企业合并中，合并方在合并后取得对被合并方生产经营决策的控制权，并且被合并方在企业合并后仍然继续经营的，合并方在控制权取得日（以下简称合并日）的相关会计核算主要涉及两个方面的问题：①对于因该项企业合并形成的对被合并方的长期股权投资的确认和计量问题；②合并日合并财务报表的编制问题。

1. 长期股权投资的确认和计量

按照《企业会计准则第 2 号——长期股权投资》的规定，同一控制下企业合并形成的长期股权投资，合并方应当以合并日应享有被合并方所有者权益在最终控制方合并财务报表中的账面价值的份额作为其初始投资成本。

长期股权投资初始投资成本与支付的现金、转让的非现金资产及所承担的债务账面价值或所发行的股份面值总额之间的差额，应当调整资本公积（资本溢价或股本溢价）；资本公积不足冲减的，调整留存收益（盈余公积和未分配利润）。相关的会计分录如下。

借：长期股权投资（被合并方的所有者权益相对于最终控制方而言的账面价值×母公司持股比例）
　　应收股利（按享有被投资单位已宣告但尚未发放的现金股利或利润）
　　资本公积（资本溢价或股本溢价）（不足冲减盈余公积和未分配利润）（借方差额）
　贷：有关资产（账面价值）
　　有关负债（账面价值）
　　股本
　　资本公积（贷方差额）

需要注意的是，合并方与被合并方在企业合并前采用的会计政策不同的，应先统一被合并方的会计政策，即应当按照合并方的会计政策对被合并方有关资产、负债的账面价值进行调整，以调整后的账面价值确认。

【例 8-2】 2022 年 8 月 31 日，新华公司向同一集团内 B 公司的原股东 M 公司（B 公司是 M 公司设立的全资子公司）定向增发 1 000 万股普通股（每股面值 1 元，市价为 6.88 元），取得 B 公司 100% 的股权，并于当日起对 B 公司实施控制。合并后 B 公司仍维持其独立法人资格。假定两公司在合并前采用的会计政策相同，无特殊调整事项。合并日，新华公司和 B 公司的所有者权益如表 8-1 所示，其中 B 公司在 M 公司合并报表中的账面价值为 5 000 万元。

表 8-1　新华公司和 B 公司所有者权益　　　　　　　　　单位：万元

报表项目	新华公司	B 公司
股本	6 000	2 500
资本公积——股本溢价	1 500	800
其他综合收益	500	500
盈余公积	700	800
未分配利润	300	400
所有者权益合计数	9 000	5 000

根据上述资料，可以判断该项合并为同一控制下的企业合并，新华公司应以 B 公司净资产在最终控制方合并财务报表中的账面价值的份额来确认长期股权投资的初始成本，即新华公司确认的长期股权投资的初始投资成本为 5 000×100%＝5 000（万元），初始投资成本 5 000 万元与所发行股票面值总额 1 000 万元之间的差额为 4 000 万元，应当记入"资本公积——股本溢价"账户。

新华公司合并日的会计分录如下。

借：长期股权投资——B 公司	50 000 000	
贷：股本		10 000 000
资本公积——股本溢价		40 000 000

【例 8-3】 新华公司和南方公司同为中南公司控制下的两家子公司，其中南方公司是中南公司通过非同一控制下企业合并取得的子公司。新华公司于 2022 年 5 月 1 日以账面价值 500 万元的固定资产（原价 600 万元，累计折旧 50 万元，减值准备 50 万元）和银行存款 250 万元作为对价取得南方公司 90% 的股权。2022 年 5 月 1 日，中南公司合并财务报表中南方公司净资产的账面价值为 1 500 万元，新华公司和南方公司的所有者权益如表 8-2 所示，假定两家企业的会计政策相同，无特殊调整事项。

表 8-2　新华公司和南方公司所有者权益　　　　　　　　　　单位：万元

报 表 项 目	新华公司	南方公司
股本	1 000	580
资本公积——股本溢价	100	270
盈余公积	300	90
未分配利润	100	60
所有者权益合计数	1 500	1 000

根据上述资料，该项合并为同一控制下的企业合并，新华公司长期股权投资的初始投资成本应当以享有南方公司净资产在中南公司合并财务报表中账面价值的份额来确定，而不能以南方公司的净资产为基础来确定，即确认长期股权投资的初始成本为 1 350 万元(1 500×90%)；合并对价为 750 万元(500+250)；合并差额为 600 万元(1 350−750)，应当调整资本公积——股本溢价。

新华公司合并日的会计分录如下。

(1) 借：固定资产清理	5 000 000	
累计折旧	500 000	
固定资产减值准备	500 000	
贷：固定资产		6 000 000
(2) 借：长期股权投资——南方公司	13 500 000	
贷：固定资产清理		5 000 000
银行存款		2 500 000
资本公积——股本溢价		6 000 000

2. 合并日合并财务报表的编制

1) 同一控制下企业合并在合并日编制合并财务报表的基本原则

对于同一控制下的控股合并，应视为合并后形成的报告主体自最终控制方开始实施控制起一直是一体化存续下来的，体现在其合并财务报表上，即由合并后形成的母子公司构成的报告主体，无论是其资产规模还是其经营成果都应持续计算。

无论该项合并发生在报告期的哪一时点，合并利润表、合并现金流量表均反映的是由母子公司构成的报告主体自合并当期期初至合并日实现的损益及现金流量情况。相对应的合并资产负债表的留存收益项目，应当反映母子公司作为一个整体运行至合并日应实现的盈余公积和未分配利润的情况。

2) 同一控制下企业合并在合并日编制合并财务报表的基本程序

合并方在合并日编制合并财务报表时,应当遵循以下合并报表编制的基本程序。

(1) 当合并方与被合并方采用的会计政策、会计期间不同时,应统一按照合并方的会计政策和会计期间,在合并工作底稿中对被合并方有关资产、负债的账面价值进行调整,然后进行抵销处理。

(2) 合并方与被合并方在合并日及以前期间发生的交易,应作为内部交易,按照合并报表的有关原则进行抵销处理。

(3) 对于同一控制下的企业合并,在编制合并日的合并财务报表时,应视为合并后形成的报告主体自最终控制方开始实施控制起一直是一体化存续下来的,参与合并各方在合并以前期间实现的留存收益应体现为合并财务报表中的留存收益。

3) 合并资产负债表

被合并方的有关资产、负债应以其账面价值并入合并财务报表(合并方与被合并方采用会计政策不同的,应当按照合并方会计政策确定被合并方资产、负债经调整后的账面价值)。这里的账面价值是指被合并方的有关资产、负债(包括最终控制方收购被合并方而形成的商誉)在最终控制方财务报表中的账面价值。

合并财务报表的主体是母公司和子公司组成的企业集团,该集团的所有者是母公司投资者,因此,在合并报表日,应抵销母公司长期股权投资与子公司所有者权益。

抵销分录如下。

借:股本
　　资本公积
　　其他综合收益
　　盈余公积
　　未分配利润
　贷:长期股权投资
　　　少数股东权益

在合并资产负债表中,对于被合并方在企业合并前实现的留存收益(盈余公积和未分配利润之和)中归属于合并方的部分,应按以下原则,自合并方的资本公积转入盈余公积和未分配利润。

(1) 确认形成控股合并的长期股权投资后,合并方账面资本公积(资本溢价或股本溢价)贷方余额大于被合并方在合并前实现的留存收益中归属于合并方的部分,在合并资产负债表中,应将被合并方在合并前实现的留存收益中归属于合并方的部分,体现在合并工作底稿中。

借:资本公积
　贷:盈余公积(被合并方盈余公积×持股比例)
　　　未分配利润(被合并方未分配利润×持股比例)

(2) 确认企业合并形成的长期股权投资后,合并方账面资本公积(资本溢价或股本溢价)贷方余额小于被合并方在合并前实现的留存收益中归属于合并方的部分,在合并资产负债表中,应以合并方资本公积(资本溢价或股本溢价)的贷方余额为限,将被合并方在企业合并前实现的留存收益中归属于合并方的部分自"资本公积"转入"盈余公积"和"未分配利润"。在合并工作底稿中,借记"资本公积"科目,贷记"盈余公积"和"未分配利润"科目。

因合并方的资本公积(资本溢价或股本溢价)余额不足,被合并方在合并前实现的留存收益中归属于合并方的部分在合并资产负债表中未予全额恢复的,合并方应当在报表附注中对这一情况进行说明。

4) 合并利润表

合并方在编制合并日的合并利润表时,应包含合并方及被合并方自合并当期期初至合并日实现的净利润。例如,同一控制下的企业合并发生于2022年7月31日,合并方当日编制合并利润表时,应包括合并方及被合并方自2022年1月1日至7月31日实现的净利润。双方在当期发生的交易,应当按照合并财务报表的有关原则进行抵销。为帮助企业的会计信息使用者了解合并利润表中净利润的构成,发生同一控制下企业合并的当期,合并方在合并利润表中的"净利润"项下应单列"其中:被合并方在合并前实现的净利润"项目,反映合并当期期初至合并日自被合并方带入的损益的情况。

5) 合并现金流量表

合并方在编制合并日的合并现金流量表时,应包含合并方及被合并方自合并当期期初至合并日产生的现金流量。涉及双方当期发生内部交易产生的现金流量,应按照合并财务报表准则规定的有关原则进行抵销。

【例8-4】 2022年9月30日,新华公司向北方公司的股东定向增发1 000万股普通股(每股面值1元)对北方公司进行合并,并于当日取得北方公司100%的股权。合并后,公司维持其法人资格继续经营。合并前后,新华公司、北方公司的最终控制方为中北公司。北方公司由中北公司通过非同一控制下的企业合并取得,中北公司取得北方公司时,北方公司净资产的账面价值与公允价值相同。合并前,新华公司、北方公司的会计政策、会计期间相同,且未发生任何交易。参与合并企业在2022年9月30日企业合并前,有关资产、负债情况如表8-3所示,新华公司及北方公司2022年1月1日至9月30日的利润表如表8-4所示。

表8-3 资产负债表(简表)

2022年9月30日　　　　　　　　　　　　　　　　　单位:万元

项　目	新华公司	北方公司
资产:		
货币资金	1 200	100
应收账款	1 500	150
存货	2 000	500
长期股权投资	1 200	150
固定资产	3 000	1 500
无形资产	600	100
资产总计	9 500	2 500
负债和所有者权益:		
短期借款	1 000	100
应付账款	800	400
其他负债	1 200	300

续表

项　　目	新华公司	北方公司
负债合计	3 000	800
股本	3 500	900
资本公积	1 000	200
盈余公积	200	50
未分配利润	1 800	550
所有者权益合计	6 500	1 700
负债和所有者权益合计	9 500	2 500

表 8-4　利润表（简表）

2022 年 1 月 1 日至 9 月 30 日　　　　　　　　　　单位：万元

项　　目	新华公司	北方公司
一、营业收入	4 500	1 000
减：营业成本	3 000	500
税金及附加	200	100
销售费用	100	70
管理费用	150	100
财务费用	100	60
加：投资收益	200	40
二、营业利润	1 150	210
加：营业外收入	250	100
减：营业外支出	200	110
三、利润总额	1 200	200
减：所得税费用	400	50
四、净利润	800	150

该项合并中参与合并的企业在合并前及合并后均为中北公司最终控制，为同一控制下的企业合并。自 2022 年 9 月 30 日开始，新华公司能够对北方公司的净资产实施控制，该日即为合并日。

(1) 新华公司发行股票取得北方公司控制权的处理。

借：长期股权投资　　　　　　　　　　　　　　17 000 000
　　贷：股本　　　　　　　　　　　　　　　　　10 000 000
　　　　资本公积　　　　　　　　　　　　　　　 7 000 000

记录合并业务后，新华公司的资产负债表如表 8-5 所示。

表 8-5　资产负债表（简表）

2022 年 9 月 30 日　　　　　　　　　　　　　　单位：万元

资产项目	金　　额	负债和所有者权益项目	金　　额
货币资金	1 200	短期借款	1 000
应收账款	1 500	应付账款	800

续表

资产项目	金额	负债和所有者权益项目	金额
存货	2 000	其他负债	1 200
长期股权投资	2 900	负债合计	3 000
固定资产	3 000	股本	4 500
无形资产	600	资本公积	1 700
		盈余公积	200
		未分配利润	1 800
		所有者权益合计	8 200
资产总计	11 200	负债和所有者权益合计	11 200

(2) 新华公司在编制合并日的合并财务报表时,编制抵销分录如下。

借:股本　　　　　　　　　　　　　　9 000 000　　①
　　资本公积　　　　　　　　　　　　2 000 000
　　盈余公积　　　　　　　　　　　　　 500 000
　　未分配利润　　　　　　　　　　　5 500 000
　　贷:长期股权投资　　　　　　　　　　　　17 000 000

新华公司在合并日编制合并工作底稿时,对于企业合并前北方公司实现的留存收益归属于合并方的部分(600万元)应自资本公积(资本溢价或股本溢价)转入留存收益。本例中新华公司在确认对北方公司的长期股权投资后,其资本公积的余额为1 700万元(1 000+700),假定其中资本溢价或股本溢价的金额为1 200万元。在合并工作底稿中,应编制以下调整分录。

借:资本公积　　　　　　　　　　　　6 000 000　　②
　　贷:盈余公积　　　　　　　　　　　　　 500 000
　　　　未分配利润　　　　　　　　　　　5 500 000

(3) 新华公司控股合并北方公司,在合并日的合并资产负债表和合并利润表分别如表8-6和表8-7所示。

表8-6　合并资产负债表(简表)

2022年9月30日　　　　　　　　　　　　　　　　　　　　单位:万元

项目	新华公司	北方公司	调整抵销分录		合并数
			借方	贷方	
资产:					
货币资金	1 200	100			1 300
应收账款	1 500	150			1 650
存货	2 000	500			2 500
长期股权投资	2 900	150		1 700②	1 350
固定资产	3 000	1 500			4 500
无形资产	600	100			700
资产总计	11 200	2 500		1 700	12 000

续表

项　目	新华公司	北方公司	调整抵销分录 借方	调整抵销分录 贷方	合并数
负债和所有者权益：					
短期借款	1 000	100			1 100
应付账款	800	400			1 200
其他负债	1 200	300			1 500
负债合计	3 000	800			3 800
股本	4 500	900	900②		4 500
资本公积	1 700	200	600① 200②		1 100
盈余公积	200	50	50②	50①	250
未分配利润	1 800	550	550②	550②	2 350
所有者权益合计	8 200	1 700	2 300	600	8 200
负债和所有者权益合计	11 200	2 500	2 300	600	12 000

表 8-7　利润表（简表）

2022 年 1 月 1 日至 9 月 30 日　　　　　　　　　　　　单位：万元

项　目	新华公司	北方公司	调整抵销分录 借方	调整抵销分录 贷方	合并数
一、营业收入	4 500	1 000			5 500
减：营业成本	3 000	500			3 500
税金及附加	200	100			300
销售费用	100	70			170
管理费用	150	100			250
财务费用	100	60			160
加：投资收益	200	40			240
二、营业利润	1 150	210			1 360
加：营业外收入	250	100			350
减：营业外支出	200	110			310
三、利润总额	1 200	200			1 400
减：所得税费用	400	50			450
四、净利润	800	150			950

8.2.2　同一控制下的吸收合并的会计核算方法

同一控制下的吸收合并，合并方主要涉及合并日取得被合并资产、负债入账价值的确定以及合并中取得的有关净资产的入账价值与支付的合并对价账面价值之间差额的处理。

1. 取得的资产和负债应按其在合并方的原账面价值入账

合并方对同一控制下的吸收合并中取得的资产、负债应当按照有关资产、负债在被合并方的原账面价值入账。值得注意的是,合并方与被合并方在企业合并前采用的会计政策不同的,应先统一被合并方的会计政策,即应当按照合并方的会计政策对被合并方有关资产、负债的账面价值进行调整,以调整后的账面价值确认。

2. 所确认资产账面价值与合并对价的差额,调整资本公积、留存收益

合并方在确认合并中被合并方的资产和负债后,以发行权益性证券的方式进行的该类合并,所确认的净资产入账价值与发行股份面值总额的差额,应调整资本公积(资本溢价或股本溢价),资本公积(资本溢价或股本溢价)余额不足以冲减的,应冲减盈余公积和未分配利润;以现金、转让非现金资产方式进行的该类合并,所确认的净资产的入账价值与支付现金、转让非现金资产账面价值的差额,相应调整资本公积(资本溢价或股本溢价),资本公积(资本溢价或股本溢价)余额不够冲减的,应冲减盈余公积和未分配利润。

借:资产(被合并方原账面价值)
　　资本公积(资本溢价或股本溢价)(不足冲减留存收益)(借方差额)
贷:负债(被合并方原账面价值)
　　非现金资产(合并方非现金资产的账面价值)
　　银行存款/库存现金(合并方支付的现金资产)
　　股本(股份面值)
　　资本公积(资本溢价或股本溢价)(贷方差额)

上述合并中,合并方向被合并方原股东支付对价,取得的是被合并方的资产和负债,上述分录中不会涉及被合并方的所有者权益。

3. 吸收合并编制的是个别财务报表,不存在合并财务报表的问题

【例 8-5】 新华股份有限公司(以下简称新华公司)和 A 公司为同一集团公司下的两个子公司,新华公司以支付资产作为合并对价的吸收合并。2022 年 9 月 30 日,新华公司用账面价值 4 000 万元、公允价值 5 000 万元的库存商品和 2 000 万元的银行存款实施与 A 公司的合并,企业合并后 A 公司解散。假定不考虑相关税费。

新华公司和 A 公司资产负债表(简表)如表 8-8 和表 8-9 所示。

表 8-8　新华公司的资产负债表(简表)　　　　　　　　单位:万元

资产		负债和所有者权益	
项　目	账面价值	项　目	账面价值
货币资金	6 000	应付账款	11 000
库存商品	5 000	股本	10 000
固定资产	20 000	资本公积	5 000
无形资产	27 000	盈余公积	2 000
		未分配利润	30 000
资产合计	58 000	负债和所有者权益合计	58 000

表 8-9　A 公司的资产负债表（简表）　　　　　　　　单位：万元

资产		负债和所有者权益	
项　　目	账面价值	项　　目	账面价值
货币资金	3 000	应付账款	4 000
固定资产	8 000	股本	3 000
		资本公积	2 000
		盈余公积	500
		未分配利润	1 500
资产合计	11 000	负债和所有者权益合计	11 000

合并日，新华公司合并事项的账务处理如下。

借：货币资金　　　　　　　　　　　　　　　30 000 000
　　固定资产　　　　　　　　　　　　　　　80 000 000
　贷：应付账款　　　　　　　　　　　　　　40 000 000
　　　库存商品　　　　　　　　　　　　　　40 000 000
　　　银行存款　　　　　　　　　　　　　　20 000 000
　　　资本公积——股本溢价　　　　　　　　10 000 000

8.2.3　同一控制下企业合并过程中发生的有关费用的处理

合并方为进行企业合并发生的有关费用，是合并方为进行企业合并发生的各项直接费用。如为进行企业合并而支付的审计费用、资产评估费用、法律咨询费用等，应当于发生时计入当期损益（管理费用）。但以下两种情况除外。

（1）为企业合并发行的债券或承担其他债务支付的手续费、佣金等，应当计入所发行债券及其他债务的初始计量金额。

（2）企业合并中发行权益性证券发生的手续费、佣金等费用，应当抵减权益性证券溢价收入，溢价收入不足冲减的，冲减留存收益。

【例 8-6】　新华公司于 2022 年 1 月 1 日按面值发行 5 000 万元的债券，取得 D 公司 60%的股份。2022 年 1 月 1 日，D 公司所有者权益的账面价值为 10 000 万元，新华公司另支付发行债券手续费 15 万元。新华公司和 D 公司为同一集团的两家子公司。编制新华公司的会计分录。

新华公司会计处理如下。

借：长期股权投资——D 公司　　　　　　　60 000 000（100 000 000×60%）
　贷：应付债券——面值　　　　　　　　　50 000 000
　　　资本公积——股本溢价　　　　　　　10 000 000
借：应付债券——利息调整　　　　　　　　150 000
　贷：银行存款　　　　　　　　　　　　　150 000

【例 8-7】　2022 年 3 月 31 日，新华公司通过增发 6 000 万股普通股（每股面值 1 元）取得 E 公司 60%的股权，按照增发前后的平均股价计算，该 6 000 万股股份的公允价值为 13 000 万元。为增发该部分股份，新华公司向证券承销机构等支付了 400 万元的佣金和手续费。假定新华公司取得该部分股权后能够对 E 公司的生产经营决策实施控制。2022 年

3月31日，E公司所有者权益的账面价值为20 000万元。新华公司和E公司为同一集团的两家公司。编制新华公司的会计分录。

（1）新华公司应当以E公司所有者权益账面价值的份额作为取得长期股权投资的成本。

借：长期股权投资　　　　　　　　　　　　　120 000 000
　　贷：股本　　　　　　　　　　　　　　　　60 000 000
　　　　资本公积——股本溢价　　　　　　　　60 000 000

（2）发行权益性证券过程中支付的佣金和手续费，应冲减权益性证券的溢价发行收入。

借：资本公积——股本溢价　　　　　　　　　　4 000 000
　　贷：银行存款　　　　　　　　　　　　　　4 000 000

8.3　非同一控制下企业合并的处理

非同一控制下的企业合并，主要涉及购买方及购买日的确定，企业合并成本的确定，合并中取得各项可辨认资产、负债的确认和计量，合并差额的处理等。

非同一控制下的企业合并是参与合并的一方购买另一方或多方的交易，基本处理方法是购买法。即将企业合并视为购买企业以一定的价款购进被购买企业的机器设备、存货等资产项目，同时承担该企业的所有负债的行为，从而按合并时的公允价值计量被购买企业的净资产，将投资成本（购买价格）超过净资产公允价值的差额确认为商誉的会计方法。

8.3.1　非同一控制下企业合并的处理原则

1. 确定购买方

采用购买法核算企业合并的首要前提是确定购买方。购买方是指在企业合并中取得对一方或多方控制权的一方。合并中一方取得了另一方半数以上有表决权股份的，除非有明确的证据表明该股份不能形成控制，一般认为取得控制权的一方为购买方。某些情况下，即使一方没有取得另一方半数以上有表决权股份，但存在以下情况时，一般也可认为其获得了对另一方的控制权。

（1）通过与其他投资者签订协议，实质上拥有被购买企业半数以上表决权。例如，M公司拥有N公司35%的表决权资本，Q公司拥有N公司40%的表决权资本。M公司与Q公司达成协议，Q公司在N公司的权益由M公司代表。在这种情况下，M公司实质上拥有N公司75%表决权资本的控制权，N公司的章程等没有特别规定的情况下，表明M公司实质上控制N公司。

（2）按照法律或协议的规定，具有主导被购买企业财务和经营决策的权力。例如，M公司拥有N公司45%的表决权资本，同时，根据法律或协议规定，M公司可以决定N公司的财务和生产经营等政策，达到N公司的财务和经营政策的实施控制。

（3）有权任免被购买企业董事会或类似权力机构绝大多数成员。这种情况是指虽然投资企业拥有被投资单位50%或以下表决权资本，但根据章程、协议等有权任免被投资单位董事会或类似机构的绝大多数成员，以达到实质上控制的目的。

（4）在被购买企业董事会或类似权力机构具有绝大多数投票权。这种情况是指虽然投资企业拥有被投资单位50%或以下表决权资本，但能够控制被投资单位董事会等类似权力机构的会议,从而能够控制其财务和经营政策,达到对投资单位的控制。

2. 确定购买日

购买日是购买方获得对被购买方控制权的日期,即企业合并交易进行过程中,发生控制权转移的日期。同时满足以下条件时,一般可认为实现了控制权的转移,形成购买日。

(1) 企业合并合同或协议已获股东大会等内部权力机构通过。

(2) 按照规定,合并事项需要经过国家有关主管部门审批的,已获得相关部门的批准。按照国家有关规定,企业合并需要经过国家有关部门批准的,取得相关批准文件是确定购买日的重要因素。

(3) 参与合并各方已办理了必要的财产权交接手续。作为购买方,其通过企业合并无论是取得对被购买方的股权还是被购买方的全部净资产,能够形成与取得股权或净资产相关的风险和报酬的转移,一般需办理相关的财产权交接手续,从而从法律上保障有关风险和报酬的转移。

(4) 购买方已支付了购买价款的大部分(一般应超过50%),并且有能力、有计划支付剩余款项。

(5) 购买方实际上已经控制了被购买方的财务和经营政策,享有相应的收益并承担相应的风险。

【例 8-8】 新华公司是一家上市公司。2022 年,新华公司向东山公司非公开发行股份,进行重大资产重组,东山公司以其所拥有的 15 家全资子公司的股权等对应的净资产作为认购非公开发行股票的对价,该交易为非同一控制下的企业合并。2022 年 12 月 31 日,得到中国证监会核准后,双方已经进行了资产交割。

截至 2022 年 12 月 31 日,东山公司投入的 15 家子公司全部办妥变更后的企业法人营业执照,股东变更为新华公司。2022 年 12 月 30 日,双方签订移交资产约定书,约定自 2022 年 12 月 30 日起东山公司将标的资产交付新华公司,同时,新华公司自 2022 年 12 月 31 日起接收该等资产与负债,并向这些子公司派驻了董事、总经理等高级管理人员,对标的资产开始实施控制。

2023 年 1 月,会计师事务所对新华公司截至 2022 年 12 月 31 日的注册资本进行了审验,并出具了验资报告。2023 年 2 月,新华公司本次增发的股份在中国证券登记结算有限责任公司上海分公司办理了股权登记手续。

要求:请确定购买日。

截至 2022 年 12 月 31 日,该项交易已经取得了所有必要的审批,15 家目标公司全部完成了营业执照变更,双方签订了移交资产约定书。上市公司已经向被购买方派驻了董事、总经理等高级管理人员,对被购买方开始实施控制。虽然作为合并对价增发的股份在 2023 年 2 月才办理了股权登记手续,但由于企业合并交易在 2022 年已经完成所有的实质性审批程序,且新华公司已经实质上取得了对 15 家目标公司的控制权,可以合理判断购买日为 2022 年 12 月 31 日。

3. 确定企业合并成本

企业合并成本包括购买方为进行企业合并支付的现金或非现金资产、发行或承担的债务、发行的权益性证券等在购买日的公允价值。具体来讲,企业合并成本包括购买方在购买日支付的下列项目的合计金额。

（1）作为合并对价的现金及非现金资产的公允价值。这里的非现金资产的公允价值是指包含增值税的公允价值。

（2）发行权益性证券的公允价值。如果购买方为上市公司，且发行股票作为合并对价的，那么该权益性证券的公允价值即为股票的市价。购买方应以股票面值记入"股本"账户，市价与面值差额记入"资本公积"账户。

（3）或有对价的公允价值。某些情况下，合并各方可能在合并协议中约定，根据未来一项或多项或有事项的发生，购买方通过发行额外证券、支付额外现金或其他资产等方式追加合并对价，或者要求返还之前已经支付的对价。购买方应当将合并协议约定的或有对价作为企业合并转移对价的一部分，按照其在购买日的公允价值计入企业合并成本。

需要说明的是，对于通过多次交换交易分步实现的企业合并，在个别财务报表中其企业合并成本为每一单项交换交易的成本之和。

4. 企业合并成本在取得的可辨认资产和负债之间的分配

（1）合并中取得的被购买方除无形资产以外的其他各项资产（不仅限于被购买方原已确认的资产），其所带来的未来经济利益预期很可能流入企业且公允价值能够可靠计量的，应当单独予以确认并按照公允价值计量。

（2）企业合并中取得的无形资产的确认。非同一控制下的企业合并中，购买方在对企业合并中取得的被购买方资产进行初始确认时，应对被购买方拥有的但在其财务报表中未确认的无形资产进行充分辨认和合理判断，满足以下条件之一的，应确认为无形资产。①源于合同性权利或其他法定权利；②能够从被购买方中分离或者划分出来，并能单独或与相关合同、资产和负债一起，用于出售、转移、授予许可、租赁或交换。

（3）合并中取得的被购买方除或有负债以外的其他各项负债，履行有关的义务很可能导致经济利益流出企业且公允价值能够可靠地计量的，应当单独予以确认为负债，并按照公允价值计量。

（4）合并中取得的被购买方的或有负债，在购买日其公允价值能够可靠计量的，应当单独确认为负债，并按照公允价值计量。

5. 企业合并成本与合并中取得的被购买方可辨认净资产公允价值份额差额的处理

购买方对于企业合并成本与确认的被购买方可辨认净资产公允价值份额的差额，应视情况分别处理。

（1）企业合并成本大于合并中取得的被购买方可辨认净资产公允价值份额的差额，应确认为商誉。

视企业合并方式不同，控股合并情况下，该差额是指合并财务报表中应予列示的商誉；吸收合并情况下，该差额是购买方在其账簿及个别财务报表中应确认的商誉。

商誉在确认以后，持有期间不要求摊销，企业应当按照《企业会计准则第8号——资产减值》的规定对其进行减值测试，对于可收回金额低于账面价值的部分，应计提减值准备。

（2）企业合并成本小于合并中取得的被购买方可辨认净资产公允价值份额的差额，应计入合并当期损益。

在控股合并的情况下，上述差额应体现在合并当期的合并利润表中。

在吸收合并的情况下，上述企业合并成本小于合并中取得的被购买方可辨认净资产公允价值的差额，应计入合并当期购买方的个别利润表。

6. 企业合并成本或合并中取得的有关可辨认资产、负债公允价值暂时确定的情况

企业合并发生当期的期末，因合并中取得的各项可辨认资产、负债及或有负债的公允价值或企业合并成本只能暂时确定的，购买方应当以所确定的暂时价值为基础对企业合并进行确认和计量。

购买日后12个月内，对原确认的暂时价值进行调整的，视为在购买日进行的确认和计量，即进行追溯调整。

7. 购买日合并财务报表的编制

企业合并形成母子公司关系的，母公司应当编制购买日的合并资产负债表，企业合并取得的被购买方各项可辨认资产、负债应当以其在购买日的公允价值计量。母公司的合并成本与取得的子公司可辨认净资产公允价值份额的借方差额，在合并资产负债表中确认为商誉；贷方差额应计入合并当期损益。因购买日不需要编制合并利润表，该差额体现在合并资产负债表上，应调整合并资产负债表盈余公积和未分配利润。

8.3.2 非同一控制下企业合并的会计处理

1. 非同一控制下控股合并的会计处理

该合并方式下，购买方的会计核算主要涉及两个问题：①因进行企业合并形成的对被购买方的长期股权投资初始投资成本的确定，以及该成本与作为合并对价支付的有关资产账面价值差额的处理；②购买日合并财务报表的编制。

1）长期股权投资的确认与计量

按照《企业会计准则第2号——长期股权投资》的规定，非同一控制下企业合并形成的长期股权投资的初始投资成本是购买方支付的现金或非现金资产、发行或承担的债务、发行的权益性证券等在购买日的公允价值，不包括应自被投资单位收取的现金股利或利润。

如果付出的资产为非货币性资产时，付出资产的公允价值与其账面价值的差额计入当期损益，对此应分别对不同资产进行相应的会计处理（与出售资产影响损益的处理相同）。

（1）付出资产为固定资产或无形资产，其差额计入营业外收入或营业外支出。

（2）付出资产为存货，按其公允价值确认主营业务收入或其他业务收入，按其成本结转主营业务成本或其他业务成本。

（3）付出资产为金融资产的，其差额计入投资收益。如果付出资产为交易性金融资产，其持有期间公允价值变动形成的"公允价值变动损益"应一并转入投资收益；如果付出的是以公允价值计量且其变动计入其他综合收益的金融资产，其持有期间公允价值变动形成的"其他综合收益"应一并转入投资收益或"盈余公积"以及"未分配利润"。

（4）付出资产为投资性房地产，按其公允价值确认其他业务收入，按其成本结转至"其他业务成本"。公允价值模式下形成的"公允价值变动损益""其他综合收益"转入"其他业务成本"。

【例8-9】 新华公司和C公司为两个独立的法人企业，合并前不存在关联方关系。2022年5月10日，新华公司以一批库存商品、以公允价值计量且其变动计入其他综合收益的金融资产(债权)和银行存款作为合并对价,取得 C 公司 80% 的股权,为此付出库存商品的账面价值 3 300 万元,(购买日)公允价值 4 000 万元,增值税税额 680 万元;付出债权投资账面价值 2 800 万元(其中成本 2 000 万元,公允价值变动 800 万元,未计提减值准备),公允价值 3 000 万元;付出的银行存款金额为 5 000 万元。2022 年 6 月 1 日,新华公司实际取得对 C 公司的控制权。假定不考虑除增值税之外的其他税费的影响,编制相关的投资业务分录。

该项合并为非同一控制下的企业合并,因此,2022 年 5 月 10 日,长期股权投资的初始入账价值为 12 680 万元(4 000+680+3 000+5 000),而相应的支付对价为库存商品 4 680 万元(收入为 4 000 万元,增值税 680 万元,成本 3 300 万元)、债权投资 3 000 万元(账面价值 2 800 万元)、银行存款 5 000 万元。编制会计分录如下。

① 确认初始投资成本。

借:长期股权投资——C 公司　　　　　　　　126 800 000
　　贷:主营业务收入　　　　　　　　　　　　 40 000 000
　　　　应交税费——应交增值税(销项税额)　　 6 800 000
　　　　债权投资——成本　　　　　　　　　　 20 000 000
　　　　　　　　——公允价值变动　　　　　　 8 000 000
　　　　投资收益　　　　　　　　　　　　　　 2 000 000
　　　　银行存款　　　　　　　　　　　　　　 50 000 000

② 结转商品(销售)成本。

借:主营业务成本　　　　　　　　　　　　　　 33 000 000
　　贷:库存商品　　　　　　　　　　　　　　 33 000 000

③ 结转债权投资持有期间的公允价值变动。

借:其他综合收益　　　　　　　　　　　　　　 8 000 000
　　贷:投资收益　　　　　　　　　　　　　　 8 000 000

2) 购买日合并财务报表的编制

根据《企业会计准则第 20 号——企业合并》的规定,非同一控制下的企业合并,在购买日只需编制合并资产负债表,无须编制合并利润表、合并现金流量表。在编制合并资产负债表时,应遵循编制合并财务报表的基本程序,进行下列调整和抵销处理。

(1) 个别财务报表的调整。对子公司的个别报表进行调整:除了存在与母公司会计政策和会计期间不一致的情况,需要对该子公司的个别财务报表进行调整外,还应当根据母公司为该子公司设置的备查簿中记录的,购买日取得的被购买方可辨认资产、负债的公允价值为基础,对被购买方的个别财务报表进行调整。以资产评估调整分录为例(将子公司的账面价值调整为公允价值,假定考虑企业所得税)。

借:存货、固定资产等(评估增值部分)
　　递延所得税资产(资产评估减值确认递延所得税的影响)
　　贷:应收账款等(评估减值部分)
　　　　递延所得税负债(资产评估增值确认递延所得税的影响)
　　　　资本公积(借方或贷方差额)

具体负债评估调整不再赘述。

(2) 在合并工作底稿中编制抵销分录。

① 购买日合并成本大于合并中取得的被购买方可辨认净资产公允价值的差额,确认为合并资产负债表的商誉[合并商誉＝企业合并成本－合并中取得被购买方可辨认净资产公允价值(考虑所得税后)的份额]。

② 购买日合并成本小于合并中取得的被购买方可辨认净资产公允价值的差额,在购买日合并资产负债表中调整盈余公积和未分配利润。

购买日应编制的抵销分录如下。

借:股本
　　资本公积
　　其他综合收益
　　盈余公积
　　未分配利润
　　商誉(借方差额)
　贷:长期股权投资
　　少数股东权益
　　盈余公积、未分配利润(贷方差额)

【例 8-10】 2022 年 9 月 30 日,新华公司在该项合并中发行 1 000 万股普通股(每股面值 1 元,市场价格为 8.75 元),取得了西京公司 70% 的股权。当日新华公司、西京公司资产、负债情况如表 8-10 所示。假设不考虑所得税影响,编制购买方于购买日的合并资产负债表。

表 8-10　资产负债表(简表)

2022 年 9 月 30 日　　　　　　　　　　　　　　　单位:万元

项　目	新华公司	西京公司	
	账面价值	账面价值	公允价值
资产:			
货币资金	4 312.50	450	450
存货	6 200	255	450
应收账款	3 000	2 000	2 000
长期股权投资	5 000	2 150	3 800
固定资产			
固定资产原价	10 000	4 000	5 500
减:累计折旧	3 000	1 000	0
固定资产净值	7 000	3 000	5 500
无形资产	4 500	500	1 500
商誉	0	0	0
资产总计	30 012.50	8 355	13 700
负债和所有者权益:			
短期借款	2 500	2 250	2 250
应付账款	3 750	300	300

续表

项　目	新华公司	西京公司	
	账面价值	账面价值	公允价值
其他负债	375	300	300
负债合计	6 625	2 850	2 850
实收资本(股本)	7 500	2 500	
资本公积	5 000	1 500	
盈余公积	5 000	500	
未分配利润	5 887.50	1 005	
所有者权益合计	23 387.50	5 505	10 850
负债和所有者权益总计	30 012.50	8 355	

(1) 2022年9月30日为购买日,新华公司为购买方,购买日购买方确认长期股权投资。

借：长期股权投资　　　　　　　　　87 500 000
　　贷：股本　　　　　　　　　　　　10 000 000
　　　　资本公积——股本溢价　　　　77 500 000

记录购买业务后,新华公司的资产负债表(简表)如表8-11所示。

(2) 计算确定商誉。假定西京公司除已确认资产外,不存在其他需要确认的资产及负债,则新华公司首先计算合并中应确认的合并商誉＝企业合并成本－合并中取得被购买方可辨认净资产公允价值份额＝8 750－10 850×70％＝1 155(万元)。

表8-11　资产负债表(简表)

2022年9月30日　　　　　　　　　　　　　单位：万元

资产		负债和所有者权益	
项　目	账面价值	项　目	账面价值
货币资金	4 312.50	短期借款	2 500
存货	6 200	应付账款	3 750
应收账款	3 000	其他负债	375
长期股权投资	13 750	负债合计	6 625
固定资产		实收资本(股本)	8 500
固定资产原价	10 000	资本公积	12 750
减：累计折旧	3 000	盈余公积	5 000
固定资产净值	7 000	未分配利润	5 887.50
无形资产	4 500	所有者权益合计	32 137.50
商誉	0		
资产总计	38 762.50	负债和所有者权益总计	38 762.50

(3) 编制调整和抵销分录。

① 调整分录。

借：存货　　　　　　　　　　　　　1 950 000
　　长期股权投资　　　　　　　　　16 500 000

固定资产净值		25 000 000
无形资产		10 000 000
贷：资本公积		53 450 000

② 抵销分录。

借：实收资本		25 000 000
资本公积		68 450 000
盈余公积		5 000 000
未分配利润		10 050 000
商誉		11 550 000
贷：长期股权投资		87 500 000
少数股东权益		32 550 000（1 085 000×30%）

（4）编制合并资产负债表如表 8-12 所示。

2. 非同一控制下吸收合并的会计核算方法

非同一控制下的吸收合并中涉及两个问题：①合并中取得的资产、负债的入账价值；②确定的合并成本与所取得被购买方可辨认净资产公允价值的差额的处理。

（1）合并中取得资产、负债的入账价值的确定。非同一控制下的吸收合并，购买方在购买日应当将合并中取得符合确认条件的各项可辨认资产、负债，按其公允价值确认为本企业的资产和负债；作为合并对价的有关非货币性资产在购买日的公允价值与其账面价值的差额的，应作为资产处置损益计入合并当期的利润表。

表 8-12 资产负债表（简表）

2022 年 9 月 30 日　　　　　　　　　　　　　　　　　　　单位：万元

项　　目	新华公司	西京公司	调整抵销分录		合并金额
			借方	贷方	
资产：					
货币资金	4 312.50	450			4 762.50
存货	6 200	255	195①		6 650
应收账款	3 000	2 000			5 000
长期股权投资	13 750	2 150	1 650①	8 750②	8 800
固定资产					
固定资产原价	10 000	4 000	2 500①		16 500
减：累计折旧	3 000	1 000			4 000
固定资产净值	7 000	3 000			
无形资产	4 500	500	1 000①		6 000
商誉	0	0	1 155②		1 155
资产总计	30 012.50	8 355			44 867.50
负债和所有者权益：					
短期借款	2 500	2 250			4 750
应付账款	3 750	300			4 050
其他负债	375	300			675

续表

项 目	新华公司	西京公司	调整抵销分录 借方	调整抵销分录 贷方	合并金额
负债合计	6 625	2 850			9 475
实收资本(股本)	8 500	2 500	2 500②		8 500
资本公积	12 750	1 500	6 845②	5 345①	12 750
盈余公积	5 000	500	500②		5 000
未分配利润	5 887.50	1 005	1 005②		5 887.50
少数股东权益				3 255②	3 255
所有者权益合计	23 387.50	5 505			35 392.50
负债和所有者权益总计	30 012.50	8 355			44 867.50

(2) 合并差额的处理。确定的企业合并成本与所取得的被购买方可辨认净资产公允价值的差额,视情况分别处理。

① 购买方对合并成本大于合并中取得的被购买方可辨认净资产公允价值份额的差额,应当确认为商誉。商誉的减值应当按照《企业会计准则第 8 号——资产减值》的有关规定处理。

② 购买方对合并成本小于合并中取得的被购买方可辨认净资产公允价值份额的差额,应当对取得被购买方各项可辨认资产、负债及或有负债的公允价值及合并成本的计量进行复核,经复核后合并成本仍小于合并中取得的被购买方可辨认净资产公允价值份额的,其差额应当计入当期损益(营业外收入)。

【例 8-11】 新华公司以 300 万元的银行存款购买北晶公司 100% 的股权,对北晶公司实行吸收合并,新华公司、北晶公司为非同一控制下的两个公司。购买日,北晶公司持有资产、负债的账面价值与公允价值如表 8-13 所示。

表 8-13 北晶公司部分报表项目的账面价值和公允价值　　　　单位:万元

项 目	账面价值	公允价值
库存现金	15	20
其他流动资产	25	25
固定资产	150	165
资产总计	190	210
流动负债	10	10
长期负债	40	30
股本	50	
留存收益	90	
负债与股东权益合计	190	

新华公司在购买日的账务处理如下。

借:货币资金　　　　　　　　　　　　　　　　200 000
　　其他流动资产　　　　　　　　　　　　　　250 000
　　固定资产　　　　　　　　　　　　　　　1 650 000

商誉	1 300 000
贷：流动负债	100 000
长期负债	300 000
银行存款	3 000 000

8.3.3　非同一控制企业合并过程中发生的有关费用的处理

合并方为进行企业合并发生的各项直接相关费用，包括为进行企业合并而支付的审计费用、资产评估费用、法律咨询费用等，应当于发生时计入当期损益（管理费用）。但以下情况下发生的相关费用除外。

（1）为企业合并发行的债券或承担其他债务支付的手续费、佣金等，应当计入所发行债券及其他债务的初始计量金额。

（2）企业合并中发行权益性证券发生的手续费、佣金等费用，应当抵减权益性证券溢价收入，溢价收入不足冲减的，冲减留存收益。

8.3.4　通过多次交易分步实现的企业合并的会计核算方法

1. 个别财务报表的处理

（1）购买日初始投资成本按下式计算。

购买日初始投资成本＝购买日之前所持被购买方的股权投资于购买日的账面价值（如原投资按公允价值计量，即为购买日公允价值）＋购买日新增投资成本

（2）购买日之前持有的股权投资因采用权益法核算而确认的其他综合收益，应当在处置该项投资时采用与被投资单位直接处置相关资产或负债相同的基础进行会计处理；确认的除净损益、其他综合收益和利润分配外的其他所有者权益变动，应当在处置该项投资时，转入处置当期投资收益。

（3）购买日之前持有的股权投资按照《企业会计准则第22号——金融工具确认和计量》的有关规定进行会计处理的，购买日公允价值与其账面价值的差额及原计入其他综合收益的累计公允价值变动应当在改按成本法核算时转入当期损益。

2. 合并财务报表的处理

（1）购买方对于购买日之前持有的被购买方的股权，按照该股权在购买日的公允价值进行重新计量，公允价值与账面价值的差额计入当期投资收益。

（2）合并成本按下式计算。

合并成本＝购买日之前持有的被购买方的股权于购买日的公允价值
　　　　＋购买日新购入股权所支付对价的公允价值

（3）比较购买日合并成本与享有的被购买方可辨认净资产公允价值的份额，确定购买日应予确认的商誉，或者应计入营业外收入（用留存收益代替）。

（4）购买日之前持有的被购买方的股权涉及权益法核算下的其他综合收益，以及除净损益、其他综合收益和利润分配外的其他所有者权益变动的，与其相关的其他综合收益、其他所有者权益变动应当转为购买日所属当期损益，由于被购买方重新计量设定受益计划净负债或净资产变动而产生的其他综合收益除外。

若原投资是以公允价值计量且其变动计入其他综合收益的金融资产,购买日公允价值与购买日之前的账面价值的差额及原计入其他综合收益的累计公允价值变动已在个别报表中转入当期损益,不存在合并报表调整的问题。

【例 8-12】 新华公司于 2022 年 1 月 1 日以货币资金 3 100 万元取得了北华公司 30%的有表决权股份,对北华公司能够施加重大影响,当日北华公司可辨认净资产的公允价值是 11 000 万元。

2022 年 1 月 1 日,北华公司除一项固定资产的公允价值与其账面价值不同外,其他资产和负债的公允价值与账面价值均相等。购买日,该固定资产的公允价值为 300 万元,账面价值为 100 万元,剩余使用年限为 10 年,采用年限平均法计提折旧,无残值。

北华公司 2022 年实现净利润 1 000 万元,未发放现金股利,因可供出售金融资产公允价值变动增加其他综合收益 200 万元。

2023 年 1 月 1 日,新华公司以货币资金 5 220 万元进一步取得北华公司 40%的有表决权股份,因此取得了对北华公司的控制权。北华公司在该日所有者权益的账面价值为 12 000 万元,其中:股本 5 000 万元,资本公积 1 200 万元,其他综合收益 1 000 万元,盈余公积 480 万元,未分配利润 4 320 万元。可辨认净资产的公允价值是 12 300 万元。

2023 年 1 月 1 日,北华公司除一项固定资产的公允价值与其账面价值不同外,其他资产和负债的公允价值与账面价值均相等。当日该固定资产的公允价值为 390 万元,账面价值为 90 万元,剩余使用年限为 9 年,采用年限平均法计提折旧,无残值。

新华公司和北华公司属于非同一控制下的公司。假设:①原 30%股权在购买日的公允价值为 3 915 万元。②不考虑所得税和内部交易的影响。

要求:

(1) 编制 2022 年 1 月 1 日至 2023 年 1 月 1 日新华公司对北华公司长期股权投资的会计分录。

(2) 计算 2023 年 1 月 1 日新华公司追加投资后个别财务报表中长期股权投资的账面价值。

(3) 计算新华公司对北华公司投资形成的商誉的金额。

(4) 编制在购买日合并财务报表工作底稿中对北华公司个别财务报表进行调整的会计分录。

(5) 在购买日合并财务报表工作底稿中编制调整长期股权投资的会计分录。

(6) 在合并财务报表工作底稿中编制购买日与投资有关的抵销分录。

编制会计分录及计算如下。

(1) 各时间点的会计分录如下。

① 2022 年 1 月 1 日:

借:长期股权投资——投资成本　　31 000 000
　　贷:银行存款　　　　　　　　　　　　31 000 000
借:长期股权投资——投资成本　　2 000 000(110 000 000×30%－31 000 000)
　　贷:营业外收入　　　　　　　　　　　2 000 000

② 2022 年 12 月 31 日:

借:长期股权投资——损益调整

		2 940 000{[10 000 000－(3 000 000－1 000 000)÷10]×30％}

  贷：投资收益   2 940 000
 借：长期股权投资——其他综合收益   600 000
  贷：其他综合收益   600 000
③ 2023年1月1日：
 借：长期股权投资   52 200 000
  贷：银行存款   52 200 000
 借：长期股权投资   36 540 000
  贷：长期股权投资——投资成本   33 000 000
      ——损益调整   2 940 000
      ——其他综合收益   600 000

(2) 个别财务报表中长期股权投资账面价值＝3 654＋5 220＝8 874(万元)。

(3) 新华公司对北华公司投资形成的商誉＝(3 915＋5 220)－12 300×70％＝525(万元)。

(4) 借：固定资产   3 000 000
  贷：资本公积   3 000 000

(5) 将原30％持股比例长期股权投资账面价值调整到购买日公允价值，调整金额＝3 915－3 654＝261(万元)。

 借：长期股权投资   2 610 000
  贷：投资收益   2 610 000

将原30％持股比例长期股权投资权益法核算形成的其他综合收益转入投资收益。

 借：其他综合收益   600 000
  贷：投资收益   600 000

(6) 合并财务报表工作底稿中编制购买日与投资有关的抵销分录。

 借：股本   50 000 000
   资本公积   15 000 000(12 000 000＋3 000 000)
   其他综合收益   10 000 000
   盈余公积   4 800 000
   未分配利润   43 200 000
   商誉   5 250 000
  贷：长期股权投资   91 350 000(39 150 000＋52 200 000)
    少数股东权益   36 900 000(123 000 000×30％)

8.3.5 反向购买的会计核算方法

1. 反向购买的会计处理

非同一控制下的企业合并，以发行权益性证券交换股权的方式进行的，通常发行权益性证券的一方为购买方。但某些企业合并中，发行权益性证券的一方因其生产经营决策在合并后被参与合并的另一方所控制的，发行权益性证券的一方虽然为法律上的母公司，但实际上是会计上的被收购方，该类企业合并通常称为"反向购买"。

例如，A公司为一家规模较小的上市公司，B公司为一家规模较大的贸易公司。B公司拟通过收购A公司的方式达到上市目的,但该交易是通过A公司向B公司原股东发行普通股用以交换B公司原股东持有的对B公司股权的方式实现的。该项交易后,B公司原控股股东持有A公司50%以上股权,A公司持有B公司50%以上股权,A公司为法律上的母公司、B公司为法律上的子公司,但从会计角度,A公司为被购买方,B公司为购买方。

典型的反向购买如图8-4所示。

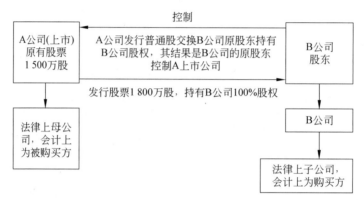

图8-4 典型的反向购买

1) 企业合并成本

反向购买中,企业合并成本是指法律上的子公司(会计上的购买方)如果以发行权益性证券的方式为获取在合并后报告主体的股权比例,应向法律上的母公司(会计上的被购买方)的股东发行的权益性证券数量乘以其公允价值计算的结果。购买方的权益性证券在购买日存在公开报价的,通常应以公开报价作为其公允价值;购买方的权益性证券在购买日不存在可靠公开报价的,应参照购买方的公允价值和被购买方的公允价值二者中有更为明显证据支持的作为基础,确定购买方假定应发行权益性证券的公允价值。

2) 合并财务报表的编制

反向购买主要表现在购买日合并财务报表的操作中,其总的原则是应体现"反向"。比如,反向购买的合并财务报表以子公司(购买方)为主体,保留子公司的股东权益各项目,抵销母公司(被购买方)的股东权益各项目。

反向购买后,法律上的母公司应当遵从以下原则编制合并财务报表。

(1) 合并财务报表中,法律上子公司的资产、负债应以其在合并前的账面价值进行确认和计量。

(2) 合并财务报表中的留存收益和其他权益性余额应当反映的是法律上子公司在合并前的留存收益和其他权益余额。

(3) 合并财务报表中的权益性工具的金额应当反映法律上子公司合并前发行在外的股份面值,以及假定在确定该项企业合并成本过程中新发行的权益性工具的金额。但是在合并财务报表中的权益结构应当反映法律上母公司的权益结构,即法律上母公司发行在外权益性证券的数量及种类。

(4) 法律上母公司的有关可辨认资产、负债在并入合并财务报表时,应以其在购买日确定的公允价值进行合并,企业合并成本大于合并中取得的法律上母公司(被购买方)可辨认净资产公允价值的份额,体现为商誉;企业合并成本小于合并中取得的法律上母公司(被购买方)可辨认净资产公允价值的份额,确认为合并当期损益。

(5) 合并财务报表的比较信息应当是法律上子公司的比较信息(法律上子公司的前期合并财务报表)。

(6) 法律上子公司的有关股东在合并过程中,未将其持有的股份转换为法律上母公司股份的,该部分股东享有的权益份额在合并财务报表中应作为少数股东权益列示。因法律上子公司的部分股东未将其持有的股份转换为法律上母公司的股权,其享有的权益份额仍仅限于对法律上子公司的部分,该部分少数股东权益反映的是少数股东按持股比例计算享有法律上子公司合并前净资产账面价值的份额。另外,对于法律上母公司的所有股东,虽然在该项合并中被认为是被购买方,但其享有合并形成报告主体的净资产及损益,不应作为少数股东权益。

上述反向购买的会计处理原则仅适用于合并财务报表的编制。法律上母公司在该项合并中形成的对法律上子公司长期股权投资成本的确定,应当遵从《企业会计准则第2号——长期股权投资》的相关规定。

3) 每股收益的计算

发生反向购买当期,用于计算每股收益的发行在外普通股加权平均数按以下方式计算。

(1) 自当期期初至购买日,发行在外的普通股数量应假定为在该项合并中法律上母公司向法律上子公司股东发行的普通股数量。

(2) 自购买日至期末发行在外的普通股数量为法律上母公司实际发行在外的普通股股数。

反向购买后对外提供比较合并财务报表的,其比较前期合并财务报表中的基本每股收益,应以法律上子公司的每一比较报表期间归属于普通股股东的净损益,除以在反向购买中法律上母公司向法律上子公司股东发行的普通股股数计算确定。

上述假设法律上子公司发行的普通股股数在比较期间和自反向购买发生期间的期初至购买日之间未发生变化。如果法律上子公司发行的普通股股数在此期间发生了变动,计算每股收益时应适当考虑其影响进行调整。

【例 8-13】 新华股份有限公司(以下简称新华公司)于 2022 年 9 月 30 日通过定向增发本企业普通股对南天公司进行合并,取得南天公司 100%的股权。假设不考虑所得税影响。新华公司及南天公司在进行合并前简化资产负债表如表 8-14 所示。

表 8-14 新华公司及南天公司合并前资产负债表　　　　　单位:万元

项　　目	新华公司	南天公司
流动资产	3 000	2 700
非流动资产	21 000	36 000
资产总额	24 000	38 700
流动负债	1 200	900

续表

项　　目	新华公司	南天公司
非流动负债	300	1 800
负债总额	1 500	2 700
所有者权益		
股本	1 500	900
资本公积		
盈余公积	6 000	10 260
未分配利润	15 000	24 840
所有者权益总额	22 500	36 000

其他资料如下。

(1) 2022年9月30日，新华公司通过定向增发本企业普通股，以2股换1股的比例自南天公司原股东处取得了南天公司全部股权。新华公司共发行了1 800万股普通股以取得南天公司全部900万股普通股。

(2) 新华公司普通股在2022年9月30日的公允价值为20元，南天公司每股普通股当日的公允价值为40元。新华公司、南天公司每股普通股的面值均为1元。

(3) 2022年9月30日，新华公司除非流动资产公允价值较账面价值高4 500万元以外，其他资产、负债项目的公允价值与其账面价值相同。

(4) 假设新华公司与南天公司在合并前不存在任何关联方关系。

要求：编制合并资产负债表（简表），计算基本每股收益。

对于该项企业合并，虽然在合并中发行权益性证券的一方为新华公司，但因其生产经营决策的控制权在合并后由南天公司原股东控制，南天公司应为购买方，新华公司为被购买方。

(1) 确定该项合并中南天公司的合并成本。新华公司在该项合并中向南天公司原股东增发了1 800万股普通股，合并后南天公司原股东持有新华公司的股权比例为54.55%（1 800/3 300），假定南天公司发行本企业普通股在合并后主体享有同样的股权比例，则南天公司应当发行的普通股股数为750万股（900÷54.55%－900），其公允价值为30 000万元，企业合并成本为30 000万元。

(2) 企业合并成本在可辨认资产、负债的分配。合并资产负债表如表8-15所示。

企业合并成本	300 000 000
新华公司可辨认资产、负债	
流动资产	30 000 000
非流动资产	255 000 000
流动负债	12 000 000
非流动负债	3 000 000
商誉	30 000 000

表 8-15　合并资产负债表

2022 年 9 月 30 日　　　　　　　　　　　　　　　　　　单位：万元

项　目	金　额
流动资产	5 700
非流动资产	61 500
商誉	3 000
资产总额	70 200
流动负债	2 100
非流动负债	2 100
负债总额	4 200
所有者权益	
股本(3 300 万股普通股)	1 650
资本公积	29 250
盈余公积	10 260
未分配利润	24 840
所有者权益总额	66 000

（3）每股收益。本例中假定南天公司 2021 年实现合并净利润 1 800 万元，2022 年新华公司与南天公司形成的主体实现合并净利润为 3 450 万元，自 2021 年 1 月 1 日至 2022 年 9 月 30 日，南天公司发行在外的普通股股数未发生变化。

新华公司 2022 年基本每股收益 = 3 450 ÷ (1 800 × 9 ÷ 12 + 3 300 × 3 ÷ 12) = 1.59(元)

提供比较报表的情况下，比较报表中的每股收益应进行调整，新华公司 2016 年的基本每股收益 = 1 800 ÷ 1 800 = 1(元)。

（4）例 8-13 中，南天公司的全部股东中假定只有其中的 90% 以原持有的对南天公司股权换取了新华公司增发的普通股。新华公司应发行的普通股股数为 1 620 万股(900 × 90% × 2)。企业合并后，南天公司的股东拥有合并后报告主体的股权比例为 51.92%(1 620/3 120)。

通过假定南天公司向新华公司发行本企业普通股在合并后主体享有同样的股权比例，在计算南天公司须发行的普通股数量时不考虑少数股权的因素，故南天公司应当发行的普通股股数为 750 万股(900 × 90% ÷ 51.92% − 900 × 90%)，南天公司在该项合并中的企业合并成本为 30 000 万元[(1 560 − 810) × 40]，南天公司未参与股权交换的股东拥有南天公司的股份为 10%，享有南天公司合并前净资产的份额为 6 000 万元，在合并财务报表中应作为少数股东权益列示。

2. 非上市公司购买上市公司股权实现间接上市的会计处理

非上市公司以所持有的对子公司投资等资产为对价取得上市公司的控制权，构成反向购买的，上市公司编制合并财务报表时应当区别以下情况处理。

（1）交易发生时，上市公司未持有任何资产、负债或仅持有现金、交易性金融资产等不构成业务的资产或负债，上市公司在编制合并财务报表时，购买企业应按照权益性交易原则进行处理，不得确认商誉或计入当期损益。

（2）交易发生时，上市公司保留的资产、负债构成业务的，对于形成非同一控制下企业合并的,企业合并成本与取得的上市公司可辨认净资产公允价值份额的差额应当确认为商誉或计入当期损益。

业务是指企业内部某些生产经营活动或资产负债的组合,该组合具有投入、加工处理过程和产出能力,能够独立计算其成本费用或所产生的收入等,目的在于为投资提供股利、降低成本或带来其他经济利益,某项资产或资产、负债组合是否构成业务,应当由企业结合实际情况进行判断。

8.3.6 被购买方的会计核算方法

非同一控制下的企业合并中,被购买方在企业合并后仍持续经营的,如购买方取得被购买方100%的股权,被购买方可以按合并中确定的有关资产、负债的公允价值调账;其他情况下,被购买方不应因企业合并改记资产、负债的账面价值。

8.4 企业合并的披露和分析

1. 企业合并发生当期的期末,合并方应当在附注中披露与同一控制下企业合并有关的信息

(1) 参与合并企业的基本情况。

(2) 属于同一控制下企业合并的判断依据。

(3) 合并日的确定依据。

(4) 以支付现金、转让非现金资产以及承担债务作为合并对价的,所支付对价在合并日的账面价值;以发行权益性证券作为合并对价的,合并中发行权益性证券的数量及定价原则,以及参与合并各方交换有表决权股份的比例。

(5) 被合并方的资产、负债在上一会计期间资产负债表日及合并日的账面价值;被合并方自合并当期期初至合并日的收入、净利润、现金流量等情况。

(6) 合并合同或协议约定将承担被合并方或有负债的情况。

(7) 被合并方采用的会计政策与合并方不一致所作调整情况的说明。

(8) 合并后已处置或准备处置被合并方资产、负债的账面价值、处置价格等。

2. 企业合并发生当期的期末,购买方应当在附注中披露与非同一控制下企业合并有关的信息

(1) 参与合并企业的基本情况。

(2) 购买日的确定依据。

(3) 合并成本的构成及其账面价值、公允价值及公允价值的确定方法。

(4) 被购买方各项可辨认资产、负债在上一会计期间资产负债表日及购买日的账面价值和公允价值。

(5) 合并合同或协议约定将承担被购买方或有负债的情况。

(6) 被购买方自购买日起至报告期期末的收入、净利润和现金流量等情况。

(7) 商誉的金额及其确定方法。

(8) 因合并成本小于合并中取得的被购买方可辨认净资产公允价值的份额计入当期损益的金额。

(9) 合并后已处置或准备处置被购买方资产、负债的账面价值、处置价格等。

需要注意的是，新准则规定的企业合并的处理方式与原会计准则相比更为复杂，如果在企业合并业务(事项)性质的理解上存在误区，或会计处理不当，因为涉及金额较大往往会对企业的财务报表造成重大影响。为了满足企业预期目的而进行企业并购行为，需要提前规划并购工作的会计处理，将并购目的与会计处理方法进行有机串联，并且做到与企业战略发展部署有机结合。运用科学有效的方法审查被合并企业的净资产，分析企业并购风险、资本构成，衡量企业并购成本，重新计量被合并企业财务状况及经营状况，进而确认被合并企业财务数据真实性，确保并购之后达到预期的规模效应或者协同发展。选择合适的企业并购会计处理方法：①购买法。其适用于非同一控制下企业合并，在购买法中，并购行为被理解为一种交易关系，本质是一种产权的买卖关系。以合理的公允价购买被合并企业股权，能够清晰明确地反映出并购交易的经济性质。另外，在绝大多数企业并购交易中，合并企业通常会采用支付现金、交付有价证券或者其他简单易于识别的交易性资产方式实现对被合并企业控制的目的，此种方式使并购更易于被理解及接受外部监督。除此之外，购买法实现的并购利润，通常能够弥补现时交付成本。②权益结合法。其适用于同一控制下企业合并，权益结合本质是经济资源的结合。采用权益结合法不会造成原企业股权变动，也不会对原始资产进行清算，因此企业之前财务报表数据将会继续留存。至于收益方面，不仅包含了合并企业与被合并企业之前的全部收益，还包含以后会计期间经营所得的全部收益。但是，由于权益合并法是以合并之前被合并企业账面价值入账，并不能清晰明确地反映并购交易的股权买卖性质。因此，针对不同的企业并购行为，需要根据客观情况选择适用的会计处理办法，而不能为了达到其他目的而刻意选择购买法或者权益结合法。

事实上，在企业合并行为中，往往也存在某些利益方通过合并交易(事项)安排，有目的地选择有利于企业的合并会计处理方法，包括合并日及合并后的报表合并范围及相关交易对冲等，以实现有效的盈余管理。对此，报表信息使用者应当结合相关准则规定，认真分析企业的合并业务性质，对其会计处理方法和程序进行有效的辨析，以保证会计信息的使用质量。

本 章 习 题

一、单项选择题

1. 下列各项中，不属于企业合并准则中所界定的企业合并的是(　　)。
   A. A公司通过发行债券自B公司原股东处取得B公司的全部股权，交易事项发生后B公司仍维持其独立法人资格持续经营
   B. A公司以其资产作为出资投入B公司，取得对B公司的控制权，交易事项发生后B公司仍维持其独立法人资格继续经营
   C. A公司支付对价取得B公司全部净资产，交易事项发生后B公司失去法人资格
   D. A公司购买B公司40%的股权，对B公司的生产经营决策产生重大影响

2. 2020年12月31日，A公司董事会做出决议，准备购买甲公司股份；2021年1月1日，A公司取得甲公司20%的股份，能够对甲公司施加重大影响；2021年7月1日，A公司又取得甲公司35%的股份，从而能够对甲公司实施控制；2022年1月1日，A公司又取得甲

公司5%的股份,持股比例达到60%。A公司和甲公司无关联方关系,根据上述A公司对甲公司所进行的股权交易资料判断,购买日为(　　)。

A. 2020年12月31日　　　　　B. 2021年1月1日
C. 2021年7月1日　　　　　　D. 2022年1月1日

3. 甲公司为增值税一般纳税人,2022年1月1日,甲公司以其一台生产用设备作为对价从乙公司的原股东处取得乙公司70%的股权,能够控制乙公司的生产经营决策。当日,乙公司可辨认净资产的账面价值为7 600万元,公允价值为8 300万元;甲公司作为对价的生产设备原价为5 150万元,已累计提取折旧800万元,未计提减值准备,当日的公允价值为5 200万元,增值税税额为676万元。甲公司为进行该项企业合并另支付资产评估、审计费等50万元。相关资产所有权转移手续和股权过户手续于2022年1月1日办理完毕。甲公司和乙公司在此之前不存在任何关联方关系。假定,该项交易前甲公司和乙公司采用的会计政策相同,不考虑所得税影响。2022年1月1日,甲公司合并资产负债表中应确认的商誉金额为(　　)万元。

A. 66　　　　　B. 0　　　　　C. 116　　　　　D. 200

4. 2022年1月1日,M公司通过向N公司股东定向增发1 500万股普通股(每股面值为1元,市价为4元),取得N公司70%股权,并控制N公司,另以银行存款支付财务顾问费100万元。双方约定,如果N公司未来3年平均净利润增长率超过10%,M公司需要另外向N公司原股东支付80万元的合并对价;当日,M公司预计N公司未来3年平均净利润增长率很可能达到12%。该项交易前,M公司与N公司及其控股股东不存在关联方关系。不考虑其他因素,M公司该项企业合并的合并成本为(　　)万元。

A. 6 000　　　　　B. 6 180　　　　　C. 6 240　　　　　D. 6 080

5. 2022年1月1日,甲公司通过向乙公司股东定向增发2 000万股普通股(每股面值为1元,市价为5元),取得乙公司70%股权,并控制乙公司,另以银行存款支付业务咨询费100万元。双方约定,如果乙公司未来3年平均净利润增长率超过10%,甲公司需要另外向乙公司原股东支付300万元的合并对价;当日,甲公司预计乙公司未来3年平均净利润增长率很可能超过10%。该项交易前,甲公司与乙公司及其控股股东不存在关联方关系。不考虑其他因素,甲公司该项企业合并的合并成本为(　　)万元。

A. 10 400　　　　　B. 10 300　　　　　C. 10 000　　　　　D. 10 100

6. 12月1日,甲公司以银行存款400万元和一套大型设备对公A司进行投资,取得A公司60%的普通股份,该设备的账面原价为6 000万元,已计提累计折旧600万元,已计提减值准备200万元,公允价值为5 600万元。同日,A公司所有的权益账面价值为8 000万元,可辨认净资产公允价值为9 000万元。甲公司与A公司不存在任何关联方关系。假设不考虑相关税费,甲公司12月1日应确认的合并成本为(　　)万元。

A. 6 000　　　　　B. 5 600　　　　　C. 5 400　　　　　D. 4 800

二、多项选择题

1. 下列关于企业合并中被购买方的相关处理,表述不正确的有(　　)。

A. 被购买方不需要进行任何处理
B. 非同一控制的吸收合并,被购买方应按合并中确定的有关资产、负债的公允价值调账

C. 同一控制的控股合并,被购买方不需要调整资产、负债的价值

D. 非同一控制的控股合并,被购买方需要按照合并中确认的公允价值调整相关资产、负债的价值

2. 以发行债券方式进行的企业合并,与发行债券相关的佣金、手续费的处理,正确的说法有( )。

A. 债券发行费用应增加合并成本

B. 债券发行费用应计入管理费用

C. 债券如为溢价发行的,该部分费用应减少溢价的金额

D. 债券如为折价发行的,该部分费用应增加折价的金额

3. 以发行权益性证券作为合并对价的,与所发行权益性证券相关的佣金、手续费等正确的说法有( )。

A. 在权益性工具发行有溢价的情况下,自溢价收入中扣除,在权益性证券发行无溢价或溢价金额不足以扣减的情况下增加合并成本

B. 在权益性工具发行有溢价的情况下,自溢价收入中扣除,在权益性证券发行无溢价或溢价金额不足以扣减的情况下计入管理费用

C. 在权益性工具发行有溢价的情况下,自溢价收入中扣除

D. 在权益性证券发行无溢价或溢价金额不足以扣减的情况下,应当冲减盈余公积和未分配利润

4. 下列有关同一控制下企业合并的理解中正确的有( )。

A. 合并各方合并前后均受同一方最终控制

B. 合并各方合并前后均受相同的多方最终控制

C. 合并各方在合并之前后较长时间内为最终控制方所控制,一般为1年以上(含1年)

D. 合并成本大于被合并方所有者权益份额的差额确认商誉

5. 按照我国企业会计准则的规定,同一控制下吸收合并在合并日的会计处理中正确的有( )。

A. 合并方取得的资产和负债应当按照合并日被合并方的账面价值计量

B. 合并方取得的资产和负债应当按照合并日被合并方的公允价值计量

C. 发生的各项直接相关费用计入管理费用

D. 合并方取得净资产账面价值与支付的合并对价账面价值的差额调整资本公积

6. 同一控制下控股合并在合并日合并报表编报的下列说法中,正确的有( )。

A. 合并资产负债表中被合并方的各项资产、负债按其账面价值计量

B. 合并资产负债表中被合并方的各项资产、负债按其公允价值计量

C. 合并留存收益为合并方自身和享有被合并方留存收益份额的合计数确定

D. 被合并方合并前留存收益中归属于合并方的部分应自资本公积转入留存收益

7. 下列有关同一控制下企业合并的说法中,正确的有( )。

A. 同一控制下企业合并中发生的各项直接相关费用,一般应于发生时计入当期损益

B. 合并中不产生新的资产和负债

C. 合并方在合并中取得的被合并方各项资产、负债应维持其在被合并方的原账面价

值不变

D. 合并方在编制期末的合并利润表时,应包含合并方及被合并方从合并日至期末实现的净利润

三、综合题

1. B 企业被 A 企业合并前的有关财务资料如下表。

B 企业合并前财务资料   单位:万元

项 目	金 额
资产	3 000
负债	2 000
股东权益	1 000
其中:股本	800
资本公积	0
留存收益	200

2022 年年末,A 企业支付银行存款 1 150 万元给 B 企业原股东,实施对 B 企业的合并;另支付评估、审计、咨询费共计 2 万元。合并当时 A 企业股本溢价余额 500 万元。B 企业合并日某项资产的评估价值高于其账面价值 100 万元,从而导致资产公允价值为 3 100 万元,负债的公允价值等于账面价值。

要求:假定不考虑相关税费,分吸收合并、100%控股合并、70%控股合并 3 种情况,区别按同一控制下的企业合并和非同一控制下的企业合并两种形式,进行 A 企业关于企业合并的会计处理。

第 9 章　合并财务报表

引导案例

企业合并——长春环保收购环安科技

企业合并是不断优化企业资源配置,快速提升企业核心竞争力的重要方式。随着近年来我国企业改革的不断深入,企业对外合并越来越多,规模也在不断扩大。相应的会计处理也面临诸多问题,可能对会计信息披露产生一定的影响。

2022年10月,长春环保股份有限公司(以下简称长春环保)以现金收购交易方式控股合并环科集团公司下属的一家全资控股企业环境安全科技有限公司(以下简称环安科技)。由于环安科技是一家国有控股企业,对其进行国有股权股份转让的首要条件是将其公司改制更名为有限责任公司。长春环保以现金方式收购环安科技,具体方案如下:环科集团将环安科技53%的公司净资产按照实际评估值比例转让给长春环保,环科集团继续控股持有环安科技47%的股权,股权交易转让的最终审计日期和评估年度基准日期定为2022年10月30日。该公司股权转让收购操作方案于2022年10月28日环科集团股东董事会通过审议表决。合并日长春环保和环安科技权益构成如表9-1所示。

表 9-1　合并日长春环保和环安科技权益构成　　　　　　　　单位:万元

长春环保		环安科技	
项　目	金　额	项　目	金　额
股本	3 680	股本	654
资本公积	800	资本公积	160
盈余公积	400	盈余公积	387
未分配利润	1 200	未分配利润	523
合计	6 080	合计	1 724

另外,环安科技在合并前确认商誉380万元,相关固定资产的公允价值大于账面价值865万元,环安科技本年初至合并日已形成的净利润为135万元。

在合并会计业务行为发生时,长春环保和环安科技公司相关部门负责人一致认为,由于环安科技在本次合并前后最终实际控制人均为环科集团,所以该方在合并业务行为中属于同一集团控制下的企业合并,应当按照《企业会计准则第20号——企业合并》的合并要求进行确认。

该合并案例是当前一些国有企业改制中经常出现的典型案例。企业改制实质上属于原会计主体(国有企业)结束,新会计主体(有限公司)开始,不是一个连续的过程,不适合企业会计准则控制下企业合并的处理规则,所以不适用会计准则关于同一控制下企业合并的会计处理规则,主要依据为《企业会计准则解释第1号》第十条:企业引入新股东改制为股份有限公司,相关资产、负债应当按照公允价值计量,并以改制时确定的公允价值为基础持续核算的结果并入控股股东的合并财务报表。

该案例中,长春环保收购环安科技相关合并方在确认长期股权投资账面价值和进行相关会计处理时通过改变合并类型,减少了环安科技的资产,降低了合并成本,对相关财务报表有较大的影响,还涉嫌通过资产账面价值低估方式暗增利润。基于以上案例,需关注以下问题。

(1) 企业合并范围如何确定?

(2) 企业合并日和合并日后应如何进行相应的会计处理?不同的会计处理方法对合并业务(事项)会计信息的披露会有什么样的影响?

本章内容框架

随着中国经济的不断发展,企业产业化集中加剧,合并成为企业高度发展的必然趋势。企业在合并后需要将子公司的财务报表纳入母、子公司组成的企业集团整体合并财务报表对外核算,而相应业务所涉及的会计处理原则和方法需遵循《企业会计准则第33号——合并财务报表》及相关指南和解释。本章主要解决以下问题。

(1) 企业合并财务报表的概念是什么?企业财务报表由哪几部分构成?

(2) 企业合并范围如何确定?

(3) 企业合并报表如何编制?

本章内容框架如图9-1所示。

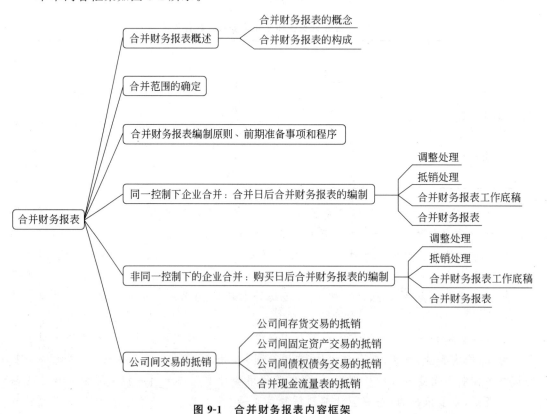

图9-1 合并财务报表内容框架

9.1 合并财务报表概述

9.1.1 合并财务报表的定义

合并财务报表是指反映母公司和其全部子公司形成的企业集团的整体财务状况、经营成果和现金流量的财务报表。

9.1.2 合并财务报表的构成

合并财务报表至少包括合并资产负债表、合并利润表、合并所有者权益变动表(或合并股东权益变动表)、合并现金流量表和附注,它们从不同的方面反映企业集团的财务状况、经营成果及现金流量情况,构成一个完整的合并财务报表体系。

(1)合并资产负债表是反映母公司和子公司所形成的企业集团在某一特定日期的财务状况的报表。

(2)合并利润表是反映母公司和子公司所形成的企业集团整体在一定期间的经营成果的报表。

(3)合并所有者权益变动表(或合并股东权益变动表)是反映母公司在一定期间内,包括经营成果分配在内的所有者(或股东)权益增减变动情况的报表。它是从母公司的角度,站在母公司所有者的立场反映企业所有者(或股东)在母公司中的权益增减变动情况的报表。

(4)合并现金流量表是反映母公司和子公司所形成的企业集团在一定期间内的现金流入、流出及现金净增减变动情况的报表。

(5)附注是对在合并资产负债表、合并利润表、合并现金流量表和合并所有者权益变动表(或合并股东权益变动表)等报表中列示项目的文字描述或明细资料,以及对未能在这些报表中列示项目的说明等。

9.2 合并范围的确定

9.2.1 以"控制"为基础,确定合并范围

合并财务报表的合并范围应当以控制为基础予以确定。控制是指投资方拥有对被投资方的权力,通过参与被投资方的相关活动而享有可变回报,并且有能力运用对被投资方的权力影响其回报金额。投资方在判断能否控制被投资方时,具体如下。

1. 判断通过涉入被投资方的活动享有的是否为可变回报

1) 可变回报的定义

享有控制权的投资方,通过参与被投资方相关活动,享有的是可变回报。可变回报是不固定且可能随着被投资方业绩而变化的回报,可以仅是正回报,仅是负回报,或者同时包括正回报和负回报。

2) 可变回报的形式

投资方在评价其享有被投资方的回报是否可变及可变的程度时,需基于合同安排的

实质，而不是法律形式。例如，投资方持有固定利息的债券投资时，由于债券存在违约风险，投资方需承担被投资方不履约而产生的信用风险，因此投资方享有的固定利息回报也可能是一种可变回报。又如，投资方管理被投资方资产而获得的固定管理费也是一种变动回报，因为投资方是否能获得此回报依赖于被投资方是否获得足够的收益以支付该项固定管理费。

2. 判断投资方是否对被投资方拥有权力，并能够运用此权力影响回报金额

1) 权力的定义

投资方能够主导被投资方的相关活动时，称投资方对被投资方享有"权力"。在判断投资方是否对被投资方拥有权力时，应注意以下几点。

（1）权力只表明投资方主导被投资方相关活动的现时能力，并不要求投资方实际行使其权力。即如果投资方拥有主导被投资方相关活动的现时能力，即使这种能力尚未被实际行使，也视为该投资方拥有对被投资方的权力。

（2）权力是一种实质性权利，而不是保护性权利。

（3）权力是为自己行使的，而不是代其他方行使。

（4）权力通常表现为表决权，但有时也可能表现为其他合同安排。

2) 相关活动

（1）识别相关活动。相关活动是指对被投资方的回报产生重大影响的活动。这些活动可能包括但不限于：商品或劳务的销售和购买；金融资产的管理；资产的购买和处置；研究与开发活动；确定资本结构和获取融资。

（2）分析相关活动的决策机制。就相关活动做出的决策包括但不限于：对被投资方的经营、融资等活动做出决策，包括编制预算；任命被投资方的关键管理人员或服务提供商，并决定其报酬，以及终止该关键管理人员的劳务关系或终止与服务提供商的业务关系。

（3）两个或两个以上投资方能够分别单方面主导被投资方的不同相关活动时，如何判断哪方拥有权力。在具体判断哪个投资方对被投资方拥有权力时，投资方通常需要考虑的因素包括：被投资方的设立目的；影响被投资方利润率、收入和企业价值的决定因素；各投资方拥有的与上述决定因素相关的决策职权的范围，以及这些职权分别对被投资方回报的影响程度；投资方对于可变回报的风险敞口的大小。

3) "权力"是一种实质性权利

（1）实质性权利。实质性权利是指持有人在对相关活动进行决策时，有实际能力行使的可执行权利。通常情况下，实质性权利应当是当前可执行的权利，但在某些情况下，目前不可行使的权利也可能是实质性权利。

（2）保护性权利。保护性权利旨在保护持有这些权利的当事方的权益，而不赋予当事方对这些权利所涉及的主体的权力。

4) 权力的持有人应为主要责任人

权力是能够"主导"被投资方相关活动的现时能力，可见，权力是为自己行使的（行使人为主要责任人），而不是代其他方行使权力（行使人为代理人）。

在评估控制时，代理人的决策权应被视为由主要责任人直接持有，权力属于主要责任人，而非代理人。

5)权力的一般来源——来自表决权

(1)直接或间接持有被投资方半数以上表决权。

① 直接拥有半数以上,如图 9-2 所示。

图 9-2　甲公司直接拥有乙公司 70% 股权

② 间接拥有半数以上,如图 9-3 所示。

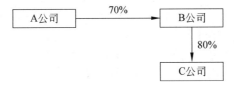

图 9-3　A 公司间接持有 C 公司 80% 的股权

③ 直接和间接合计拥有半数以上,如图 9-4 所示。

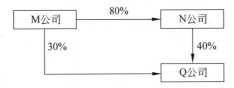

图 9-4　M 公司直接和间接拥有 Q 公司 70%(30%+40%)股权

(2)持有被投资方半数以上表决权但无权力。如相关活动被政府、法院和管理人主导等。投资方虽然持有被投资方半数以上表决权,但这些表决权不是实质性权利时,并不拥有对被投资方的权力。

(3)直接或间接结合,也只拥有半数或半数以下表决权,但仍然可以通过表决权判断拥有权力。

6)权力源自表决权之外的其他权利——来自合同安排

在某些情况下,某些主体的投资方的权力并非源自表决权(如表决权可能仅与日常行政活动工作相关),被投资方的相关活动由一项或多项合同安排决定,如证券化产品、资产支持融资工具、部分投资基金等结构化主体。

结构化主体是指由设计导致在确定其控制方时不能将表决权或类似权利作为决定因素的主体。

7)权力与回报之间的联系

投资方必须不仅拥有对被投资方的权力和因涉入被投资者而承担或有权获得可变回报,而且要有能力使用权力来影响因涉入被投资者而获得的投资方回报。只有当投资方不仅拥有对被投资方的权力,通过参与被投资方的相关活动而享有可变回报,并且有能力运用对被投资方的权力来影响其回报的金额时,投资方才控制被投资方。

9.2.2　纳入合并范围的特殊情况——对被投资方可分割部分的控制

投资方通常应当对是否控制被投资方整体进行判断。但在少数情况下,如果有确凿证据表明同时满足下列条件并且符合相关法律法规规定的,投资方应当将被投资方的一部分视为被投资方可分割的部分,进而判断是否控制该部分(可分割部分)。

(1) 该部分的资产是偿付该部分负债或该部分其他利益方的唯一来源,不能用于偿还该部分以外的被投资方的其他负债。

(2) 除与该部分相关的各方外,其他方不享有与该部分资产相关的权利,也不享有与该部分资产剩余现金流量相关的权利。

实质上该部分的所有资产、负债及其他相关权益均与被投资方的剩余部分相隔离,即该部分的资产产生的回报不能由该部分以外的被投资方其他部分享有,该部分的负债也不能用该部分以外被投资方资产偿还。

如果被投资方的一部分资产和负债及其他相关权益满足上述条件,构成可分割部分,则投资方应当基于控制的判断标准,确定其是否能控制该可分割部分的相关活动,并据以从中取得可变回报。如果投资方控制可分割部分,则应将其进行合并。在此情况下,其他方在考虑是否合并被投资方时,应仅对投资方的剩余部分进行控制与合并的评估,而将可分割部分排除在外。

9.2.3 合并范围的豁免——投资性主体

1. 豁免规定

母公司应当将其全部子公司(包括母公司所控制的被投资单位可分割部分、结构化主体)纳入合并范围。但是,如果母公司是投资性主体,则只应将那些为投资性主体的投资活动提供相关服务的子公司纳入合并范围,其他子公司不应予以合并,母公司对其他子公司的投资应当按照公允价值计量且其变动计入当期损益处理。

一个投资性主体的母公司如果本身不是投资性主体,则应当将其控制的全部主体,包括投资性主体及通过投资性主体间接控制的主体,纳入合并财务报表范围。

2. 投资性主体的定义

当母公司同时满足以下 3 个条件时,该母公司属于投资性主体。

(1) 该公司以向投资方提供投资管理服务为目的,从一个或多个投资者处获取资金,这是投资性主体与其他主体的一个显著区别。

(2) 该公司的唯一经营目的是通过资本增值、投资收益或两者兼有而让投资者获得回报;投资性主体的经营目的一般可能通过设立目的、投资管理方式、投资期限、退出投资战略等体现出来。例如,如果一个基金在募集说明书中说明其投资目的是实现资本增值,一般情况下的投资期限较长,指定了比较清晰的投资退出战略等,则这些描述与投资性主体的经营目的是一致的;反之,如果该基金的经营目的是与被投资方合作开发、生产或者销售某种产品,则其不是投资性主体。

(3) 该公司按照公允价值对几乎所有投资的业绩进行计量和评价。对于投资性主体而言,相对于合并子公司财务报表或者按照权益法核算对联营企业或合营企业的投资,公允价值计量所提供的信息更具有相关性。公允价值计量体现在:在企业会计准则允许的情况下,向投资方报告其财务状况和经营成果时应当以公允价值计量其投资;向其关键管理人员提供公允价值信息,以供他们据此评估投资业绩或做出投资决策。但是,投资性主体没必要以公允价值计量其固定资产等非投资性资产或负债。

3. 投资性主体的特征

(1) 拥有一项以上投资。投资性主体通常会同时持有多项投资，以分散风险，但通过直接或间接投资于另一持有多项投资的投资性主体的，也可能是投资性主体。另外，当投资性主体刚设立、尚未寻找到多个符合要求的投资项目，或者刚处置了部分投资、尚未进行新的投资，或者正处于清算过程中时，也有可能仅持有一项投资。

(2) 拥有一个以上投资者。但是，当投资性主体刚刚设立、正在积极识别合格投资者，或者原持有的权益已经赎回、正在寻找新的投资者，或者处于清算过程中时，或者是为代表或支持一个较大的投资者集合的利益而设立的（如某企业设立的年金基金），也有可能仅拥有一个投资者。

(3) 投资者不是该主体的关联方。但是，关联投资者的存在并非表明该主体一定不是投资者主体。例如，某基金的投资方之一可能是该基金的关键管理人员出资设立的企业，其目的是更好地激励基金的关键管理人员，这一安排并不影响该基金符合投资性主体的定义。

(4) 该主体的所有者权益以股权或类似权益方式存在。然而，拥有不同类型的投资者，并且其中一些投资者可能仅对某类或某组特定投资拥有权利，或者不同类型的投资者对净资产享有不同比例的分配权的情况，并不说明该主体不是一个投资性主体。

可见，上述特征仅仅是投资性主体的常见特征，当主体不完全具备上述四个特征时，需要审慎评估，判断是否有确凿证据证明虽然缺少其中一个或几个特征，但该主体仍然符合投资性主体的定义。

4. 因投资性主体转换引起的合并范围的变化

当母公司由非投资性主体转变为投资性主体时，除仅将为其投资活动提供相关服务的子公司纳入合并财务报表范围编制合并财务报表外，企业自转变日起对其他子公司不再予以合并，其会计处理参照部分处置子公司股权但不丧失控制权的处理原则。

当母公司由投资性主体转变为非投资性主体时，应将原未纳入合并财务报表范围的子公司于转变日纳入合并财务报表范围，原未纳入合并财务报表范围的子公司在转变日的公允价值视为购买的交易对价，按照非同一控制下企业合并的会计处理方法进行会计处理。

9.2.4 控制的持续评估

控制的评估是持续的，当环境或情况发生变化时，投资方需要评估控制的两个基本要素中的一个或多个是否发生了变化。如果有任何事实或情况表明控制的两项基本要素中的一个或多个发生了变化，投资方应重新评估对被投资方是否具有控制。

9.3 合并财务报表的编制原则、前期准备事项及程序

9.3.1 合并财务报表的编制原则

合并财务报表的编制除应遵循财务报表编制的一般原则和要求外，还应遵循以下原则和要求。

(1) 以个别财务报表为基础。合并财务报表并不是直接根据母公司和子公司的账簿编制，而是利用母公司和子公司编制的反映各自财务状况和经营成果的财务报表提供的数据，

通过合并财务报表的特有方法进行编制。以纳入合并范围的个别财务报表为基础,可以说是客观性原则在合并财务报表编制时的具体体现。

(2) 一体性原则。合并财务报表反映的是企业集团的财务状况和经营成果,反映的是由多个法人企业组成的一个会计主体的财务状况,在编制合并财务报表时应将母公司和所有子公司作为整体来看待,视为一个会计主体,母公司和子公司发生的经营活动都应当从企业集团这一整体的角度进行考虑。因此,在编制合并财务报表时,对于母公司和子公司、子公司互相之间的经济业务,应当视为同一会计主体的内部业务处理,视为同一会计主体下的不同核算单位的内部业务。

(3) 重要性原则。与个别财务报表相比,合并财务报表涉及多个法人主体,涉及的经济活动的范围很广,母公司与子公司的经营活动往往跨越不同行业的界限,有时母公司与子公司的经营活动甚至相差很大。这样,合并财务报表要综合反映这样的会计主体的财务情况,必然要涉及重要性的判断问题。特别是在拥有众多子公司的情况下,更是如此。在编制合并财务报表时,特别强调重要性原则的运用。一些项目在企业集团中的某一企业具有重要性,但对于整个企业集团则不一定具有重要性,在这种情况下根据重要性原则的要求,对财务报表项目进行取舍则具有重要的意义。此外,母公司与子公司、子公司相互之间发生的经济业务,对整个企业集团财务状况和经营成果的影响不大时,为简化合并手续也应根据重要性原则进行取舍,可以不编制抵销分录而直接编制合并财务报表。

9.3.2 合并财务报表编制的前期准备事项

合并财务报表的编制涉及多个子公司,有的合并财务报表的合并范围甚至包括数百个子公司。为使编制的合并财务报表准确、全面地反映企业集团的真实情况,必须做好一系列的前期准备工作。这些前期准备工作主要有以下几项。

1. 统一母、子公司的会计政策

会计政策是指企业进行会计核算和编制财务报表时所采用的会计原则、会计程序和会计处理方法,是编制财务报表的基础,统一母公司和子公司的会计政策是保证母、子公司财务报表项目反映内容一致的基础。为此,在编制合并财务报表之前,母公司应当统一子公司所采用的会计政策,使子公司采用的会计政策与母公司保持一致。子公司所采用的会计政策与母公司不一致的,应当按照母公司的会计政策对子公司财务报表进行必要的调整;或者要求子公司按照母公司的会计政策另行编报财务报表。

2. 统一母、子公司的资产负债表日及会计期间

财务报表反映一定日期的财务状况、一定会计期间的经营成果和现金流量,母公司和子公司的个别财务报表只有在反映财务状况的日期和反映经营成果的会计期间一致的情况下,才能进行合并。因此,子公司的会计期间与母公司不一致的,应当按照母公司的会计期间对子公司财务报表进行调整,或者要求子公司按照母公司的会计期间另行编制财务报表。

3. 对子公司以外币表示的财务报表进行折算

对母公司和子公司的财务报表进行合并,其前提必须是母公司个别财务报表所采用的货币计量单位一致。在我国允许外币业务比较多的企业采用某一外币作为记账本位币,境外企业一般也是采用其所在国或地区的货币作为记账本位币。但将这些企业的个别财务报表纳入合并财务报表时,必须将其折算为以母公司所采用的记账本位币表示的财务报表。

4. 收集编制合并财务报表的相关资料

合并财务报表以母公司和其子公司的财务报表及其他有关资料为依据,由母公司合并有关项目的数额编制。为编制合并财务报表,母公司应当要求子公司及时提供下列资料。

(1) 子公司相应期间的财务报表。

(2) 与母公司及其他子公司之间发生的内部购销交易、债权债务、投资及其产生的现金流量和未实现内部销售损益的期初、期末余额及变动情况等资料。

(3) 子公司所有者权益变动和利润分配的有关资料。

(4) 编制合并财务报表所需要的其他资料,如非同一控制下企业合并购买日的公允价值资料等。

9.3.3 合并财务报表的编制程序

(1) 设置合并工作底稿。合并工作底稿的作用是为合并财务报表的编制提供基础。在合并工作底稿中,对母公司和纳入合并范围的子公司的个别财务报表各项目的数额进行汇总和抵销处理。最终计算得出合并财务报表各项目的合并数。合并工作底稿的基本格式如表 9-2 所示。

表 9-2 合并工作底稿　　　　　　　　　　　　　　单位:万元

项　　目	母公司	子公司	调整/抵销		少数股东权益	合并金额
			借方	贷方		
货币资金						
长期股权投资						
实收资本						
……						

(2) 将母公司、纳入合并范围的子公司的个别资产负债表、利润表及所有者权益变动表各项目的数据录入合并工作底稿,并在合并工作底稿中对母公司和子公司个别财务报表各项目的数据进行加总,计算得出个别资产负债表、个别利润表及个别所有者权益变动表各项目合计数额。

(3) 编制调整分录与抵销分录,将母公司与子公司、子公司互相之间发生的经济业务对个别财务报表有关项目的影响进行调整抵销处理。进行调整抵销处理是合并财务报表编制的关键和主要内容,其目的在于将因会计政策及计量基础的差异而对个别财务报表的影响进行调整,以及将个别财务报表各项目的加总数据中重复的因素等予以抵销。

(4) 计算合并财务报表各项目的合并数。即在母公司和纳入合并范围的子公司个别财务报表各项目加总数额的基础上,分别计算财务报表中的资产项目、负债项目、所有者权益项目、收入项目和费用项目的合并数。其计算方法如下。

① 资产类项目。其合并数额根据该项目加总的数额,加上该项目调整分录与抵销分录的借方发生额,减去该项目调整分录与抵销分录的贷方发生额计算确定。

② 负债类项目和所有者权益项目。其合并数根据该项目加总的数额,减去该项目调整分录与抵销分录的借方发生额,加上该项目调整与抵销分录的贷方发生额计算确定。

③ 有关收益类项目。其合并数根据该项目加总的数额，减去该项目调整分录与抵销分录的借方发生额，加上该项目调整分录与抵销分录的贷方发生额计算确定。

④ 有关成本费用类项目和有关利润分配的项目。其合并数根据该项目加总的数额，加上该项目调整分录与抵销分录的借方发生额，减去该项目调整分录与抵销分录的贷方发生额计算确定。

(5) 填列合并财务报表，即根据合并工作底稿中计算出的资产、负债、所有者权益、收入、成本费用类各项目的合并数，填列正式的合并财务报表。合并财务报表的编制程序如图 9-5 所示。

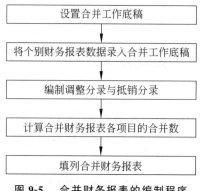

图 9-5　合并财务报表的编制程序

9.3.4　编制合并财务报表需要调整抵销的项目

1. 编制合并资产负债表需要调整和抵销的项目

合并资产负债表是以母公司和纳入合并范围的子公司的个别资产负债表为基础编制的。对于企业集团内部发生的经济业务，发生内部经济业务的两方都在其个别资产负债表中进行了反映。因此，如果简单地将母子公司的资产、负债和所有者权益各项目的数额加总，数额中必然包含有重复计算的因素。作为反映企业集团整体财务状况的合并资产负债表，必须将这些重复计算的因素加以扣除，对这些重复计算的因素进行调整和抵销处理。

编制合并资产负债表需要调整和抵销的项目主要有以下几个方面。

(1) 母公司对子公司股权投资项目与子公司所有者权益（或股东权益）项目。
(2) 母公司与子公司、子公司相互之间发生的内部债权债务项目。
(3) 存货项目，即内部购进存货价值中包含的未实现内部销售损益。
(4) 固定资产项目（包括固定资产原价和累计折旧项目），即内部购进固定资产价值中包含的未实现内部销售损益。
(5) 无形资产项目，即内部购进无形资产价值包含的未实现内部销售损益。

2. 编制合并利润表和合并所有者权益变动表需要调整和抵销的项目

合并利润表和合并所有者权益变动表是以母公司和纳入合并范围的子公司的个别利润表和个别所有者权益变动表为基础编制的。在编制合并利润表和合并所有者权益变动表时，也需要将以个别利润表和个别所有者权益变动表为基础计算的收入和费用等项目的加总数额中包含的重复计算的因素予以扣除。

编制合并利润表和合并所有者权益变动表时需要进行调整和抵销处理的项目主要有以下几个方面。

（1）内部销售收入和内部销售成本项目。

（2）内部投资收益项目，包括内部利息收入、利息支出项目与内部股权投资收益项目。

（3）资产减值损失项目，即与内部交易相关的内部应收账款、存货、固定资产、无形资产等项目的资产减值损失。

（4）纳入合并范围的子公司利润分配项目。

3. 编制合并现金流量表需要抵销的项目

合并现金流量表以母公司和纳入合并范围的子公司的个别现金流量表为基础，在抵销母公司与子公司、子公司相互之间发生的内部交易对合并现金流量表的影响后，由母公司编制。

编制合并现金流量表需要进行抵销的内容主要有以下几个方面。

（1）母公司与子公司、子公司相互之间当期以现金投资或收购股权增加的投资所产生的现金流量相互抵销。

（2）母公司与子公司、子公司相互之间取得的投资收益收到的现金与分配股利、利润或偿付利息支付的现金相互抵销。

（3）母公司与子公司、子公司相互之间以现金结算债权与债务所产生的现金流量相互抵销。

（4）母公司与子公司、子公司相互之间当期销售商品所产生的现金流量相互抵销。

（5）母公司与子公司、子公司相互之间处置固定资产、无形资产和其他长期资产收回的现金净额与构建固定资产、无形资产和其他长期资产支付的现金相互抵销。

（6）母公司与子公司、子公司相互之间当期发生的其他内部交易所产生的现金流量相互抵销。

9.4 同一控制下的企业合并：合并日后合并财务报表的编制

对于同一控制下的企业合并，编制合并日后合并财务报表时，首先，将母公司对子公司长期股权投资由成本法核算的结果调整为权益法核算的结果，使母公司对子公司长期股权投资项目反映其在子公司所有者权益中所拥有的权益的变动情况；其次，将母公司对子公司的长期股权投资项目反映其在子公司所有者权益项目等内部交易相关的项目进行抵销处理，将内部交易对合并财务报表的影响予以抵销；最后，在编制合并日合并工作底稿的基础上，编制合并工作底稿。

9.4.1 合并日后合并财务报表的调整处理

对属于同一控制下的企业合并中取得的子公司的合并财务报表，如果存在与母公司会计政策和会计期间不一致的情况，则需要对该子公司的个别财务报表进行调整；如果不存在与母公司的会计政策和会计期间不一致的情况，则不需要对该子公司的个别财务报表进行调整。

在母公司的个别财务报表中，为使母公司长期股权投资项目金额与子公司股东权益各项目金额建立对应关系，从而为下一步抵销分录的编制建立基础，习惯上需要将母公司长期股权投资核算的结果调整为权益法核算的结果。将成本法的核算结果调整为权益法的核算结果时，应当自取得对子公司长期股权投资年度起，逐年按照子公司当年实现的净利润中属于母公司享有的份额，调整增加对子公司长期股权投资的金额，并调整增加当年的投资收益；对子公司当年分派的现金股利或宣告分派的股利中母公司享有的份额，则调整冲减长期股权投资的账面价值，同时调整减少原确认的投资收益。

在取得对子公司长期股权投资的第 2 年，将成本调整法核算的结果调整为权益法核算的结果时，则在调整计算第一年年末权益法核算的对子公司长期股权投资金额的基础上，按第 2 年子公司实现的净利润中母公司所拥有的份额，调整长期股权投资的金额；按子公司分派或宣告分派的现金股利中母公司拥有的份额，调减长期股权投资的金额以后年度的调整，比照上述做法进行调整处理。

子公司其他综合收益发生变动时，母公司应当按照归属于本企业的部分，相应调整长期股权投资的账面价值，同时增加或减少其他综合收益。

子公司除净损益、其他综合收益及利润分配以外所有者权益的其他变动，在按照权益法对成本法合算的结果进行调整时，应当根据子公司本期除净损益、其他综合收益及利润分配以外所有者权益的其他变动计入资本公积的金额中所享有的金额，对长期股权投资的金额进行调整。在以后年度将成本法调整为权益法核算的结果时，也应当持续考虑这一因素，对长期股权投资的金额进行调整。

长期股权投资成本法核算的结果调整为权益法核算的结果时，调整分录如下。

1. 投资当年

（1）调整被投资单位盈利。

借：长期股权投资
　　贷：投资收益

（2）调整被投资单位亏损。

借：投资收益
　　贷：长期股权投资

（3）调整被投资单位分派现金股利。

借：投资收益
　　贷：长期股权投资

（4）调整子公司其他综合收益变动（假定其他综合收益增加）。

借：长期股权投资
　　贷：其他综合收益——本年

（若减少做相反会计分录）

（5）调整子公司除净损益、其他综合收益以及利润分配以外的所有者权益的其他变动（假定所有者权益增加）。

借：长期股权投资
　　贷：资本公积——本年

（若减少做相反会计分录）

2. 连续编制合并财务报表

应说明的是，本期合并财务报表中年初"所有者权益"各项目的金额应与上期合并财务报表中的期末"所有者权益"对应项目的金额一致，因此，上期编制合并财务报表时涉及股本

（或实收资本）、资本公积、其他综合收益、盈余公积等项目的，在本期编制合并财务报表调整和抵销分录时均应用"股本（或实收资本）——年初""资本公积——年初""其他综合收益——年初"和"盈余公积——年初"项目代替；对上期编制调整和抵销分录时涉及利润表中的项目及所有者权益变动表"未分配利润"项目，在本期编制合并财务报表调整分录和抵销分录时均应用"年初未分配利润"项目代替。

（1）调整以前年度被投资单位盈利。
借：长期股权投资
　　贷：年初未分配利润
（注：若为亏损则做相反会计分录）

（2）调整被投资单位本年盈利。
借：长期股权投资
　　贷：投资收益

（3）调整被投资单位本年亏损。
借：投资收益
　　贷：长期股权投资

（4）调整被投资单位以前年度分派现金股利。
借：年初未分配利润
　　贷：长期股权投资

（5）调整被投资单位当年分派现金股利。
借：投资收益
　　贷：长期股权投资

（6）调整子公司以前年度其他综合收益变动（假定其他综合收益增加）。
借：长期股权投资
　　贷：其他综合收益——年初
（若减少做相反会计分录）

（7）调整子公司本年其他综合收益变动（假定其他综合收益增加）。
借：长期股权投资
　　贷：其他综合收益——本年
（若减少做相反会计分录）

（8）调整子公司以前年度除净损益、其他综合收益及利润分配以外的所有者权益的其他变动（假定所有者权益增加）。
借：长期股权投资
　　贷：资本公积——年初
（若减少做相反会计分录）

（9）调整子公司本年除净损益、其他综合收益及利润分配以外的所有者权益的其他变动（假定所有者权益增加）。
借：长期股权投资
　　贷：资本公积——本年
（若减少做相反会计分录）

【例 9-1】 2022 年 1 月 1 日，新华公司以 171 600 万元的价格取得南常公司 80％的股权，使其成为子公司，新华公司对南常公司长期股权投资取得时的账面价值为 153 600 万元。新华公司和南常公司 2022 年个别财务报表如表 9-3～表 9-6 所示。

表 9-3 资产负债表（简表）　　　　　　　会企 01 表
编制单位：　　　　　　2022 年 12 月 31 日　　　　　　单位：万元

资产	新华公司	南常公司	负债和所有者权益（或股东权益）	新华公司	南常公司
流动资产：			流动负债：		
货币资金	34 200	39 000	短期借款	60 000	28 800
交易性金融资产	18 000	30 000	交易性金融负债	24 000	14 400
衍生金融资产	0	0	衍生金融负债	0	0
应收票据	43 200	21 600	应付票据	78 000	21 600
应收账款	51 000	30 600	应付账款	108 000	31 200
预付款项	9 000	15 000	预收款项	24 000	23 400
其他应收款	31 800	7 800	应付职工薪酬	30 000	9 600
存货	222 000	108 000	应交税费	16 200	8 400
一年内到期的非流动资产	0	0	其他应付款	31 800	31 200
其他流动资产	10 800	6 000	一年内到期的非流动负债	0	0
			其他流动负债	12 000	5 400
流动资产合计	420 000	258 000	流动负债合计	384 000	174 000
非流动资产：			非流动负债：		
债权投资	48 000	0			
其他债权投资	78 000	24 000	长期借款	24 000	30 000
长期应收款	0	0	应付债券	120 000	42 000
长期股权投资	240 000	0	长期应付款	36 000	0
投资性房地产	0	0	专项应付款	0	0
固定资产	168 000	156 000	预计负债	0	0
在建工程	78 000	25 200	递延所得税负债	0	0
工程物资	0	0	其他非流动负债	0	0
固定资产清理	0	0	非流动负债合计	180 000	72 000
生产性生物资产	0	0	负债合计	564 000	246 000
油气资产	0	0	股东权益：		
无形资产	36 000	10 800	股本	240 000	120 000
开发支出	0	0	其他权益工具	0	0
商誉	12 000	0	其中：优先股	0	0
长期待摊费用	0	0	永续债	0	0
递延所得税资产	0	0	资本公积	60 000	48 000
其他非流动资产	0	0	减：库存股	0	0
非流动资产合计	660 000	216 000	其他综合收益	0	0

续表

资　产	新华公司	南常公司	负债和所有者权益（或股东权益）	新华公司	南常公司
			专项设备	0	0
			盈余公积	108 000	19 200
			未分配利润	108 000	40 800
			股东权益合计	516 000	228 000
资产合计	1 080 000	474 000	负债和股东权益合计	1 080 000	474 000

表 9-4　利润表（简表）　　　　　　　　　　会企02表

编制单位：　　　　　　　2022 年　　　　　　　　单位：万元

项　目	新华公司	南常公司
一、营业收入	900 000	568 800
减：营业成本	576 000	438 000
税金及附加	10 800	6 000
销售费用	31 200	20 400
管理费用	36 000	23 400
财务费用	7 200	4 800
资产减值损失	3 600	1 800
加：公允价值变动损益（损失以"－"号填列）	0	0
投资收益（损失以"－"号填列）	58 800	1 200
其中：对联营和合营企业的投资收益（损失以"－"号填列）		
二、营业利润（亏损以"－"号填列）	294 000	75 600
加：营业外收入	9 600	14 400
其中：非流动资产处置利得		
减：营业外支出	15 600	6 000
其中：非流动资产处置损失		
三、利润总额（亏损总额以"－"号填列）	288 000	84 000
减：所得税费用	72 000	21 000
四、净利润（净亏损以"－"号填列）	216 000	63 000
五、其他综合收益的税后净额		
（一）以后不能重分类进损益的其他综合收益		
1. 重新计量设定收益计划净负债或净资产的变动		
2. 权益法下在被投资单位不能重分类进损益的其他综合收益中享有的份额		
3. 其他		
（二）以后将重分类进损益的其他综合收益		
1. 权益法下在被投资单位以后将重分类进损益的其他综合收益中享有的份额		
2. 可供出售金融资产公允价值变动损益		
3. 持有至到期投资重分类为可供出售金融资产损益		

续表

项　目	新华公司	南常公司
4.现金流量套期收益的有效部分		
5.外部财务报表折差额		
6.其他		
六、综合收益总额	216 000	63 000
七、每股收益		
（一）基本每股收益		
（二）稀释每股收益		

表 9-5　股东权益变动表（简表）　　　　　会企04表

编制单位：新华公司　　　　2022 年　　　　单位：万元

项　目	新华公司								
	股本	其他权益工具	资本公积	减：库存股	其他综合收益	盈余公积	未分配利润	专项储备	股东权益合计
一、上年年末余额	240 000		60 000			66 000	54 000		420 000
加：会计政策变更									
前期差错更正									
二、本年年初余额	240 000		60 000			66 000	54 000		420 000
三、本年增减变动金额（减少以"－"号填列）									
（一）综合收益总额							216 000		216 000
（二）所有者投入和减少资本									
1.所有者投入的普通股									
2.其他权益工具持有者投入资本									
3.股份支付计入所有者权益的份额									
4.其他									
（三）利润分配									
1.提取盈余公积						42 000	42 000		
2.对股东的分配							120 000		120 000
3.其他									
（四）股东权益内部结转									
1.资本公积转增资本									
2.盈余公积转增资本									
3.其他									
四、本年年末余额	240 000		60 000			108 000	108 000		516 000

表 9-6　股东权益变动表(简表)　　　　　　　　　　　　　会企 04 表

编制单位：南常公司　　　　　　　　　　2022 年　　　　　　　　　　　　　单位：万元

项　　目	南常公司							
	股本	其他权益工具	资本公积	减：库存股	其他综合收益	盈余公积	未分配利润	专项储备	股东权益合计
一、上年年末余额	120 000		48 000			7 200	16 800		192 000
加：会计政策变更									
前期差错更正									
二、本年年初余额	120 000		48 000			7 200	16 800		192 000
三、本年增减变动金额(减少以"－"号填列)									
（一）综合收益总额							63 000		63 000
（二）所有者投入和减少资本									
1.所有者投入的普通股									
2.其他权益工具持有者投入资本									
3.股份支付计入所有者权益的份额									
4.其他									
（三）利润分配									
1.提取盈余公积						12 000	12 000		
2.对股东的分配							27 000		27 000
3.其他									
（四）股东权益内部结转									
1.资本公积转增资本									
2.盈余公积转增资本									
3.其他									
四、本年年末余额	120 000		48 000			19 200	40 800		228 000

2022 年 1 月 1 日,南常公司的股东权益总额为 192 000 万元,其中股本 120 000 万元,资本公积为 48 000 万元,盈余公积为 7 200 万元,未分配利润为 16 800 万元;2022 年 12 月 31 日,股东权益总额为 228 000 万元,其中股本为 120 000 万元,资本公积 48 000 万元,盈余公积为 19 200 万元,未分配利润为 40 800 万元。

南常公司 2022 年全年实现净利润 63 000 万元,经公司董事会提议并经股东会批准,2022 年提取盈余公积 12 000 万元,向股东宣告分派现金股利 27 000 万元。新华公司对南常公司长期股权投资取得时的账面价值为 153 600 万元,2022 年 12 月 31 日仍为 153 600 万元,新华公司当年确认投资收益 21 600 万元(27 000×80%)。

将成本法核算的结果调整为权益法核算结果的相关的调整会计分录如下。
(1) 按权益法核算投资收益＝63 000×80%＝50 400(万元)。

借：长期股权投资——南常公司　　　　　504 000 000　　　①
　　贷：投资收益　　　　　　　　　　　　　　　504 000 000

(2) 冲回成本法下计入投资收益的金额。

借：投资收益　　　　　　　　　　　　　216 000 000　　　②
　　贷：长期股权投资——南常公司　　　　　　216 000 000

经过上述调整分录后，新华公司对南常公司长期股权投资的账面价值为182 400万元(153 600+50 400－21 600)。新华公司对南常公司长期股权投资账面价值182 400万元正好与母公司在南常公司股东权益所拥有的份额相等。

9.4.2　合并日后合并财务报表的抵销处理

1. 长期股权投资与子公司所有者权益的抵销处理

在合并工作底稿中，对长期股权投资的金额进行调整后，长期股权投资的金额正好反映母公司在子公司所有者权益中所拥有的份额。或者也可以不进行权益法调整，直接抵销，本章所有举例中都是按照"先调整后抵销"的原则处理的。要编制合并财务报表，在此基础上必须按照编制合并财务报表的要求进行合并抵销处理，将母公司与子公司之间的内部交易对合并财务报表的影响予以抵销。

编制合并财务报表时，必须将母公司对子公司长期股权与子公司所有者权益中所拥有的份额予以抵销。根据母公司在子公司所有者权益中拥有份额的多少不同，可以将子公司分为全资子公司和非全资子公司。对于全资子公司，进行抵销处理时将对子公司长期股权投资的金额与子公司所有者权益全额抵销；对于非全资子公司，则将长期股权投资与子公司所有者权益中母公司所拥有的金额进行抵销，不属于母公司的份额，则属于子公司少数股东权益，应将其转为少数股东权益。

母公司长期股权投资与子公司所有者权益的抵销分录如下。

借：股本(实收资本)
　　资本公积
　　其他综合收益
　　盈余公积
　　未分配利润
　　贷：长期股权投资
　　　　少数股东权益(子公司所有者权益×少数股东持股比例)

注：在合并财务报表中，子公司少数股东分担的当期亏损超过了少数股东在该子公司期初所有者权益中所享有的份额的(发生超额亏损)，其余额仍应当冲减少数股东权益，即少数股东权益可以出现负数。

【例9-2】　接例9-1资料，经过调整后，新华公司对南常公司长期股权投资的金额为182 400万元；南常公司股东权益总额228 000万元，新华公司拥有80%的股权，即在子公司股东权益中拥有182 400万元；其余20%属于少数股东权益。

长期股权投资与子公司所有者权益相互抵销时，其抵销分录如下。

借：股本	1 200 000 000	③
资本公积	480 000 000	
盈余公积	192 000 000	
未分配利润	408 000 000	
贷：长期股权投资	1 824 000 000	
少数股东权益	456 000 000	

2. 母公司对子公司、子公司相互之间持有对方长期股权投资的投资收益的抵销处理

编制合并利润表时，是将子公司的营业收入、营业成本和期间费用视为母公司本身的营业收入、营业成本和期间费用同等看待，与母公司相应的项目进行合并。母公司对某一子公司在合并工作底稿中按照权益法调整后确定的投资收益，实际上就是该子公司当期实现的净利润，也就是子公司当期营业收入减去营业成本和期间费用、所得税费用等后的余额与母公司持股比例相乘的结果。因此，为使合并财务报表反映母公司股东权益变动的情况，应当相应地将子公司个别所有者权益变动表中本年利润分配各项目的金额，包括提取盈余公积、对所有者（或股东）的分配和期末未分配利润的金额予以抵销。

从单一企业来看，当年实现的净利润加上年初未分配利润是企业利润分配的来源，企业对其进行分配，提取盈余公积、向股东分配股利及留存以后年度的未分配利润（未分配利润可以理解为将这部分利润分配到下一会计年度）等，则是利润分配的去向。而子公司当年实现的净利润，可以分为两部分：一部分属于母公司所有，即母公司的投资收益；另一部分则属于少数股东本期收益。为使合并财务报表反映母公司股东权益的变动情况与财务状况，则必须将母公司投资收益、少数股东权益和期初未分配利润与子公司当年利润分配及未分配利润的金额相抵销。

母公司对子公司、子公司相互之间持有对方长期股权投资的投资收益的抵销分录如下。

借：投资收益
　　少数股东损益
　　年初未分配利润
　贷：提取盈余公积
　　　对所有者（或股东）的分配
　　　年末未分配利润

注： 此处没有将母、子公司之间的抵销分录全部列举，涉及抵销处理详见本章"9.6　内部商品交易的合并处理""9.7　内部固定资产交易的合并处理""9.8　公司间债权债务的合并处理"等内容。

【例 9-3】 接例 9-1 和例 9-2 资料，对子公司的投资收益与子公司当年利润分配相抵销，使合并财务报表反映母公司股东权益变动的情况，其抵销分录如下。

借：投资收益	504 000 000	④
少数股东损益	126 000 000	
年初未分配利润	168 000 000	
贷：提取盈余公积	120 000 000	
向股东分配利润	270 000 000	

　　　　未分配利润　　　　　　　　　　　　　　　　　　　408 000 000

同时，被合并方在企业合并前实现的留存收益归属于合并方的部分，自资本公积转入留存收益。

另外，本例中南常公司本年宣告分派现金股利 27 000 万元，股利款项尚未支付，南常公司已将其计列应付股利 27 000 万元。甲公司根据南常公司宣告的分派现金股利的公告，按照其所享有的金额，已确认应收股利，并在其资产负债表中计列应收股利 21 600 万元。这属于母公司与子公司之间的债权债务，在编制合并资产负债表时必须将其予以抵销，其抵销分录如下：

　　借：其他应付款　　　　　　　　　　　　　　216 000 000　　⑤
　　　　贷：其他应收款　　　　　　　　　　　　　216 000 000

【例 9-4】 根据上述调整分录①和②和抵销分录③、④、⑤，编制合并工作底稿，如表 9-7 所示。

表 9-7　合并工作底稿

2022 年　　　　　　　　　　　　　　　　　　　　　　　　　　单位：万元

项　目	母公司	子公司	合计数	调整分录 借方	调整分录 贷方	抵销分录 借方	抵销分录 贷方	少数股东权益	合并数
流动资产：									
货币资金	34 200	39 000	73 200						73 200
交易性金融资产	18 000	30 000	48 000						48 000
应收票据	43 200	21 600	64 800						64 800
应收账款	51 000	30 600	81 600						81 600
预付款项	9 000	15 000	24 000						24 000
其他应收款	31 800	7 800	39 600					21 600 ⑤	18 000
存货	222 000	108 000	330 000						330 000
其他流动资产	10 800	6 000	16 800						16 800
流动资产合计	420 000	258 000	678 000					21 600	656 400
非流动资产：									
债权投资	48 000	0	48 000						48 000
其他债权投资	78 000	24 000	102 000						102 000
长期股权投资	240 000	0	240 000	50 400 ①	21 600 ②		182 400 ③		86 400
固定资产原价	168 000	156 000	324 000						324 000
在建工程	78 000	25 200	103 200						103 200
无形资产	36 000	10 800	46 800						46 800
商誉	12 000	0	12 000						12 000
非流动资产合计	660 000	216 000	876 000	50 400	21 600		182 400		722 400
资产合计	1 080 000	474 000	1 554 000	50 400	21 600		204 000		1 378 800
流动负债：									
短期借款	60 000	28 800	88 800						88 800

续表

项　目	母公司	子公司	合计数	调整分录 借方	调整分录 贷方	抵销分录 借方	抵销分录 贷方	少数股东权益	合并数
交易性金融负债	24 000	14 400	38 400						38 400
应付票据	78 000	21 600	99 600						99 600
应付账款	108 000	31 200	139 200						139 200
预收款项	24 000	23 400	47 400						47 400
应付职工薪酬	30 000	9 600	39 600						39 600
应交税费	16 200	8 400	24 600						24 600
其他应付款	31 800	31 200	63 000			21 600 ⑤			41 400
其他流动负债	12 000	5 400	17 400						17 400
流动负债合计	384 000	174 000	558 000			21 600			536 400
非流动负债：									
长期借款	24 000	30 000	54 000						54 000
应付债券	120 000	42 000	162 000						162 000
长期应付款	36 000	0	36 000						36 000
非流动负债合计	180 000	72 000	252 000						252 000
负债合计	564 000	246 000	810 000			21 600			788 400
股东权益：									
股本	240 000	120 000	360 000			120 000 ③			240 000
资本公积	60 000	48 000	108 000			48 000 ③			60 000
盈余公积	108 000	19 200	127 200			19 200 ③			108 000
未分配利润	108 000	40 800	148 800	21 600	50 400	40 800 108 000	40 800 79 800	12 600	136 800
股东权益合计	516 000	228 000	744 000			249 600			544 800
少数股东权益								45 600 ③	45 600
负债和股东权益合计	1 080 000	474 000	1 554 000						1 378 800
利润表									
一、营业收入	900 000	568 800	1 468 800						1 468 800
减：营业成本	576 000	438 000	1 014 000						1 014 000
税金及附加	10 800	6 000	16 800						16 800
销售费用	31 200	20 400	51 600						51 600
管理费用	36 000	23 400	59 400						59 400
财务费用	7 200	4 800	12 000						12 000

续表

项 目	母公司	子公司	合计数	调整分录 借方	调整分录 贷方	抵销分录 借方	抵销分录 贷方	少数股东权益	合并数
资产减值损失	3 600	1 800	5 400						5 400
加：公允价值变动损益	0	0	0						0
投资收益	58 800	1 200	60 000	21 600 ②	50 400 ①	50 400 ④			38 400
二、营业利润	294 000	75 600	369 600	21 600	50 400	50 400			348 000
加：营业外收入	9 600	14 400	24 000						24 000
减：营业外支出	15 600	6 000	21 600						21 600
三、利润总额	288 000	84 000	372 000	21 600	50 400	50 400			350 400
减：所得税费用	72 000	21 000	93 000						93 000
四、净利润	216 000	63 000	279 000	21 600	50 400	50 400			257 400
归属于母公司股东损益									244 800
少数股东权益								12 600 ④	12 600
五、其他综合收益的税后净额									
六、综合收益总额	216 000	63 000	279 000	21 600	50 400	50 400			257 400
归属于母公司股东的综合总额									244 800
归属于少数股东的综合收益总额								12 600 ④	12 600
所有者权益变动表相关项目									
一、年初未分配利润	54 000	16 800	70 800			16 800 ④			54 000
二、本年增减变动金额									
其中：利润分配									
1. 提取盈余公积	42 000	12 000	54 000				12 000 ④		42 000
2. 对股东的分配	120 000	27 000	147 000				27 000 ④		120 000
三、年末未分配利润	108 000	40 800	148 800	21 600	50 400	40 800 ③ 108 000	40 800 ④ 79 800	12 600 ④	136 800*

注：* 136 800＝148 800＋(50 400－21 600)＋(79 800－108 000)－12 600。

9.4.3 合并财务报表的编制

根据上述合并工作底稿,可以编制新华公司 2022 年合并资产负债表、合并利润表和合并股东权益表,如表 9-8~表 9-10 所示。

表 9-8 合并资产负债表　　　　　　　　　　　　　　　　　会企 01 表

编制单位:新华公司　　　　2016 年 12 月 31 日　　　　　　单位:万元

项　目	期末余额	年初余额	负债和所有者权益（或股东权益）	期末余额	年初余额
流动资产:			流动负债:		
货币资金	73 200		短期借款	88 800	
交易性金融资产	48 000		交易性金融负债	38 400	
衍生金融资产	0		衍生金融负债	0	
应收票据	64 800		应付票据	99 600	
应收账款	81 600		应付账款	139 200	
预付款项	24 000		预收款项	47 400	
其他应收款	18 000		应付职工薪酬	39 600	
存货	330 000		应交税费	24 600	
一年内到期的非流动资产	0		其他应付款	41 400	
其他流动资产	16 800		一年内到期的非流动负债	0	
			其他流动负债	17 400	
流动资产合计	656 400		流动负债合计	536 400	
非流动资产:					
债权投资	48 000		非流动负债:		
其他债权投资	102 000		长期借款	54 000	
长期应收款	0		应付债券	162 000	
长期股权投资	86 400		长期应付款	36 000	
投资性房地产	0		专项应付款	0	
固定资产	324 000		预计负债	0	
在建工程	103 200		递延所得税负债	0	
工程物资	0		其他非流动负债	0	
固定资产清理	0		非流动负债合计	252 000	
生产性生物资产	0		负债合计	788 400	
油气资产	0		股东权益:		
无形资产	46 800		股本	240 000	
开发支出	0		其他权益工具	0	
商誉	12 000		其中:优先股		
长期待摊费用	0		永续债		
递延所得税资产	0		资本公积	60 000	
其他非流动资产	0		减:库存股		

续表

项　目	期末余额	年初余额	负债和所有者权益（或股东权益）	期末余额	年初余额
非流动资产合计	722 400		其他综合收益		
			专项设备		
			盈余公积	108 000	
			未分配利润	136 800	
			归属于母公司股东权益合计	544 800	
			少数股东权益	45 600	
资产合计	1 378 800		负债和股东权益合计	1 378 800	

表9-9　合并利润表　　　　　　　　　　　　会企02表

编制单位：新华公司　　　　2022年　　　　单位：万元

项　目	本年金额	上年金额
一、营业收入	1 468 800	
减：营业成本	1 014 000	
税金及附加	16 800	
销售费用	51 600	
管理费用	59 400	
财务费用	12 000	
资产减值损失	5 400	
加：公允价值变动损益（损失以"－"号填列）	0	
投资收益（损失以"－"号填列）	38 400	
其中：对联营企业和合营企业的投资收益（损失以"－"号填列）		
二、营业利润	348 000	
加：营业外收入	24 000	
减：营业外支出	21 600	
三、利润总额（亏损以"－"号填列）	350 400	
减：所得税费用	93 000	
四、净利润（亏损以"－"号填列）	257 400	
归属于母公司股东损益	244 800	
少数股东权益	12 600	
五、其他综合收益的税后净额		
其中：以后不能重分类进损益的其他综合收益		
1. 重新计量设定收益计划净负债或净资产的变动		
2. 权益法下在被投资单位不能重分类进损益的其他综合收益中享有的份额		
3. 其他		
以后将重分类进损益的其他综合收益		
1. 权益法下在被投资单位以后将重分类进损益的其他综合收益中享有的份额		

续表

项 目	本年金额	上年金额
2. 可供出售金融资产公允价值变动损益		
3. 持有至到期投资重分类为可供出售金融资产损益		
4. 现金流量套期收益的有效部分		
5. 外部财务报表折差额		
6. 其他		
六、综合收益总额	257 400	
归属于母公司股东的综合总额	244 800	
归属于少数股东的综合收益总额	12 600	
七、每股收益		
（一）基本每股收益		
（二）稀释每股收益		

表 9-10　合并股东权益表　　　　　　　　　　　　　　　会企04表

编制单位：新华公司　　　　　2022 年　　　　　单位：万元

项 目	本 年 金 额									上年金额
	归属于母公司股东权益							少数股东权益	股东权益合计	（略）
	股本	其他权益工具	资本公积	减：库存股	其他综合收益	盈余公积	未分配利润	专项储备	其他			
一、上年年末余额	240 000		60 000			66 000	54 000				420 000	
加：会计政策变更										38 400	38 400	
前期差错更正												
二、本年年初余额	240 000		60 000			66 000	54 000			38 400	458 400	
三、本年增减变动金额（减少以"—"号填列）							244 800			12 600	257 400	
（一）综合收益总额							244 800			12 600	257 400	
（二）所有者投入和减少资本												
1. 所有者投入的普通股												
2. 其他权益工具持有者投入资本												
3. 股份支付计入所有者权益的份额												
4. 其他												
（三）利润分配						42 000	162 000			5 400	125 400	

续表

项目	本年金额											上年金额
	归属于母公司股东权益									少数股东权益	股东权益合计	(略)
	股本	其他权益工具	资本公积	减:库存股	其他综合收益	盈余公积	未分配利润	专项储备	其他			
1. 提取盈余公积						42 000	42 000					
2. 对股东的分配							120 000			5 400	125 400	
3. 其他												
(四)股东权益内部结转												
1. 资本公积转增资本												
2. 盈余公积转增资本												
3. 其他												
四、本年年末余额	240 000		60 000			108 000	136 800			45 600	590 400	

需要注意的是,子公司发行累积优先股等其他权益工具的,无论当期是否宣告发放其股利,在计算列报母公司合并利润表中的"归属于母公司股东的净利润"时,应扣除当期归属于除母公司之外的其他权益工具持有者的可累积分配股利,扣除金额应在"少数股东损益"项目列示;子公司发行不可累积优先股等其他权益工具的,在计算列报母公司合并利润表中的"归属于母公司股东的净利润"时,应扣除当期宣告发放的归属于除母公司之外的其他权益工具持有者的不可累积分配股利,扣除金额应在"少数股东损益"项目中列示。子公司发行累积或不可累积优先股等其他权益工具的,在资产负债表和股东权益变动表中的列报原则与利润表相同。

9.5 非同一控制下的企业合并:购买日后合并财务报表的编制

母公司在非同一控制下取得子公司后,在未来持有该子公司的情况下,每一会计期末都需要将其纳入合并范围,编制合并财务报表。

9.5.1 购买日合并财务报表的调整

1. 按公允价值对子公司财务报表项目进行调整

对于非同一控制下企业合并中取得的子公司,在编制合并财务报表时,除了存在与母公司会计政策和会计期间不一致的情况,需要对该子公司的个别财务报表进行调整外,还应当根据母公司为该子公司设置的备查簿的记录,以该公司各项可辨认资产、负债及或有负债等在购买日的公允价值为基础,通过编制调整分录,对该子公司的个别财务报表进行调整,以使子公司的个别财务报表反映为在购买日公允价值基础上确定的可辨认资产、负债及或有负债在资产负债表日的金额。

假定购买日子公司资产和负债的公允价值与计税基础之间形成了暂时性差异,且符合确认递延所得税的条件。

第 1 年

(1) 将购买日子公司的账面价值调整为公允价值,以资产评估调整分录为例。
借:存货(评估增值部分)
　　固定资产(评估增值部分)
　　递延所得税资产(评估减值确认的部分)
　贷:应收账款(评估减值部分)
　　　递延所得税负债(评估增值确认的部分)
　　　资本公积(借方或贷方差额)

(2) 期末调整其账面价值。
借:营业成本(购买日评估增值的存货对外销售)
　　管理费用(补计提折旧、摊销)
　　应收账款
　贷:存货
　　　固定资产(累计折旧)
　　　无形资产(累计摊销)
　　　存货资产减值损失(按评估确认的金额收回,坏账已核销)

借:递延所得税负债
　贷:递延所得税资产
　　　所得税费用(或借方)

第 2 年

(1) 将购买日子公司的账面价值调整为公允价值。
借:年初未分配利润
　　固定资产等
　　递延所得税资产
　贷:年初未分配利润
　　　递延所得税负债
　　　资本公积(借方或贷方差额)

(2) 期末调整其账面价值。
借:年初未分配利润
　　年初未分配利润
　　年初未分配利润
　贷:年初未分配利润
　　　固定资产(累计折旧)
　　　无形资产(累计摊销)
　　　年初未分配利润
　　　年初未分配利润

调整本年:
借:管理费用(补计提折旧)
　贷:固定资产(累计折旧)

借:递延所得税负债
　贷:递延所得税资产
　　　年初未分配利润(或借方)

调整本年:
借:递延所得税负债
　贷:所得税费用

2. 将对子公司的长期股权投资调整采用权益法

将母公司对子公司长期股权投资采用成本法核算的结果调整为采用权益法核算的结果,对母公司的财务报表进行相应的调整。

第1年:

(1) 对于应享有子公司当期实现净利润的份额。
借:长期股权投资(子公司调整后净利润×母公司持股比例)
　贷:投资收益

按照应承担子公司当期发生的亏损份额,编制相反会计分录。

调整后的子公司净利润:①对购买日子公司评估增值的差额进行调整:补提折旧对损益的影响、存货已经对外销售影响损益。②子公司发行优先股等其他权益工具的,应扣除现金股利。

(2) 对于当期子公司宣告分派的现金股利或利润。

借:投资收益

  贷:长期股权投资

(3) 对于子公司其他综合收益变动。

借:长期股权投资

  贷:其他综合收益

或编制相反会计分录。

(4) 对于子公司除净损益、分配股利、其他综合收益以外所有者权益的其他变动。

借:长期股权投资

  贷:资本公积

或编制相反会计分录。

第2年:

(1) 将上年长期股权投资的有关核算按权益法进行调整。

借:长期股权投资

  贷:年初未分配利润

    其他综合收益

    资本公积

或编制相反会计分录。

(2) 其他调整分录比照上述第1年的处理方法。

【例9-5】 2022年1月1日,新华公司以定向增发普通股票的方式,购买持有南常公司70%的股权。新华公司对南常公司长期股权投资的金额为177 000万元,新华公司购买日编制的合并资产负债表中确认合并商誉2万元。

新华公司和南常公司2022年12月31日的个别资产负债表、利润表和股东权益变动表如表9-11~表9-14所示。

表9-11 资产负债表   会企01表

编制单位: 2022年12月31日   单位:万元

资产	新华公司	南常公司	负债和所有者权益(或股东权益)	新华公司	南常公司
流动资产:			流动负债:		
货币资金	34 200	39 000	短期借款	60 000	28 800
交易性金融资产	18 000	30 000	交易性金融负债	24 000	14 400
应收票据	43 200	21 600	应付票据	78 000	21 600
应收账款	51 000	30 600	应付账款	108 000	31 200
预付款项	9 000	15 000	预收款项	24 000	23 400

续表

资　　产	新华公司	南常公司	负债和所有者权益（或股东权益）	新华公司	南常公司
其他应收款	31 800	7 800	应付职工薪酬	30 000	9 600
存货	222 000	108 000	应交税费	16 200	8 400
一年内到期的非流动资产	0	0	其他应付款	31 800	31 200
其他流动资产	10 800	6 000	一年内到期的非流动资产	0	0
			其他流动负债	12 000	5 400
流动资产合计	420 000	258 000	流动负债合计	384 000	174 000
非流动资产：					
债权投资	54 000	0	非流动负债：		
其他债权投资	84 000	24 000	长期借款	24 000	30 000
长期应收款	0	0	应付债券	120 000	42 000
长期股权投资	417 000	0	长期应付款	36 000	0
投资性房地产	0	0	专项应付款	0	0
固定资产	168 000	156 000	预计负债	0	0
在建工程	78 000	25 200	递延所得税负债	0	0
工程物资	0	0	其他非流动负债	0	0
固定资产清理	0	0	非流动负债合计	180 000	72 000
生产性生物资产	0	0	负债合计	564 000	246 000
油气资产	0	0	股东权益：		
无形资产	36 000	10 800	股本	300 000	120 000
开发支出	0	0	其他权益工具	0	0
商誉	0	0	其中：优先股	0	0
长期待摊费用	0	0	永续债	0	0
递延所得税资产	0	0	资本公积	177 000	48 000
其他非流动资产	0	0	减：库存股	0	0
非流动资产合计	837 000	216 000	其他综合收益	0	0
			专项设备	0	0
			盈余公积	108 000	19 200
			未分配利润	108 000	40 800
			股东权益合计	693 000	228 000
资产合计	1 257 000	474 000	负债和股东权益合计	1 257 000	474 000

表 9-12 利润表

编制单位：　　　　　　　　　　2022 年　　　　　　　　　　会企02表　　单位：万元

项　　目	新华公司	南常公司
一、营业收入	900 000	568 800
减：营业成本	576 000	438 000
税金及附加	10 800	6 000
销售费用	31 200	20 400
管理费用	36 000	23 400
财务费用	7 200	4 800
资产减值损失	3 600	1 800
加：公允价值变动损益（损失以"－"号填列）	0	0
投资收益（损失以"－"号填列）	58 800	1 200
其中：对联营和合营企业的投资收益（损失以"－"号填列）		
二、营业利润（亏损以"－"号填列）	294 000	75 600
加：营业外收入	9 600	14 400
其中：非流动资产处置利得		
减：营业外支出	15 600	6 000
其中：非流动资产处置损失		
三、利润总额（亏损总额以"－"号填列）	288 000	84 000
减：所得税费用	72 000	21 000
四、净利润（净亏损以"－"号填列）	216 000	63 000
五、其他综合收益的税后净额		
（一）以后不能重分类进损益的其他综合收益		
1.重新计量设定收益计划净负债或净资产的变动		
2.权益法下在被投资单位不能重分类进损益的其他综合收益中享有的份额		
3.其他		
（二）以后将重分类进损益的其他综合收益		
1.权益法下在被投资单位以后将重分类进损益的其他综合收益中享有的份额		
2.可供出售金融资产公允价值变动损益		
3.持有至到期投资重分类为可供出售金融资产损益		
4.现金流量套期收益的有效部分		
5.外部财务报表折差额		
6.其他		
六、综合收益总额	216 000	63 000
七、每股收益		
（一）基本每股收益		
（二）稀释每股收益		

表 9-13 股东权益变动表 1

会企 04 表

编制单位：新华公司　　　　　　　　　2022 年　　　　　　　　　　单位：万元

项目	新华公司								
	股本	其他权益工具	资本公积	减：库存股	其他综合收益	盈余公积	未分配利润	专项储备	股东权益合计
一、上年年末余额	240 000		60 000			66 000	54 000		420 000
加：会计政策变更									
前期差错更正									
二、本年年初余额	240 000		60 000			66 000	54 000		420 000
三、本年增减变动金额（减少以"－"号填列）									
（一）综合收益总额							216 000		216 000
（二）所有者投入和减少资本									
1. 所有者投入的普通股	60 000		117 000						177 000
2. 其他权益工具持有者投入资本									
3. 股份支付计入所有者权益的份额									
4. 其他									
（三）利润分配									
1. 提取盈余公积						42 000	42 000		
2. 对股东的分配							120 000		120 000
3. 其他									
（四）股东权益内部结转									
1. 资本公积转增资本									
2. 盈余公积转增资本									
3. 其他									
四、本年年末余额	300 000		177 000			108 000	108 000		693 000

表 9-14 股东权益变动表 2

会企 04 表

编制单位：南常公司　　　　　　　　　2022 年　　　　　　　　　　单位：万元

项目	南常公司								
	股本	其他权益工具	资本公积	减：库存股	其他综合收益	盈余公积	未分配利润	专项储备	股东权益合计
一、上年年末余额	120 000		48 000			7 200	16 800		192 000
加：会计政策变更									
前期差错更正									
二、本年年初余额	120 000		48 000			7 200	16 800		192 000

续表

项目	南常公司								
	股本	其他权益工具	资本公积	减:库存股	其他综合收益	盈余公积	未分配利润	专项储备	股东权益合计
三、本年增减变动金额(减少以"—"号填列)									
(一)综合收益总额							63 000		63 000
(二)所有者投入和减少资本									
1. 所有者投入的普通股									
2. 其他权益工具持有者投入资本									
3. 股份支付计入所有者权益的份额									
4. 其他									
(三)利润分配									
1. 提取盈余公积						12 000	12 000		
2. 对股东的分配							27 000		27 000
3. 其他									
(四)股东权益内部结转									
1. 资本公积转增资本									
2. 盈余公积转增资本									
3. 其他									
四、本年年末余额	120 000		48 000			19 200	40 800		228 000

南常公司在购买日股东权益总额为192 000万元,其中股本为120 000万元、资本公积为48 000万元、盈余公积为7 200万元、未分配利润为16 800万元。南常公司购买日应收账款账面价值为23 520万元,公允价值为22 920万元;存货的账面价值为120 000万元,公允价值为126 600万元;固定资产账面价值为108 000万元,公允价值为126 000万元。

南常公司在2022年12月31日股东权益总额为228 000万元,其中股本为120 000万元、资本公积为48 000万元、盈余公积为19 200万元、未分配利润为40 800万元。南常公司 2022 年全年实现净利润 63 000 万元,南常公司当年提取盈余公积 12 000 万元,向股东分配现金股利 27 000 万元。截至 2022 年 12 月 31 日,应收账款按购买日确认的金额收回,确认的坏账已核销;购买日存货公允价值增值部分,当年已全部实现对外销售;购买日固定资产原价公允价值增加系公司用办公楼增值。该办公楼采用的折旧方法为年限平均法,该办公楼剩余折旧年限为 20 年,假定该办公楼评估增值在未来 20 年内平均摊销。

(1) 新华公司 2022 年年末编制合并财务报表时相关项目计算如下。

$$\text{南常公司调整后本年净利润} = 63\,000 + \begin{bmatrix} 600 & \text{(购买日应收账款公允价值减值的实现而调减资产减值损失)} \\ -6\,600 & \text{(购买日存货公允价值增值的实现而调增营业成本)} \\ -900 & \text{(固定资产公允价值增值计算的折旧而调增管理费用)} \end{bmatrix}$$
$$= 56\,100(\text{万元})$$

900 万元系固定资产公允价值增值 18 000 万元按剩余折旧年限摊销。

南常公司调整后本年年末未分配利润 = 16 800(年初) + 56 100 − 12 000(提取盈余公积)
− 27 000(分派股利) = 33 900(万元)

权益法下新华公司对南常公司投资的投资收益 = 56 100 × 70% = 39 270(万元)

$$\text{权益法下新华公司对南常公司长期股权投资本年年末余额} = 177\,000 + 39\,270 - 27\,000(\text{分派股利}) \times 70\%$$
$$= 197\,370(\text{万元})$$

少数股东损益 = 56 100 × 30% = 16 830(万元)

少数股东权益的年末余额 = 64 800 + 16 830 − 27 000 × 30% = 73 530(万元)

(2) 新华公司 2022 年编制合并财务报表时,应当进行如下调整抵销处理。

① 按公允价值对南常公司财务报表项目进行调整。根据购买日南常公司资产和负债的公允价值与账面价值之间的差额,调整南常公司相关公允价值变动的资产和负债项目及资本公积项目。

在合并工作底稿中,其调整分录如下。

借:存货	66 000 000	①
固定资产	180 000 000	
贷:应收账款	6 000 000	
资本公积	240 000 000	

因购买日南常公司资产和负债的公允价值与原账面价值之间的差额对南常公司本年净利润的影响,调整南常公司的相关项目。之所以进行这一调整,是由于子公司个别财务报表是按其资产、负债的原账面价值为基础编制的,其当期计算的净利润也是以其资产、负债的原账面价值为基础计算的结果,而公允价值与原账面价值存在差额的资产或负债,在经营过程中使用、销售或偿付而实现其公允价值,其实现的公允价值对于子公司当期净利润的影响需要在净利润计算中予以反映。在合并工作底稿中,其调整分录如下。

借:营业成本	66 000 000	②
管理费用	9 000 000	

应收账款	6 000 000	
贷：存货	66 000 000	
固定资产	9 000 000	
资产减值损失	6 000 000	

② 按照权益法对新华公司财务报表项目进行调整。因购买日南常公司资产和负债的公允价值与原账面价值之间的差额对南常公司本年净利润的影响，而对新华公司对南常公司长期股权投资权益法核算的影响，需要将新华公司对南常公司的长期股权投资及相关项目进行调整；另外，新华公司对南常公司的长期股权投资采用成本法进行核算，需要对成本法核算的结果按权益法核算的要求，对长期股权投资及相关项目进行调整。在合并工作底稿中，其调整分录如下。

借：长期股权投资——南常公司	387 900 000	③
贷：投资收益	387 900 000	
借：投资收益	189 000 000	④
贷：长期股权投资	189 000 000	

9.5.2　购买日后合并财务报表的抵销处理

通过编制合并抵销分录，将母公司与子公司长期股权投资与子公司所有者权益等内部交易对个别财务报表的影响予以抵销。

1. 长期股权投资项目与子公司所有者权益项目的抵销

借：股本（子公司期末数）
　　资本公积（子公司期初数＋评估增值＋本期增减）
　　其他综合收益（子公司期初数＋本期增减）
　　盈余公积（子公司期初数＋提取盈余公积）
　　年末未分配利润（子公司期初数＋调整后净利润－提取盈余公积－分配股利）
　　商誉（长期股权投资的金额大于享有子公司持续计算的可辨认净资产公允价值份额）
　贷：长期股权投资（调整后的母公司金额即权益法的账面价值）
　　　少数股东权益

2. 母公司的投资收益与子公司利润分配的抵销

借：投资收益（子公司调整后的净利润×母公司持股比例）
　　少数股东损益（子公司调整后的净利润×少数股东持股比例）
　　年初未分配利润（子公司）
　贷：提取盈余公积（子公司本期计提的金额）
　　　向股东分配利润（子公司本期分配的股利）
　　　年末未分配利润（从上笔抵销分录抄过来的金额）

注：此处没有将母、子公司之间的抵销分录全部列举，涉及抵销处理详见本章"9.6　内部商品交易的合并处理""9.7　内部固定资产交易的合并处理""9.8　公司间债权债务的合并处理"等内容。

【例9-6】 接例9-5资料，编制合并日后的抵销分录。

(1) 长期股权投资与所有者权益的抵销。在本例中，将新华公司对南常公司的长期股权投资与其在南常公司的股东权益中拥有的份额予以抵销。在合并工作底稿中,其抵销分录如下。

  借:股本   1 200 000 000   ⑤
    资本公积   720 000 000(480 000 000+240 000 000)
    盈余公积   192 000 000
    未分配利润   339 000 000
    商誉   258 000 000
   贷:长期股权投资   1 973 700 000
     少数股东权益   735 300 000

(2) 投资收益与子公司利润分配等项目的抵销。在本例中,将新华公司对南常公司投资收益与新华公司本年利润分配有关项目的金额予以抵销。在合并工作底稿中,其抵销分录如下。

  借:投资收益   392 700 000   ⑥
    少数股东损益   168 300 000
    未分配利润——年初   168 000 000
   贷:提取盈余公积   120 000 000
     向股东分配利润   270 000 000
     年末未分配利润   339 000 000

(3) 应收股利与应付股利的抵销。在本例中,南常公司本年宣告分配现金股利 27 000 万元,股利款项尚未支付,南常公司已将其计列应付股利 27 000 万元。新华公司按照南常公司的分派现金股利的公告,按照其所享有的金额,已确认应收股利,并在其资产负债表中计列应收股利 18 900 万元 (27 000×70%)。这属于母公司与子公司之间的债权债务,在编制合并财务报表时必须予以抵销,其抵销分录如下。

  借:其他应付款   189 000 000   ⑦
   贷:其他应收款   189 000 000

9.5.3 合并财务报表的编制

在编制合并工作底稿的基础上,计算合并财务报表项目的合并数,编制合并财务报表。

【例 9-7】 根据上述调整分录和抵销分录,编制合并工作底稿。

新华公司合并工作底稿如表 9-15 所示。

表 9-15 合并工作底稿

2022 年   单位:万元

项目	母公司	子公司	合计数	调整分录		抵销分录		少数股东权益	合并数
				借方	贷方	借方	贷方		
流动资产:									
货币资金	34 200	39 000	73 200						73 200
交易性金融资产	18 000	30 000	48 000						48 000
应收票据	43 200	21 600	64 800						64 800

续表

项目	母公司	子公司	合计数	调整分录 借方	调整分录 贷方	抵销分录 借方	抵销分录 贷方	少数股东权益	合并数
应收账款	51 000	30 600	81 600	600 ①	600 ①				81 600
预付款项	9 000	15 000	24 000						24 000
其他应收款	31 800	7 800	39 600				18 900 ⑦		20 700
存货	222 000	108 000	330 000	6 600 ①	6 600 ②				330 000
其他流动资产	10 800	6 000	16 800						16 800
流动资产合计	420 000	258 000	678 000	7 200	7 200		18 900		659 100
非流动资产:									
债权投资	54 000	0	54 000						54 000
其他债权投资	84 000	24 000	108 000						108 000
长期股权投资 其中:南常公司	417 000 177 000	0	417 000	39 270 ③	18 900 ④		197 370 ⑤		240 000
固定资产	168 000	156 000	324 000	18 000 ①	900 ②				341 100
在建工程	78 000	25 200	103 200						103 200
无形资产	36 000	10 800	46 800						46 800
商誉						25 800 ⑤			25 800
非流动资产合计	837 000	216 000	1 053 000	57 270	19 800	25 800	197 370		918 900
资产合计	1 257 000	474 000	1 731 000	64 470	27 000	25 800	216 270		1 578 000
流动负债:									
短期借款	60 000	28 800	88 800						88 800
交易性金融负债	24 000	14 400	38 400						38 400
应付票据	78 000	21 600	99 600						99 600
应付账款	108 000	31 200	139 200						139 200
预收款项	24 000	23 400	47 400						47 400
应付职工薪酬	30 000	9 600	39 600						39 600
应交税费	16 200	8 400	24 600						24 600
其他应付款	31 800	31 200	63 000			18 900 ⑦			44 100
其他流动负债	12 000	5 400	17 400						17 400
流动负债合计	384 000	174 000	558 000			18 900			539 100
非流动负债:									
长期借款	24 000	30 000	54 000						54 000
应付债券	120 000	42 000	162 000						162 000

续表

项　　目	母公司	子公司	合计数	调整分录 借方	调整分录 贷方	抵销分录 借方	抵销分录 贷方	少数股东权益	合并数
长期应付款	36 000	0	36 000						36 000
非流动负债合计	180 000	72 000	252 000						252 000
负债合计	564 000	246 000	810 000			18 900			791 100
股东权益：									
股本	300 000	120 000	420 000			120 000 ⑤			300 000
资本公积	177 000	48 000	225 000	24 000 ①		72 000 ⑤			177 000
盈余公积	108 000	19 200	127 200			192 000 ⑤			108 000
未分配利润	108 000	40 800	148 800	26 400	39 870	33 900 ⑤ 89 970	33 900 ⑥ 72 900	16 830	128 370
股东权益合计	693 000	228 000	297 000						713 370
少数股东权益								73 530 ⑤	73 530
负债和股东权益合计	1 257 000	474 000	1 731 000						1 578 000
利润表									
一、营业收入	900 000	568 800	1 468 800						1 468 800
减：营业成本	576 000	438 000	1 014 000	6 600 ②					1 020 600
税金及附加	10 800	6 000	16 800						16 800
销售费用	31 200	20 400	51 600						51 600
管理费用	36 000	23 400	59 400	900 ②					60 300
财务费用	7 200	4 800	12 000						12 000
资产减值损失	3 600	1 800	5 400		600 ②				4 800
加：公允价值变动损益	0	0	0						0
投资收益 其中：南常公司	58 800 18 900	1 200	60 000	18 900 ④	39 270 ③	39 270 ⑥			411 000
二、营业利润	294 000	75 600	369 600	26 400	39 870	39 270			343 800
加：营业外收入	9 600	14 400	24 000						24 000
减：营业外支出	15 600	6 000	21 600						21 600
三、利润总额	288 000	84 000	372 000	26 400	39 870	39 270			346 200
减：所得税费用	72 000	21 000	93 000						93 000

续表

项目	母公司	子公司	合计数	调整分录 借方	调整分录 贷方	抵销分录 借方	抵销分录 贷方	少数股东权益	合并数
四、净利润	216 000	63 000	279 000	26 400	39 870	39 270			253 200
归属于母公司股东损益									236 370
少数股东权益								16 830 ⑥	16 830
五、其他综合收益的税后净额									
六、综合收益总额	216 000	63 000	279 000	26 400	39 870	39 270			253 200
归属于母公司股东的综合总额									236 370
归属于少数股东的综合收益总额								16 830 ⑥	16 830
所有者权益变动表相关项目									
一、年初未分配利润	54 000	16 800	70 800			16 800 ⑥			54 000
二、本年增减变动金额									
其中:利润分配									
1. 提取盈余公积	42 000	12 000	5 4 000				12 000 ⑥		42 000
2. 对股东的分配	120 000	27 000	147 000				27 000 ⑥		120 000
三、年末未分配利润	108 000	40 800	148 800			33 900 ⑤ 26 400	33 900 ⑥ 89 970	39 870 72 900	16 830	128 370*

注：* 128 370 = 148 800 + (39 870 − 26 400) + (72 900 − 89 970) − 16 830。

新华公司编制上述合并工作底稿，计算各项目的合并数后，根据合并数编制合并资产负债表、合并利润表以及合并股东权益变动表（略）。

9.6 内部商品交易的合并处理

内部商品交易是指企业集团内部商品或产品的销售业务。

销售企业将其销售商品作为营业收入和营业成本计入当期损益，列示在利润表中。

购买企业则把内部购入的产品当期实现对企业集团外部销售部分作为营业收入和营业成本计入当期损益，列示在利润表中；对于当期未实现对企业集团外部销售的部分，则按销售企业的售价计入存货，列示在资产负债表中。

从企业集团的整体的角度来看，企业集团内部的产品购销业务只能属于正常的产品调拨活动，使产品的存放地点发生了变动，既不能实现营业收入，也不会发生营业成本，因而并不能形成利润(或损失)。凡是实现对企业集团外部销售的商品,只是实现了一次销售,其销售收入只是购买该产品的企业对集团外部销售所形成的营业收入,其销售成本只是集团内部销售该产品的企业的营业成本,其利润(或损失)则是这两者之间的差额;凡是未实现对企业集团外部销售的商品只能是集团内销售该产品的销售企业原来的成本,不能因为商品存放地点的变动就发生增值(或减值)。这一增值(或减值)只有在对企业集团外部销售时才能实现,故将其称为未实现内部交易损益。

9.6.1 当期内部销售收入与内部销售成本的抵销处理

内部销售收入是指企业集团内部母公司与子公司、子公司相互之间(以下称成员企业)发生的销售活动产生的销售收入。内部销售成本是指企业集团内部母公司与子公司、子公司相互之间发生的内部销售商品的销售成本。

1. 购买企业内部购进的商品当期全部实现销售时的抵销处理

在这种情况下,对于销售企业来说,销售给其他企业与销售给集团外部企业情况下的会计处理相同,即在本期确认销售收入、结转销售成本、计算损益,并在其个别利润表中反映。

对于购买企业来说,一方面是要确认销售收入;另一方面要结转销售内部购进商品的成本,并在其个别利润表中分别作为营业收入和营业成本反映,并确认损益。也就是说,对于同一购销业务,在销售企业和购买企业的个别利润表都做了反映。

就企业集团整体来看,这一购销业务只是实现了一次销售,其销售收入只是购买企业销售该商品的销售收入,其销售成本只是销售企业销售该商品的销售成本。因此,在编制合并财务报表时,就必须将重复反映的内部销售收入与内部销售成本抵销。其抵销分录如下。

借:营业收入(集团内销售企业的销售收入)
　　贷:营业成本(集团内购买企业的销售成本)

【例9-8】 北景公司为新华公司的子公司。本期发生的内部销售业务有:新华公司销售给北景公司一批存货,售价为200 000元,其成本为160 000元。北景公司将其从新华公司购入的存货以240 000元的价格全部对外出售,价款收讫。

在合并工作底稿中应编制的相关抵销分录如下。

借:营业收入　　　　　　　　　　　　　　　200 000
　　贷:营业成本　　　　　　　　　　　　　　　　200 000

2. 购买企业内部购进的商品未实现对外销售时的抵销处理

在这种情况下,销售方所确认的营业收入、营业成本在集团来看并没有实现。因此,应抵销个别财务报表已确认的营业收入和营业成本。与此同时,由于购买方期末存货中包括销售方所确认的未实现内部交易损益,虚增(或虚减)了合并报表上的存货价值,因此,应将其虚增(或虚减)的存货价值予以抵销。在合并工作底稿中应编制的抵销分录如下。

借:营业收入(集团内销售企业的销售收入)
　　贷:营业成本(集团内销售企业的销售成本)
　　　　存货(集团内销售企业的毛利)

注:　　　　销售毛利＝营业收入－营业成本
　　　　　　销售毛利率＝销售毛利÷销售收入

【例9-9】 接例9-8资料,若北景公司并未将从新华公司购入的存货对外出售。则在合并工作底稿中应编制的相关抵销分录如下:

借:营业收入　　　　　　　　　　　　　　　200 000
　贷:营业成本　　　　　　　　　　　　　　160 000
　　　存货　　　　　　　　　　　　　　　　 40 000

3. 内部购进的商品部分实现对外销售,部分形成期末存货时的抵销处理

在这种情况下,可以将内部购买的商品分解为两部分来理解:一部分为当期购进并全部实现对外销售,可以按上述第一种情况处理;另一部分为当期购进但未实现对外销售而形成期末存货,可以按上述第2种情况处理。

将前面两种情况合并在一起,就成为内部购进的商品部分实现对外销售,部分形成期末存货时的抵销处理。

【例9-10】 接例9-8资料,北景公司从新华公司购入的存货有70%当期销售给集团外的其他企业,销售毛利率为20%。其中30%并未对外出售,留存在企业中。在合并工作底稿中应编制的相关抵销分录如下:

借:营业收入　　　　　　　　　　　　　 140 000(200 000×70%)
　贷:营业成本　　　　　　　　　　　　　140 000(200 000×70%)
借:营业收入　　　　　　　　　　　　　　60 000(200 000×30%)
　贷:营业成本　　　　　　　　　　　　　 48 000(160 000×30%)
　　 存货　　　　　　　　　　　　　　　　12 000(200 000×30%×20%)

合并在一起:
借:营业收入　　　　　　　　　　　　　　　200 000
　贷:营业成本　　　　　　　　　　　　　　188 000
　　 存货　　　　　　　　　　　　　　　　　12 000

对于内部销售业务的抵销,也可以按照如下方法进行抵销处理。

(1)假定全部对外销售,按照内部销售收入的数额。

借:营业收入
　贷:营业成本

(2)按照期末存货价值中包含的未实现内部销售损益的数额,将其内部销售收入、销售成本以及期末存货价值中包含的未实现内部销售损益抵销。

借:营业成本
　贷:存货

上述案例中,也是形成以下的抵销分录。

借:营业收入　　　　　　　　　　　　　　　200 000
　贷:营业成本　　　　　　　　　　　　　　200 000
借:营业成本　　　　　　　　　　　　　　　 12 000
　贷:存货　　　　　　　　　　　　　　　　 12 000

9.6.2 以前期间发生的公司间存货交易对本期影响的抵销

在一些公司集团内部,公司间的商品交易属于经常性交易,每个会计期间都会发生。如

果集团内部存货交易中购买方能够实现每期采购存货全部对外销售,则个别财务报表与合并财务报表确认的累计利润是相同的。也就是说,以前期间的公司之间的存货交易对期初留存收益的列报没有影响。但是,在很多情况下,集团内部存货交易中购买方未必都能将每期采购的存货全部对外销售,因此,购买方就会持有公司间交易的存货到下一期乃至以后的更多的期间。由于这些公司之间交易的存货中包含未实现的内部损益,因此,在每期编制合并财务报表时,不仅要考虑当期发生的公司之间存货交易的抵销,还要考虑以前期间发生的公司之间存货交易对个别财务报表与合并财务报表之间差异产生的影响,并将这种影响加以抵销,从而形成恰当的合并财务报表列报结果。

如果公司间交易的存货在发生公司之间交易的当期未全部对外出售,则在发生公司之间存货交易的当期,需要抵销期末存货中包含的未实现内部销售损益,最终使个别财务报表中多计的期末未分配利润被抵销(虽然在公司间交易发生当期的抵销分录为借记"营业成本",贷记"存货",但营业成本的调增即意味着利润总额和期末未分配利润的调减)。但是,每期合并财务报表的编制都是在该期个别财务报表的基础上,通过编制抵销分录完成的,在发生公司间交易当期所做的抵销分录仅是在合并工作底稿上登录的,个别财务报表的期初未分配利润仍然是个别财务报表的上期期末未分配利润。因此,个别财务报表的期初未分配利润合计与合并财务报表的上期未分配利润就不会相等,它们的差额正是上期期末在合并财务报表工作底稿中所抵销的期末存货中包含的未实现损益。因为本期合并财务报表的期初未分配利润也必须与上期合并财务报表的期末未分配利润保持衔接,因此在每期编制合并财务报表时,必须按上期期末存货中的未实现损益的数额调整本期期初未分配利润。至于以前期间发生的公司之间的交易对本期个别财务报表的其他影响,则要视上期期末未实现对外销售的公司间存货交易在本期销售的情况,采用不同的抵销方法进行抵销处理。

公司间交易的存货分为在本期全部对外出售、至本期仍然全部未对外出售和本期期末部分实现对外出售3种情况进行处理。

1. 如果上期公司间交易的存货在本期全部实现对外销售

在这种情况下,在抵销期初未分配利润的同时,还应同时抵销上期未实现内部销售利润对本期营业成本的影响,因此应编制的抵销分录如下。

借:期初未分配利润
　　贷:营业成本

【例9-11】 新华公司为北景公司的母公司,北景公司上期从新华公司购入的一批存货价值为20 000元,在本期全部实现对外销售,母公司和子公司之间本期未发生内部销售业务。新华公司的毛利率为20%。

将上期未实现内部销售利润予以抵销调整期初未分配利润时,应编制的抵销分录如下。

借:期初未分配利润　　　　　　　　　　　　4 000(20 000×20%)
　　贷:营业成本　　　　　　　　　　　　　　　　　4 000

2. 如果上期公司间交易的存货在本期仍全部未实现对外销售

在这种情况下,在抵销期初未分配利润的同时,还应同时抵销这些未实现内部销售利润对期末存货的影响,应编制的抵销分录如下。

借：期初未分配利润
　　贷：存货

【例 9-12】 接例 9-11 资料，母公司购进的存货在本期仍未实现对外销售。将上期未实现内部销售利润予以抵销的会计分录如下。

借：期初未分配利润　　　　　　　　　　　　　　4 000
　　贷：存货　　　　　　　　　　　　　　　　　　　4 000

3. 如果上期公司间交易的存货在本期部分实现对外销售

在这种情况下，在抵销期初未分配利润的同时，应按已对外销售部分中所包含的未实现内部销售利润调整当期的营业成本，按期末仍未销售的存货中所包含的未实现内部销售利润调整期末存货，应编制的抵销分录如下。

借：期初未分配利润
　　贷：营业成本
　　　　存货

【例 9-13】 接例 9-11 资料，北景公司购进的存货在本期对外销售了 60%，其余 40% 到本期期末仍未实现对外销售，则本期编制合并财务报表时应编制的抵销分录如下。

借：期初未分配利润　　　　　　　　　　　　　　4 000
　　贷：营业成本　　　　　　　　　　　　2 400（4 000×60%）
　　　　存货　　　　　　　　　　　　　　1 600（4 000×40%）

9.6.3　既有以前期间公司间存货交易的影响，又有本期新发生的公司间存货交易的影响时的综合抵销

由于公司间存货交易发生的连续性，在各期编制合并财务报表时，既需要考虑当期新发生的公司间存货交易的抵销，又需要对以前期间发生的公司之间存货交易对本期的影响加以抵销。抵销当期发生的公司之间存货交易可以按照 9.6.1 小节所介绍的方法进行抵销，抵销以前期间公司之间的存货交易对本期的影响则可以按照 9.6.2 小节所介绍的方法进行抵销。当然也可以将上述两部分的抵销分录加以综合，采取下面 3 笔综合抵销分录进行抵销。

（1）假设上期期末公司间交易的存货在本期已全部对外出售，按上期期末存货中的未实现利润抵销本期期初未分配利润和本期的营业成本。

借：期初未分配利润
　　贷：营业成本

（2）假设本期新发生的公司间交易的存货在本期已全部对外出售，按本期新发生的内部销售收入全额抵销当期的营业收入和营业成本。

借：营业收入
　　贷：营业成本

（3）如果本期仍然有公司间存货未对外出售，则抵销分期期末存货中的未实现利润（既包括当期新发生的公司间存货交易到本期末未实现的内部销售利润，也包括以前间公司交易的存货到本期仍然未实现的内部销售利润）。

借：营业成本
　　贷：存货

【例9-14】 新华公司为北景公司的母公司,北景公司上期从新华公司购入的一批存货价值为10 000元,在本期仍未实现对外销售。北景公司本期又从新华公司购入了4 000元的存货,新华公司的毛利率为20%。北景公司将本期从新华公司购入的存货中的75%对外销售,取得销售收入4 800元。则本期编制合并财务报表时应编制的抵销分录如下。

(1) 抵销上期期末存货中的未实现利润。

借:期初未分配利润　　　　　　　　　　　　　2 000(10 000×20%)
　　贷:营业成本　　　　　　　　　　　　　　　　2 000

(2) 按本期新发生的内部销售收入全额抵销当期的营业收入和营业成本。

借:营业收入　　　　　　　　　　　　　　　　4 000
　　贷:营业成本　　　　　　　　　　　　　　　　4 000

(3) 抵销本期期末存货中的未实现利润。

本期期末存货中的未实现利润包括当期新发生的公司间存货交易到本期期末未实现的内部销售利润200元[4 000×20%×(1-75%)],也包括以前期间公司间交易的存货到本期期末仍然未实现的内部销售利润2 000元(10 000×20%)。

借:营业成本　　　　　　　　　　　　　　　　2 200
　　贷:存货　　　　　　　　　　　　　　　　　　2 200

9.7　内部固定资产交易的合并处理

公司间固定资产交易是指母、子公司或子公司相互之间发生的涉及固定资产交易的业务。与存货交易的抵销一样,公司间固定资产交易的抵销也分为当期发生的固定资产交易的抵销和以前期间发生的固定资产交易对本期影响的抵销两种。

9.7.1　当期发生的公司间固定资产交易的抵销

公司间固定资产交易可以划分为3种类型:第1种类型是企业集团内部某企业将自身使用的固定资产变卖给企业集团内的其他企业作为固定资产使用;第2种类型是企业集团内部某企业将自身生产的产品销售给企业集团内的其他企业作为固定资产使用;第3种类型是企业集团内部某企业将自身使用的固定资产变卖给企业集团内的其他企业作为普通商品销售。第3种类型的固定资产交易在企业集团内部极少发生,因此,主要讨论前面两种类型的固定资产交易的抵销方法。

1. 购买企业内部购进的固定资产作为固定资产使用时的抵销处理

销售固定资产的企业,其资产负债表中的固定资产项目按减少后的数额列示,处理固定资产的净收益或净损失,作为营业外收入或营业外支出列示在利润表中。

购入固定资产的企业,则按购入价格,即销售企业的固定资产净值与处置固定资产净损益之和,作为固定资产的增加列示在资产负债表中。这里的处置固定资产的净损益是针对销售方而言的。

对于整个企业集团来说,该项固定资产并未对外销售,故销售方所确认的处置固定资产的净损益对企业集团来说是未实现的内部损益。

(1) 从企业集团整体的角度出发,公司间的固定资产交易业务只是属于固定资产的内部调拨活动,使固定资产的使用地点发生了变化,既不能实现损益,也不会使固定资产的净值发生变化。因此,必须将公司间固定资产交易的未实现内部销售损益,与固定资产净值增加(或减少)的金额相抵销,应编制的抵销分录如下。

① 如果处置固定资产是净收益时,会计分录如下。
借:营业外收入
　　贷:固定资产

② 如果处置固定资产是净损失时,会计分录如下。
借:固定资产
　　贷:营业外支出

(2) 购买固定资产的企业是按销售企业的售价(即销售企业的固定资产净值与未实现内部销售损益之和)作为固定资产的原价入账,并据此计提折旧。这样,每期计提的折旧额必然大于(或小于)按销售企业固定资产净值计提的折旧额。因此,每期都必须将未实现内部销售损益多计提(或少计提)的折旧,从该固定资产当期已计提的折旧费用中予以抵销。

① 由于未实现内部销售损益导致多计提折旧,会计分录如下。
借:固定资产
　　贷:管理费用等

② 由于未实现内部销售损益导致少计提折旧,会计分录如下。
借:管理费用等
　　贷:固定资产

【例 9-15】 新华公司为南康公司的母公司,2022 年 1 月 1 日,新华公司将一台账面价值为 150 000 元的设备以 200 000 元的价格卖给南康公司作为固定资产(管理用设备)使用。假设该设备的剩余使用年限为 5 年,净残值为 0。南康公司使用年限平均法计提折旧。为简化计算,假定从 2022 年 1 月 1 日起开始计提折旧。2022 年 12 月 31 日,编制合并财务报表时的抵销分录如下。

① 抵销固定资产原价中包含的未实现内部销售损益。
借:营业外收入　　　　　　　　　　　　　　　50 000
　　贷:固定资产　　　　　　　　　　　　　　　　　50 000

② 抵销未实现内部销售利润部分计提的折旧 50 000÷5＝10 000(元)。
借:固定资产　　　　　　　　　　　　　　　　10 000
　　贷:管理费用　　　　　　　　　　　　　　　　　10 000

2. 购买企业内部购进的商品作为固定资产使用时的抵销处理

在集团内部成员将自身的产品销售给集团成员企业作为固定资产使用的情况下,对于销售企业来说是作为普通商品销售并进行会计处理的,即在销售时确认收入、结转成本和计算损益,并以此在个别财务报表中列示。

对于购买企业来说,则以购买价格(在此不考虑安装费及运输费用)作为固定资产原值记账,该固定资产入账价值中既包含销售企业生产该产品的成本,也包含销售企业由于该产品销售所实现的销售利润。购买企业虽然以支付给销售企业的购买价格作为固定资产原价入账。

从整个企业集团来说,只能以销售企业生产该产品的成本作为固定资产原价在合并财务报表中反映。

(1) 编制合并财务报表时应将销售企业由于该固定资产交易所实现的销售收入、结转的销售成本予以抵销，并将内部交易形成的固定资产原价中包含的未实现内部销售损益予以抵销，其抵销分录如下。

借：营业收入(集团内销售企业的销售收入)
　　贷：营业成本(集团内购买企业的销售成本)
　　　　固定资产

(2) 对于企业集团来说，此种类型的公司间固定资产交易仅相当于自制固定资产，那么该产品的制造成本就是企业集团取得固定资产的原始成本，因而应以原始成本作为计提折旧的基数。但是，购买固定资产的企业确实按销售企业的售价(即销售企业的建造成本和未实现内部销售损益之和)作为固定资产原价入账，并据以计提折旧。这样，购买企业每期计提的折旧额必然大于(或小于)按制造成本计提的折旧额。这样，购买企业每期计提的折旧额必然大于(或小于)按制造成本计提折旧额，应予以抵销，其抵销分录如下。

① 由于未实现内部销售损益导致多计提折旧，会计分录如下。

借：固定资产
　　贷：管理费用等

② 由于未实现内部销售损益导致少计提折旧，会计分录如下。

借：管理费用等
　　贷：固定资产

【例9-16】 新华公司作为南康公司的母公司。2022年1月，新华公司将其生产的产品卖给南康公司作为固定资产使用。新华公司该产品的售价为250 000元，成本为200 000元。假定南康公司将该固定资产作为管理用设备，预计使用年限为5年，使用年限平均法计提折旧(为简化计算，假设从2022年1月起开始计提折旧)。

2022年12月31日编制合并财务报表时的抵销分录如下。

① 抵销固定资产原价中包含的未实现内部销售损益。

借：营业收入　　　　　　　　　　　　　　　　　250 000
　　贷：营业成本　　　　　　　　　　　　　　　 200 000
　　　　固定资产　　　　　　　　　　　　　　　　50 000

② 抵销未实现内部销售利润部分计提的折旧 50 000÷5＝10 000(元)。

借：固定资产　　　　　　　　　　　　　　　　　 10 000
　　贷：管理费用　　　　　　　　　　　　　　　 10 000

9.7.2　以前期间公司之间固定资产交易对本期影响的抵销

由于固定资产的使用年限至少是在一年以上，所以公司之间固定资产的交易不仅影响交易当期的合并财务报表，而且影响以后各期的合并财务报表。每期编制合并财务报表时，不仅要抵销当期新发生的公司间固定资产交易对本期个别财务报表产生的影响，而且也要抵销以前期间公司之间固定资产交易对本期个别财务报表产生的影响。

以前期间公司间交易的固定资产在本期不外乎两种情况：一种是仍在使用状态(可能仍处于正常使用期间，也可能超期使用)；另一种是在本期转入清理(可能是正常清理，也可能是提前清理或超期使用后转入清理)。在不同的情况下，需要做的抵销处理也不一样。

1. 以前期间公司间交易的固定资产在本期仍然处于使用状态

1) 以前期间公司间交易的固定资产在本期仍处于正常状态(未超过预计的使用年限)

与以前期间发生的公司之间的存货交易在本期的抵销处理类似,上期期末对固定资产中包含的未实现内部损益的抵销也是在合并财务报表工作底稿中完成的,最终抵销了上期期末资产负债表"固定资产"项目中对当期"管理费用""期初未分配利润""期末未分配利润"项目的影响,从而使合并财务报表的"期末未分配利润"项目不再包含本期和以前期间所发生的公司间固定资产交易未实现损益的影响。

本期合并财务报表仍然是在该个别财务报表的基础上进行抵销处理后编制的,个别财务报表上的期初未分配利润仍然是其各自的上期期末未分配利润,仍然包含公司之间固定资产交易未实现内部损益影响的结果,因此,个别财务报告的期初未分配利润合计与合并财务报表上的上期期末未分配利润并不相符。为此,必须对期初未分配利润的数额进行调整,需抵销调整的数额正是上期期末固定资产所包含的未实现内部损益。除此之外,由于以前期间公司交易的固定资产在本期仍然要计提折旧,其计提的折旧中仍然包含未实现内部损益部分所计提的折旧,应将其多计提或少计提的折旧加以抵销。

由于公司间的固定资产到本期末仍然未清理或处置,因此期末资产负债表中的"固定资产"项目仍然包含未实现内部损益的影响,需要对其进行抵销,其抵销分录如下。

借:期初未分配利润(上期期末公司间交易固定资产中的未实现内部利润)
　　贷:管理费用(公司间交易固定资产本期多计提的折旧)
　　　　固定资产(本期期末公司间交易固定资产中未实现内部利润)

如公司之间固定资产交易产生的是未实现亏损,则做与上述抵销分录相反的抵销分录。

【例9-17】 新华公司为南康公司的母公司。2021年1月1日,新华公司将其生产的产品卖给南康公司作为固定资产(管理用设备)。假定其折旧年限为5年,残值为0,采用年限平均法计提折旧(为简化计算,假定从2021年1月1日起开始计提折旧)。新华公司该产品的售价是250 000元,成本为200 000元。

(1) 2021年12月31日编制合并财务报表时的抵销分录如下。

① 抵销固定资产原价中包含的未实现内部销售损益。

借:营业收入　　　　　　　　　　　　　　　　250 000
　　贷:营业成本　　　　　　　　　　　　　　200 000
　　　　固定资产　　　　　　　　　　　　　　50 000

② 抵销未实现内部销售利润部分计提的折旧 50 000÷5＝10 000(元)。

借:固定资产　　　　　　　　　　　　　　　　10 000
　　贷:管理费用　　　　　　　　　　　　　　10 000

(2) 2022年12月31日,编制合并财务报表时,应编制的抵销分录如下。

借:期初未分配利润　　　　　　　　　　　　　40 000
　　贷:管理费用　　　　　　　　　　　　　　10 000
　　　　固定资产　　　　　　　　　　　　　　30 000

也可以分别做以下3笔抵销分录。

① 将固定资产原价中包含的未实现内部销售利润予以抵销。

借:期初未分配利润　　　　　　　　　　　　　50 000

贷：固定资产　　　　　　　　　　　　　　　　　　　　50 000

② 将2021年未实现内部销售利润部分计提的折旧予以抵销。

借：固定资产　　　　　　　　　　　　　　　　　　　　10 000
　　贷：期初未分配利润　　　　　　　　　　　　　　　　10 000

③ 将2022年未实现内部销售利润部分计提的折旧予以抵销。

借：固定资产　　　　　　　　　　　　　　　　　　　　10 000
　　贷：管理费用　　　　　　　　　　　　　　　　　　　10 000

(3) 2023年12月31日，编制合并财务报表时，应编制的抵销分录如下。

借：期初未分配利润　　　　　　　　　　　　　　　　　40 000
　　贷：管理费用　　　　　　　　　　　　　　　　　　　10 000
　　　　固定资产　　　　　　　　　　　　　　　　　　　30 000

也可以分别做以下3笔抵销分录。

① 将固定资产原价中包含的未实现内部销售利润予以抵销。

借：期初未分配利润　　　　　　　　　　　　　　　　　50 000
　　贷：固定资产　　　　　　　　　　　　　　　　　　　50 000

② 将2021—2022年未实现内部销售利润部分计提的折旧予以抵销。

借：固定资产　　　　　　　　　　　　　　　20 000(50 000÷5×2)
　　贷：期初未分配利润　　　　　　　　　　　　　　　　20 000

③ 将2023年未实现内部销售利润部分计提的折旧予以抵销。

借：固定资产　　　　　　　　　　　　　　　　　　　　10 000
　　贷：管理费用　　　　　　　　　　　　　　　　　　　10 000

(4) 2024年12月31日，编制合并财务报表时，应编制的抵销分录如下。

借：期初未分配利润　　　　　　　　　　　　　　　　　20 000
　　贷：管理费用　　　　　　　　　　　　　　　　　　　10 000
　　　　固定资产　　　　　　　　　　　　　　　　　　　10 000

也可以分别作以下3笔抵销分录。

① 将固定资产原价中包含的未实现内部销售利润予以抵销。

借：期初未分配利润　　　　　　　　　　　　　　　　　50 000
　　贷：固定资产　　　　　　　　　　　　　　　　　　　50 000

② 将2021—2023年未实现内部销售利润部分计提的折旧予以抵销。

借：固定资产　　　　　　　　　　　　　　　30 000(50 000÷5×3)
　　贷：期初未分配利润　　　　　　　　　　　　　　　　30 000

③ 将2024年未实现内部销售利润部分计提的折旧予以抵销。

借：固定资产　　　　　　　　　　　　　　　　　　　　10 000
　　贷：管理费用　　　　　　　　　　　　　　　　　　　10 000

(5) 假定该公司间交易的固定资产在2025年12月31日仍未清理，则在2025年12月31日编制合并财务报表时，应编制的抵销分录如下。

借：期初未分配利润　　　　　　　　　　　　　　　　　10 000
　　贷：管理费用　　　　　　　　　　　　　　　　　　　10 000

也可以分别做以下3笔抵销分录。

① 将固定资产原价中包含的未实现内部销售利润予以抵销。

借：期初未分配利润　　　　　　　　　　　　　　50 000
　　贷：固定资产　　　　　　　　　　　　　　　　　　50 000

② 将2021—2024年未实现内部销售利润部分计提的折旧予以抵销。

借：固定资产　　　　　　　　　　　　　　40 000(50 000÷5×4)
　　贷：期初未分配利润　　　　　　　　　　　　　　40 000

③ 将2025年未实现内部销售利润部分计提的折旧予以抵销。

借：固定资产　　　　　　　　　　　　　　　　　　10 000
　　贷：管理费用　　　　　　　　　　　　　　　　　　10 000

2) 以前期间公司间交易的固定资产在本期处于超期使用的状态

如果公司间交易的固定资产在本期处于超期使用的状态，则由于该公司间交易的固定资产在其正常使用期期满的那个期间就已经提足了折旧，因此在超期使用期间已不用再计提折旧。

按公司间交易固定资产折旧是否考虑预计净残值，分为以下两种情况。

(1) 公司间交易固定资产折旧考虑预计净残值，则应在固定资产预计净残值中包含未实现内部利润，需要编制抵销分录。

借：期初未分配利润(上期期末固定资产预计净残值中的未实现内部利润)
　　贷：固定资产(本期期末固定资产预计净残值中的未实现内部利润)

由于超期使用期间，公司间交易的固定资产已不再计提折旧，因此上面的调整分录中上期期末固定资产预计净残值中的未实现内部损益，与本期期末固定资产预计净残值中的未实现利润是相等的。

如果公司之间固定资产交易产生了未实现亏损，则抵销分录与上述抵销分录相反。

(2) 公司间交易固定资产折旧不考虑预计净残值的情况下，该超期使用的固定资产在正常使用期结束的期末其固定资产价值中不再包含未实现的内部损益，因此在超期使用期的期末，更不存在未实现的内部利润。在这种情况下无须编制抵销分录。

2. 以前期间公司间交易的固定资产在本期转入清理

1) 预计使用期期满后正常转入清理

由于本期该公司间交易的固定资产还处于正常使用期内，仍然需要计提折旧，因此对其未实现损益部分需要通过抵销分录加以抵销，与处于正常使用期内使用中的公司间交易固定资产一样，上期期末固定资产中的未实现内部损益对期初未分配的影响也要加以抵销。

按公司间交易固定资产是否考虑预计净残值，分为以下两种情况。

(1) 公司间交易固定资产考虑预计净残值。在公司间交易的固定资产转入清理时，该固定资产中所包含的内部损益(也就是预计净残值中所包含的未实现内部损益)随着固定资产净值转入清理，相应增加(或减少)了清理时形成的净收益(或净损失)，即资产处置收益(或资产处置损失)。因此，在正常使用到期转入清理时应编制的抵销分录如下。

借：期初未分配利润(上期期末公司间交易的固定资产中含有的未实现内部利润)

贷：管理费用(公司间交易的固定资产在本期多计提的折旧)
　　　资产处置收益(清理时公司间交易的固定资产净值中包含的未实现内部利润)

若公司间交易固定资产产生的是未实现亏损，则抵销分录中资产处置收益应为资产处置损失，做出与上述相反的抵销分录。

（2）公司间交易固定资产不考虑预计净残值。如果该公司间交易在计提折旧时未考虑预计净残值，则在本期计提折旧后，公司间交易的固定资产净值已经变为0，其中已不再含有未实现的公司之间内部交易损益。个别财务报表所确认的处置固定资产的净收益（或净损失）也就不再受未实现公司间交易损益的影响。因此，在这种情况下就不需要对资产处置收益（或资产处置损失）进行调整，只需对期初未分配利润和当期的管理费用进行抵销处理，其抵销分录如下。

借：期初未分配利润(上期期末公司间交易的固定资产中含有的未实现内部利润)
　　贷：管理费用(公司间交易的固定资产在本期多计提的折旧)

若公司间交易固定资产产生的是未实现亏损，则应编制与上述相反的抵销分录。

【例9-18】 接例9-17资料，假定2025年年末将该固定资产转入清理，则2025年应编制如下抵销分录。

借：期初未分配利润　　　　　　　　　　　　10 000
　　贷：管理费用　　　　　　　　　　　　　　　　10 000

当然，也可以参照在正常使用期间所编制的3笔抵销分录，只是将3笔分录中的固定资产均替换"资产处置收益"。

① 借：期初未分配利润　　　　　　　　　　　50 000
　　　贷：资产处置收益　　　　　　　　　　　　　50 000
② 借：资产处置收益　　　　　　　　　　　　40 000(50 000÷5×4)
　　　贷：期初未分配利润　　　　　　　　　　　　40 000
③ 借：资产处置收益　　　　　　　　　　　　10 000
　　　贷：管理费用　　　　　　　　　　　　　　　10 000

2）公司间交易固定资产使用期限未满提前转入清理

在这种情况下，除要抵销上期期末公司间交易固定资产中所包含的未实现内部损益对期初未分配利润的影响外，由于本期该公司间交易的固定资产仍然需要计提折旧，因此也需要抵销未实现内部利润对本期折旧费用的影响。与此同时，在转入清理时，公司间交易的固定资产中仍然包含未实现内部损益，这些未实现内部损益随着公司间交易固定资产转入固定资产清理而相应增加（或减少）了处置固定资产的净收益（或净损失）。因此，抵销分录如下。

借：期初未分配利润(上期期末公司间交易的固定资产中含有的未实现内部利润)
　　贷：管理费用(公司间交易的固定资产在本期多计提的折旧)
　　　　资产处置收益(清理时公司间交易的固定资产净值中包含的未实现内部利润)

若公司间交易固定资产产生的是未实现亏损，则抵销分录中资产处置收益应为资产处置损失，编制与上述相反的抵销分录。

【例9-19】 接例9-17资料，若该固定资产在2024年年末进行了清理，则在2024年编制合并财务报表时应编制的抵销分录如下。

借：期初未分配利润　　　　　　　　　　　　　　　　20 000
　　贷：管理费用　　　　　　　　　　　　　　　　　　　　10 000
　　　　资产处置收益　　　　　　　　　　　　　　　　　　10 000

若该项固定资产在2023年年末进行了清理，则在2023年编制合并财务报表时应编制的抵销分录如下。

借：期初未分配利润　　　　　　　　　　　　　　　　30 000
　　贷：管理费用　　　　　　　　　　　　　　　　　　　　10 000
　　　　资产处置收益　　　　　　　　　　　　　　　　　　20 000

3）公司间交易固定资产超期使用后转入清理

公司间交易固定资产超期使用时，该固定资产在正常使用期限内的最后一个会计期间就已经提足折旧，因此超期使用期间不需要再计提折旧。

按公司间交易固定资产是否存在预计净残值，分为以下两种情况。

（1）公司间交易固定资产存在预计净残值。在其超期使用后转入清理时，固定资产净值（事实上就是其预计的净残值）中包含的未实现内部利润相应地转入了固定资产清理，相应增加（或减少）了固定资产的净收益（或净利润），即增加（或减少）资产处置收益（或资产处置损失）。因此，抵销分录如下。

借：期初未分配利润（上期期末公司间交易的固定资产中含有的未实现内部利润）
　　贷：资产处置收益
　　　　（清理时公司间交易的固定资产中的未实现内部损益）

由于当期已不计提折旧，因此上期期末公司间交易的固定资产中的未实现内部利润，与清理时公司间交易的固定资产中的未实现内部利润是相同的，都等于预计净残值中的未实现内部利润。

（2）公司间交易固定资产预计净残值为0。如果公司间交易的固定资产预计净残值为0，则在公司间交易固定资产超期使用后转入清理的期间无须进行任何抵销。

【例9-20】　接例9-17资料，假设该项公司间交易的固定资产在2026年年末转入清理。

由于2025年年末该项公司间交易的固定资产的净值已降低为0，其中不再包含未实现的内部利润，因此，2026年年末编制合并财务报表时不需要编制任何抵销分录。

注：总体上内部无形资产的抵销处理与内部固定资产交易的抵销处理类似，本书不再赘述。

9.8　公司间债权债务的合并处理

公司间债权债务指母公司与子公司、子公司相互之间的债权债务项目，包括母公司与子公司、子公司成员之间应收账款与应付账款、预付账款与预收账款、应付债券与持有至到期投资等项目。这种内部债权债务，从企业集团整体角度来看，它只是企业集团内部资金运动，既不增加企业集团的资产，也不增加负债。因此在编制合并财务报表时，应当将内部债权债务项目予以抵销。

在编制合并财务报表时需要进行抵销处理的公司间债权债务项目主要包括应收账款与应付账款、应收票据与应付票据、预付账款与预收账款、长期债券投资与应付债券、应收股利与应付股利、其他应收款与其他应付款等项目。

9.8.1 当期发生的公司间债权债务交易的抵销

当期发生的公司间债权债务交易,除应抵销其所形成的公司间债权债务关系对个别资产负债表相关项目的影响外,还需要考虑这些公司间债权债务交易产生的内部利息收入和内部应收款项计提的坏账准备对个别财务报表的影响。

1. 公司间债权债务交易的抵销

将母公司与子公司、子公司相互之间的债权与债务抵销时,应根据内部债权、债务的数额编制抵销分录。

借:应付账款
　　贷:应收账款
借:应付票据
　　贷:应收票据
借:预收账款
　　贷:预付账款
借:应付债券
　　贷:持有至到期投资
借:其他应付款
　　贷:其他应收款

即将相对应的债权债务科目进行抵销。

【**例 9-21**】 新华公司为母公司,东方公司为新华公司的子公司。2022年新华公司因采购商品向东方公司开出商业承兑汇票 10 000 元,因销售商品预收东方公司货款 20 000 元,向东方公司销售商品 30 000 元,款项尚未收回。另外,东方公司购买了新华公司发行的债权 200 000 元作为持有至到期投资。

根据题中表述,新华公司、东方公司相关会计分录如下。

编制新华公司相关分录如下。

借:库存商品　　　　　　　　　　　　　　　　10 000
　　贷:应付票据——东方公司　　　　　　　　　　　10 000
借:银行存款　　　　　　　　　　　　　　　　20 000
　　贷:预收账款——东方公司　　　　　　　　　　　20 000
借:应收账款——东方公司　　　　　　　　　　30 000
　　贷:主营业务收入　　　　　　　　　　　　　　　30 000
借:银行存款　　　　　　　　　　　　　　　　200 000
　　贷:应付债券——东方公司　　　　　　　　　　　200 000

编制东方公司相关分录如下。

借:应收票据　　　　　　　　　　　　　　　　10 000
　　贷:主营业务收入　　　　　　　　　　　　　　　10 000
借:预付账款——新华公司　　　　　　　　　　20 000
　　贷:银行存款　　　　　　　　　　　　　　　　　20 000
借:库存商品　　　　　　　　　　　　　　　　30 000

贷：应付账款——新华公司		30 000
借：持有至到期投资——新华公司	200 000	
贷：银行存款		200 000

在合并工作底稿中应编制的抵销分录如下。

借：应付票据	10 000	
预收账款	20 000	
应付账款	30 000	
应付债券	200 000	
贷：应收票据		10 000
预付账款		20 000
应收账款		30 000
持有至到期投资		200 000

2. 内部利息收入与利息支出

债权方企业将收到的利息作为投资收益或冲减财务费用而列示在利润表中，债务方会将利息支出作为财务费用列示在利润表中。

作为企业集团整体而言，公司间债权债务属于内部资金调拨，因此债权债务产生的利息收入与利息支出应不存在。需要将内部的利息收入与利息支出抵销。

【例9-22】 接9-21资料，当期债权的利息为3 000元。新华公司将债券利息支出计入财务费用；东方公司将债券利息收入计入投资收益。

根据题中表述，新华公司、东方公司相关会计分录如下。

编制新华公司相关分录如下。

借：财务费用	3 000	
贷：银行存款		3 000

编制东方公司相关分录如下。

借：银行存款	3 000	
贷：投资收益		3 000

在合并工作底稿中应编制的抵销分录如下。

借：投资收益	3 000	
贷：财务费用		3 000

3. 内部应收账款计提的坏账准备的抵销

母公司与子公司、子公司相互之间应收账款和应付账款、其他应收款与其他应付款相互抵销后，其已抵扣的应收账款和其他应收款所计提的坏账准备的数额也应予以抵销。在编制合并资产负债表中，坏账准备应当以抵销后应收账款和其他应收款计提的数额列示。编制抵销分录如下。

　　借：应收账款/其他应收款（已抵销的应收款项计提的坏账准备）
　　　　贷：资产减值损失

【例9-23】 接例9-21资料，东方公司按应收账款余额的5%计提坏账准备，当期计提1 500元的坏账准备。2022年12月31日编制合并财务报表时，编制以下抵销分录。

借：应收账款　　　　　　　　　　　　　　　　　　　　　1 500
　　贷：资产减值损失　　　　　　　　　　　　　　　　　　　1 500

9.8.2　以前期间发生的公司间债权债务交易对本期影响的抵销

以前期间发生的公司间债权债务关系对本期个别财务报表可能产生的情况体现在3个方面。

（1）以前期间内部债权债务可能在本期期末仍未结算完毕，因此本期个别资产负债表中仍然含有内部的债权和债务，抵销以前期间的公司间债权债务对本期个别财务报表债权债务影响的方法，与抵销当期发生的公司间交易形成的债权债务的抵销方法完全相同，即按本期仍然未结算完毕的公司间的债权债务余额，编制抵销分录如下。

借：应收付账款
　　应付票据
　　应付债券
　　预收账款
　　贷：应收票据
　　　　应收账款
　　　　持有至到期投资
　　　　预付账款

（2）以前期间内部债权债务所形成的内部利息收入和内部利息支出的抵销。由于以前期间发生的公司间债权债务，在其发生期间产生的内部利息收入和内部利息支出均已对等的抵销，因此这种抵销不会影响以前期间的利润总额和期末未分配利润，本期的期初未分配利润也就不需要进行调整。但是，如果以前期间发生的公司间债权债务关系在本期又产生了内部利息收入和内部利息支出，其抵销分录仍然和上一年度一样。

（3）以前期间内部应收款项计提的坏账准备的抵销。由于内部应收款项在上期末计提了坏账准备，而本期末可能内部应收款项已全部结算清楚，因此本期末已不存在内部应收款项对应的坏账准备，也可能本期末内部应收款项仍然有余额，因此本期末仍然存在的内部应收款项对应的坏账准备，无论是哪一种情况，在合并财务报表工作底稿中，都需编制抵销分录，抵销内部应收款项坏账准备对个别财务报表的影响。

① 内部应收款项本期末的坏账准备与上期末的坏账准备相同。在这种情况下，由于本期末内部应收款项的坏账准备与上期末内部应收款项坏账准备相同，因此本期无须补提或冲销内部应收账款的坏账准备，也就是说本期资产减值损失不会受到内部应收款项的影响，只需将上期末内部应收款项计提的坏账准备对期初未分配利润的影响，与本期末应收款项中所包含的内部应收款项的坏账准备加以抵销，抵销分录如下。

借：应收账款（或其他应收款）　　（本期末内部应收款项所计提的坏账准备）
　　贷：期初未分配利润　　　　　　（上期末内部应收款项所计提的坏账准备）

【例9-24】　接例9-21和例9-23资料，假定新华公司2023年12月31日对东方公司内部应收账款余额仍为30 000元，坏账准备的余额仍然保持为应收账款余额的5%。新华公司在2023年年末编制的合并财务报表应编制的抵销分录如下。

借：应付账款	30 000	
贷：应收账款		30 000
借：应收账款	1 500	
贷：期初未分配利润		1 500

② 内部应收款项本期末的坏账准备大于上期末的坏账准备。在这种情况下，意味着本期对内部应收款项补提了坏账准备，补提时在个别财务报表上增加了资产减值损失，同时减少了资产负债表上应收款项项目的列报金额，因此在合并财务报表时应编制的抵销分录如下。

借：应收账款（或其他应收款）　　（本期末内部应收款项所计提的坏账准备）
　　贷：期初未分配利润　　　　　（上期末内部应收款项所计提的坏账准备）
　　　　资产减值损失　　　　　　（本期补提的内部应收款项的坏账准备）

【例 9-25】 接例 9-21 和例 9-23 材料，假设新华公司 2023 年对东方公司的应收账款仍为 30 000 元，但本期对该笔内部应收账款又补提了 1 000 元的坏账准备，即到 2023 年年末该笔内部应收账款的坏账准备增加到了 2 500 元。2023 年年末编制合并财务报表时应编制的抵销分录如下。

借：应付账款	30 000	
贷：应收账款		30 000
借：应收账款（或其他应收款）	2 500	
贷：期初未分配利润		1 500
资产减值损失		1 000

③ 内部应收款项本期末的坏账准备小于上期末的坏账准备。在这种情况下，意味着本期个别财务报表已冲回内部应收款项的部分坏账准备，冲回时在个别财务报表冲减了资产减值损失，同时增加了资产负债表上应收款项的列报金额。因此在编制合并财务报表时应编制的抵销分录如下。

借：应收账款（或其他应收款）　　（本期末内部应收账款所计提的坏账准备）
　　资产减值损失　　　　　　　　（本期冲回的内部应收款项的坏账准备）
　　贷：期初未分配利润　　　　　（上期末内部应收款项所计提的坏账准备）

【例 9-26】 接例 9-21 和例 9-23 资料，假定新华公司 2023 年 12 月 31 日对东方公司的应收账款为 10 000 元，其坏账准备仍然保持为应收账款余额的 5%，则在 2017 年的个别财务报表中新华公司已冲销了 1 000 元的坏账准备，相应冲减了资产减值损失 1 000 元，则在编制合并财务报表时应编制的抵销分录如下。

借：应付账款	10 000	
贷：应收账款		10 000
借：应收账款	500	
资产减值损失	1 000	
贷：期初未分配利润		1 500

9.9 合并现金流量表的编制

合并现金流量表是综合反映母公司及其子公司组成的企业集团,在一定会计期间现金流入、现金流出数量及其增减变动情况的财务报表。合并现金流量表以母公司和子公司的现金流量表为基础,在抵销母公司和子公司、子公司相互之间发生的内部交易对合并现金流量表的影响后,由母公司编制。

9.9.1 编制合并现金流量表的方法和程序

1. 编制合并现金流量表的方法

现金流量表要求按照收付实现制反映企业经济业务引起的现金流入和现金流出,其编制方法有直接法和间接法两种。

编制现金流量表的直接法是将按照权责发生制下确认的营业收入调整,与营业活动有关的流动资产和流动负债的增减变动,列示营业收入和其他收入的收现,将按照配比原则确认营业成本和营业费用调整为付现数。编制现金流量表的间接法是以本期税后利润为起点,对不影响现金的收入、费用和营业外收支加以调整,并考虑与经营活动有关的除现金以外的流动资产和流动负债的增减情况,从而反映企业活动的净现金流入或流出。《企业会计准备第31号——现金流量表》明确规定企业应当采用直接法列示经营活动产生的现金流量。

合并现金流量表也可以合并资产负债表和合并利润表为依据进行编制。

2. 编制合并现金流量表的程序

合并现金流量表的编制原理、编制方法和编制程序与合并资产表、合并利润表的编制原理、编制方法和编制程序相同。首先,编制合并工作底稿,将母公司和所有子公司的个别现金流量表各项目的数据全部录入同一合并工作底稿;其次,根据当期母公司与子公司、子公司相互之间发生的影响其现金流量增减变动的公司间交易,编制相应的抵销分录,通过抵销分录将个别现金流量表中所包含的集团内部的现金流入和现金流出予以抵销;最后,在此基础上计算出合并现金流量表各项目的合并金额,并填制合并现金流量表。合并现金流量表补充资料,既可以以母公司和所有子公司的个别现金流量表为基础,在抵销母公司与子公司、子公司相互之间发生的公司间交易对合并现金流量表的影响后进行编制,也可以直接根据合并资产负债表和合并利润表进行编制。

9.9.2 编制合并现金流量表时应进行抵销处理的项目

编制合并现金流量表时需要抵销处理的项目,主要有以下几项。

1. 企业集团内部当期以现金进行直接投资所产生的现金流量的抵销处理

母公司直接以现金对子公司进行的长期股权投资,表现为母公司的现金流出,在母公司个别现金流量表中作为投资活动中的"投资支付的现金"列示。子公司接受这一投资时,表现为现金流入,在个别现金流量表中反映为筹资活动的"吸收投资收到的现金"。从企业集团整体来看,母公司以现金对子公司进行的长期股权投资实际上相当于母公司将资本拨付给下属核算单位,并不引起整个企业集团的现金流量的增减变动。因此,编制合并现金流量表时,应当在母公司与子公司现金流量予以抵销,应编制的抵销分录如下:

借:投资支付的现金
　　贷:吸收投资所收到的现金

2. 企业集团内部当期取得的投资收益收到的现金与分配股利、利润或偿付利息支付的现金的抵销处理

母公司对子公司进行的长期股权投资,在持有期间收到子公司分派的现金股利(利润)或债券利息,表现为现金流入,在母公司个别现金流量表中作为"取得投资收益收到的现金"列示。子公司向母公司分派现金股利(利润)或支付债券利息,表现为现金流出,在其个别现金流量表反映为"分配股利、利润或偿付利息支付的现金"。从整个企业集团来看,并不引起整个企业集团的现金流量的增减变动。因此,编制合并现金流量表时,应当在母公司与子公司现金流量表数据简单相加的基础上,将母公司当期取得投资收益收到的现金与子公司分配股利、利润或偿付利息支付的现金予以抵销,应编制的抵销分录如下:

借:分配股利、利润或偿付利息支付的现金
　　贷:取得投资收益收到的现金

3. 企业集团内部以现金结算债权与债务所产生的现金流量的抵销处理

母公司与子公司、子公司相互之间当期以现金结算应收账款或应付账款等债权与债务,变现为现金流入或现金流出,在母公司个别现金流量中作为"销售商品、提供劳务收到的现金""收到其他与经营活动有关的现金"或"购买商品、接受劳务支付的现金""支付其他与经营活动有关的现金"等项目列示,在子公司个别现金流量表中则作为对应的现金流出或现金流入项目列示。从整个企业集团来看,这种现金结算债权与债务,应当在母公司与子公司现金流量表数据简单相加的基础上,将母公司与子公司、子公司相互之间当期以现金结算债权与债务所产生的现金流量予以抵销,应编制的抵销分录如下:

借:购买商品、接受劳务支付的现金
　　贷:销售商品、提供劳务收到的现金
借:支付的其他与经营活动有关的现金
　　贷:收到的其他与经营活动有关的现金

4. 企业集团内部当期销售商品所产生的现金流量的抵销处理

母公司向子公司当期销售商品(或子公司向母公司销售商品或子公司相互之间销售商品,下同)所收到的现金,表现为现金流入,在个别财务报表中作为"销售商品、提供劳务收到的现金"列示。子公司向母公司支付购货款,变现为现金流出,在其个别现金流量表中反映为"购买商品、接受劳务支付的现金"。从整个企业集团来看,这种内部产品购销现金收支,并不会引起整个企业集团的现金流量的增减变动。因此,编制合并现金流量表时,应当在母公司与子公司现金流量数据简单相加的基础上,将母公司与子公司、子公司相互之间当期销售商品所产生的现金流量予以抵销,应编制的抵销分录如下:

借:购买商品、接受劳务支付的现金
　　贷:销售商品、提供劳务收到的现金

5. 企业集团内部处置固定资产等收回的现金净额与购建固定资产等支付的现金的抵销处理

母公司向子公司处置固定资产等非流动资产，表现为现金流入，在母公司个别现金流量表中作为"处置固定资产、无形资产和其他长期资产收回的现金"列示。子公司表现为现金流出，在其个别现金流量表中反映为"购建固定资产、无形资产和其他长期资产支付的现金"。从整个企业集团来看，这种固定资产处置与购置的现金收支，并不会引起整个企业集团的现金流量的增减变动。因此，编制合并现金流量表时，应当在母公司与子公司现金流量表数据简单相加的基础上，将母公司与子公司、子公司相互之间处置固定资产、无形资产和其他长期资产收回的现金与购建固定资产、无形资产和其他长期资产支付的现金相互抵销，应编制的抵销如下。

借：购建固定资产、无形资产和其他长期资产支付的现金
　贷：处置固定资产、无形资产和其他长期资产收回的现金

6. 母公司与子公司、子公司相互之间与债券投资有关的现金流量的抵销处理

母公司与子公司、子公司相互之间与债权投资，在债权投资方的个别现金流量表中作为投资支付的现金列示；在债权发行方的个别现金流量表中作为吸收投资收到的现金列示。从企业集团角度看，上述现金流转对企业集团现金流量不产生影响。因此，在编制合并现金流量表时，应将债券投资方"投资支付的现金"项目和债券发行方的个别现金流量表中作为"吸收投资收到的现金"项目相互抵销，应编制的抵销分录如下。

借：投资支付的现金
　贷：吸收投资收到的现金

9.10　合并财务报表的披露和分析

根据《企业会计准则第 33 号——合并财务报表》的相关规定，企业应当在附注中披露下列信息。

(1) 子公司的清单，包括企业名称、注册地、业务性质、母公司的持股比例和表决权比例。

(2) 母公司直接或通过子公司间接拥有被投资单位表决权不足半数，但能对其形成控制的原因。

(3) 母公司直接或通过子公司间接拥有被投资单位半数以上的表决权，但未能对其形成控制的原因。

(4) 子公司所采用的与母公司不一致的会计政策，编制合并财务报表的处理方法及其影响。

(5) 子公司与母公司不一致的会计期间，编制合并财务报表的处理方法及其影响。

(6) 本期增加子公司，按照《企业会计准则第 20 号——企业合并》的规定进行披露。

(7) 本期不再纳入合并范围的原子公司，说明原子公司的名称、注册地、业务性质、母公司的持股比例和表决权比例，本期不再成为子公司的原因，其在处置日和上一会计期间资产负债表日资产、负债和所有者权益的金额以及本期初至处置日的收入、费用和利润的金额。

(8) 子公司向母公司转移资金的能力受到严格限制的情况。
(9) 需要在附注中说明的其他事项。

本 章 习 题

一、单项选择题

1. 关于实质性权利,下列说法中错误的是( )。
   A. 实质性权利是指持有人有实际能力行使的可执行的权利
   B. 实质性权利是指持有人在对相关活动进行决策时可执行的权利
   C. 实质性权利一定是当前可执行的权利
   D. 某些情况下目前不可行使的权利也可能是实质性权利

2. 甲公司 2022 年 1 月 1 日从集团外部取得乙公司 70% 股份,能够对乙公司实施控制。2022 年 1 月 1 日,乙公司除一项管理用无形资产外,其他资产公允价值与账面价值相等,该无形资产的账面价值为 300 万元,公允价值为 800 万元,预计尚可使用年限为 10 年,采用直线法摊销,无残值。2022 年 6 月 30 日乙公司向甲公司销售一件商品,该商品售价为 100 万元,成本为 80 万元,未计提存货跌价准备,甲公司购入后将其作为管理用固定资产使用,按 5 年采用年限平均法计提折旧,预计净残值为 0。2022 年甲公司实现净利润 1 000 万元,乙公司实现净利润 400 万元。假定不考虑所得税等因素的影响,甲公司 2022 年合并利润表中应确认的少数股东损益为( )万元。
   A. 105   B. 106.2   C. 99.6   D. 99

3. 2022 年 1 月 1 日,甲公司从集团外部购入乙公司 80% 有表决权的股份,构成了非同一控制下企业合并。2022 年度,乙公司实现净利润 600 万元,乙公司按购买日公允价值持续计算的净利润为 500 万元,分派现金股利 200 万元。2022 年 12 月 31 日,甲公司个别资产负债表中所有者权益总额为 3 000 万元。不考虑其他因素,甲公司 2022 年 12 月 31 日合并资产负债表中归属于母公司所有者权益的金额为( )万元。
   A. 6 000   B. 3 480   C. 3 240   D. 3 400

4. 甲公司拥有乙公司 80% 的有表决权股份,能够控制乙公司财务和经营决策。2022 年 6 月 1 日,甲公司将本公司生产的一批产品出售给乙公司,售价为 600 万元(不含增值税),成本为 400 万元,未计提存货跌价准备。至 2022 年 12 月 31 日,乙公司已对外出售该批存货的 60%,剩余部分存货可变现净值为 150 万元。不考虑其他因素的影响,2022 年 12 月 31 日合并资产负债表中应列示的存货为( )万元。
   A. 120   B. 130   C. 180   D. 150

5. 甲公司拥有乙和丙两家子公司。2022 年 6 月 15 日,乙公司将其产品以市场价格销售给丙公司,售价为 200 万元,销售成本为 152 万元。丙公司购入后作为管理用固定资产并于当月投入使用,预计使用年限为 4 年,采用年限平均法计提折旧,预计净残值为零。假定不考虑增值税和所得税等其他因素的影响,甲公司在编制 2022 年 12 月 31 日合并资产负债表时,应调减"固定资产"项目的金额为( )万元。
   A. 18   B. 12   C. 30   D. 48

6. 2022 年 3 月,母公司以 1 000 万元的价格(不含增值税)将其生产的设备销售给其全资子公司作为管理用固定资产。该设备的生产成本为800万元,未计提存货跌价准备。子公司于收到当日投入使用,并采用年限平均法对该设备计提折旧,该设备预计使用年限为10年,预计净残值为零。假定母、子公司适用的所得税税率均为25%,不考虑其他因素,则编制2022年合并财务报表时,因该设备相关的未实现内部销售利润的抵销而影响合并净利润的金额为( )万元。

    A. 135　　　　　B. 138.75　　　　　C. 150　　　　　D. 161.25

7. 甲公司2022年6月30日从集团外部取得乙公司80%的股份,对乙公司能够实施控制。2022年7月1日,甲公司向乙公司出售一项专利权,账面价值为80万元,售价为100万元。乙公司取得该专利权后采用直线法摊销,预计使用年限为5年,无残值,假定摊销额计入当期损益。2022年乙公司按购买日公允价值持续计算的净利润为300万元,其他综合收益增加额为100万元。假定不考虑所得税等因素的影响,2022年合并利润表中应确认的归属于少数股东的综合收益总额为( )万元。

    A. 76.4　　　　　B. 20　　　　　C. 80　　　　　D. 56.4

二、多项选择题

1. 下列各项中,投资方在确定合并财务报表合并范围时应予考虑的因素有( )。

    A. 被投资方的设立目的
    B. 投资方是否拥有对被投资方的权力
    C. 投资方是否通过参与被投资方的相关活动而享有可变回报
    D. 投资方是否有能力运用对被投资方的权力影响其回报金额

2. 2021年1月1日甲公司从集团外部购入乙公司60%股权,能够对乙公司的财务和经营决策实施控制。除乙公司外,甲公司无其他子公司。2021年度,乙公司按照购买日可辨认净资产公允价值为基础计算实现的净利润为500万元,无其他所有者权益变动。2021年年末,甲公司合并财务报表中少数股东权益为400万元。2022年度,乙公司按购买日可辨认净资产公允价值为基础计算的净亏损为2 000万元,无其他所有者权益变动。2022年年末,甲公司个别财务报表中所有者权益总额为5 000万元。假定不考虑内部交易等因素。下列各项关于甲公司2021年度和2022年度合并财务报表列报的表述中,正确的有( )。

    A. 2022年度少数股东损益为-800万元
    B. 2021年度少数股东损益为200万元
    C. 2022年12月31日少数股东权益为0
    D. 2022年12月31日归属于母公司股东权益为4 100万元

3. 甲公司拥有乙公司80%的有表决权股份,能够控制乙公司财务和经营决策。2022年8月1日,甲公司将本公司生产的一批产品出售给乙公司,售价为800万元(不含增值税),成本为600万元,未计提存货跌价准备。至2022年12月31日,乙公司已对外出售该批存货的40%,结存的存货期末未发生减值。则2022年度合并利润表中因该事项应列示的营业成本为( )万元。

    A. 320　　　　　B. 360　　　　　C. 240　　　　　D. 480

4. 长江公司系甲公司的母公司,2022年6月30日,长江公司向甲公司销售一件产品,销售价格为1 000万元,增值税税额为130万元,销售成本为900万元(未计提存货跌价准备),相关款项已收存银行。甲公司将购入的该产品确认为管理用固定资产(增值税进项税额可抵扣),并于当日投入使用,预计使用年限为10年,预计净残值为零,采用年限平均法计提折旧。长江公司与甲公司适用的所得税税率均为25%,不考虑其他因素。长江公司在编制2022年合并财务报表时,因该项内部交易做出的下列调整抵销处理中,正确的有( )。

    A. 抵销资产处置收益1 000万元

    B. 抵销管理费用5万元

    C. 抵销固定资产100万元

    D. 调增递延所得税资产23.75万元

5. 甲公司是乙公司的母公司,2022年乙公司出售库存商品给甲公司,售价100万元(不含增值税),成本为80万元(未减值)。至2022年12月31日,甲公司从乙公司购买的上述存货对外出售40%,售价为50万元,假定期末结存存货未发生减值。甲公司合并报表中,下列会计处理正确的有( )。

    A. 应抵销营业收入100万元   B. 应抵销营业成本88万元

    C. 应抵销存货12万元   D. 应确认营业收入50万元

6. 甲公司为乙公司的母公司,2021年12月31日,甲公司与乙公司签订租赁协议,甲公司将一栋办公楼出租给乙公司,租赁期开始日为2022年1月1日,年租金为180万元,租赁期为10年。乙公司将租入的资产作为办公楼使用。甲公司将该栋办公楼作为投资性房地产核算,采用公允价值模式进行后续计量。该办公楼在租赁期开始日的公允价值为9 000万元,2022年12月31日的公允价值为9 600万元。该办公楼于2021年6月30日达到预定可使用状态并交付使用,其建造成本为7 200万元,预计使用年限为20年,预计净残值为零。甲公司对所有固定资产均按年限平均法计提折旧(为简化计算,不考虑该办公楼2022年1月计提折旧)。

假定不考虑所得税等因素的影响。2022年12月31日甲公司合并报表下列会计处理表述中,正确的有( )。

    A. 抵销其他综合收益1 980万元   B. 抵销公允价值变动收益600万元

    C. 调增管理费用360万元   D. 抵销营业收入180万元

三、综合题

甲公司和乙公司采用的会计政策和会计期间相同,甲公司和乙公司2021年至2022年有关长期股权投资及其内部交易或事项如下。

资料一:2021年度资料。

① 1月1日,甲公司以银行存款18 400万元自非关联方购入乙公司80%有表决权的股份。交易前,甲公司不持有乙公司的股份且与乙公司不存在关联方关系;交易后,甲公司取得乙公司的控制权。乙公司当日可辨认净资产的账面价值为23 000万元(与公允价值相等),其中股本6 000万元,资本公积4 800万元,盈余公积1 200万元,未分配利润11 000万元。

② 3月10日,甲公司向乙公司销售A产品一批,售价为2 000万元,生产成本为1 400万元,款项尚未支付。至当年末,乙公司已向集团外销售A产品的60%。剩余部分形成年末存货,其可变现净值为600万元,计提了存货跌价准备200万元;甲公司应收款项2 000万元尚未收回,计提坏账准备100万元。

③ 7月1日,甲公司将其一项专利权以1 200万元的价格转让给乙公司,款项于当日收

存银行。甲公司该专利权的原价为1 000万元,预计使用年限为10年,无残值,采用直线法进行摊销,至转让时已摊销5年,未计提减值准备。乙公司取得该专利权后作为管理用无形资产核算,预计尚可使用5年,无残值,采用直线法进行摊销。

④ 乙公司当年实现的净利润为6 000万元,提取法定盈余公积600万元,向股东分配现金股利3 000万元;因自用房地产转换为公允价值计量的投资性房地产影响乙公司当期其他综合收益的金额为400万元。

资料二:2022年度资料。

2022年度,甲公司与乙公司之间未发生内部购销交易。至2022年12月31日,乙公司上年自甲公司购入的A产品剩余部分全部向集团外售出;乙公司支付了上年所欠甲公司货款2 000万元。

甲、乙公司采用资产负债表债务法核算所得税,适用的所得税税率为25%;且假定不考虑所得税以外的相关税费及其他因素。

要求:

(1) 编制甲公司2021年12月31日合并乙公司财务报表时按照权益法调整长期股权投资的调整分录以及该项投资直接相关的(含甲公司内部投资收益)抵销分录。

(2) 编制甲公司2021年12月31日合并乙公司财务报表时与内部购销交易相关的抵销分录。(不要求编制与合并现金流量表相关的抵销分录)

(3) 编制甲公司2022年12月31日合并乙公司财务报表时与内部购销交易相关的抵销分录。(不要求编制与合并现金流量表相关的抵销分录)

参 考 文 献

[1] 中华人民共和国财政部.企业会计准则[M].北京:立信会计出版社,2021.
[2] 中华人民共和国财政部.企业会计准则讲解[M].北京:立信会计出版社,2021.
[3] 财政部会计司编写组.《企业会计准则第12号——债务重组》应用指南2019[M].北京.中国财政经济出版社,2020.
[4] 财政部会计司编写组.《企业会计准则第7号——非货币性资产交换》应用指南2019[M].北京.中国财政经济出版社,2020.
[5] 财政部会计司编写组.《企业会计准则第21号——租赁》应用指南2019[M].北京.中国财政经济出版社,2020.
[6] 中国注册会计师协会.会计[M].北京:中国财政经济出版社,2022.
[7] 张志凤.2022年注册会计师考试应试指导及全真模拟测试会计[M].北京:北京科学技术出版社,2022.
[8] 财政部会计资格评价中心.中级会计实务[M].北京:经济科学出版社,2022.
[9] 傅荣.高级财务会计[M].6版.北京:中国人民大学出版社,2021.
[10] 路国平,黄中生.高级财务会计[M].3版.北京:高等教育出版社,2019.
[11] 龙月娥.高级财务会计[M].2版.北京:中国人民大学出版社,2020.